AF455075

THÉORIE NOUVELLE

POUR FAIRE

MANŒUVRER ET COMBATTRE

LES TROUPES DE TOUTES ARMES

D'APRÈS LES MÊMES PRINCIPES ET AUX MÊMES COMMANDEMENTS.

Montmartre. — Imp. Pilloy, boul. Pigale, 50.

THÉORIE NOUVELLE

POUR FAIRE

MANŒUVRER

ET COMBATTRE

LES TROUPES DE TOUTES ARMES

D'APRÈS

LES MÊMES PRINCIPES ET AUX MÊMES COMMANDEMENTS

DEUXIÈME ÉDITION

Considérablement diminuée et simplifiée

PAR

BONNEAU DU MARTRAY

Chef d'Escadron au Corps Impérial d'État-Major,
décoré des ordres de la Légion-d'Honneur, du Nichau Iftikar, de la Couronne de Chêne, de Saint-Georges de la Réunion,
de Saint-Maurice et Saint-Lazare, de Notre-Dame de la Conception de Villa-Viciosa.

PARIS

A. LENEVEU, LIBRAIRE POUR L'ART MILITAIRE

Rue des Grands-Augustins, 18, près le Pont-Neuf.

1856

AVERTISSEMENT.

Une première édition de *la Théorie nouvelle*, etc., ayant été favorablement accueillie, l'auteur, encouragé par les témoignages les plus flatteurs, croit devoir persévérer dans l'idée de simplification et d'unité qu'il a déjà émise relativement aux évolutions de toutes les armes. Il publie donc une seconde édition, laquelle, tant elle offre de changements et surtout de réductions, est presque un ouvrage neuf. Le nombre des formules de commandement a été considérablement diminué, et une seule lecture attentive de peu d'heures suffirait probablement à tout officier pour qu'il fût à même de pratiquer d'après le nouveau système. L'instruction des troupes ne serait pas à refaire: elles auraient plus à oublier qu'à apprendre; car, au lieu des mouvements compliqués des ordonnances en vigueur, il n'y a plus que des mouvements simples, simultanés ou successifs, mais nettement indiqués, à chaque fraction, comme elle doit les exécuter. Ainsi, une troupe en bataille étant obligée de changer de front sur l'aile droite pour faire face en arrière et à droite de sa position actuelle, son chef commande simplement : *Pelotons à droite; tête de colonne à droite*, MARCHE; et ensuite, quand toute la colonne a changé de direction : *Pelotons à gauche*, MARCHE. Ces formules sont nécessairement comprises, sans erreur possible, par tous les subalternes, et la surveillance de ceux-ci est facile. Au contraire, avec l'ordonnance de cavalerie du 6 décembre 1829, il faut commander : *Changement de front = ordre inverse = sur l'aile droite;* MARCHE. Ici, suivant la même ordonnance, chaque capitaine ayant à faire des commandements particuliers et des mouvements propres, sa mémoire et son intelligence seront peut-être en défaut, rien dans le commandement supérieur ne lui rappelant son rôle spécial. En outre, les subdivisions n'effectuant pas les mouvements identiques et parcourant des chemins différents, il est difficile d'embrasser d un seul coup d'œil l'ensemble de l'évolution et de veiller à ce qu'elle soit correcte. Cet exemple seul fait comprendre l'esprit dans lequel est conçue la *Théorie nouvelle.*

Ce livre est humblement soumis à l'appréciation des militaires de tous les pays. Il n'est encore qu'une voie mal frayée, mais si des esprits ingénieux veulent la suivre, ils sauront sans doute par elle arriver au progrès.

BONNEAU DU MARTRAY.

AVANT-PROPOS.

Entre autres buts, on se propose, à la guerre, d'occuper les meilleures positions et de prendre les ordres les plus convenables pour accabler son ennemi, soit par le feu, soit par le choc. De là deux branches de la tactique, savoir : LA THÉORIE DES MOUVEMENTS et LA THÉORIE DE L'USAGE DES ARMES. Simplifier ces théories, les mettre à la portée des intelligences les plus vulgaires, rendre la première identique pour tous les corps de l'armée, sont des problèmes importants à résoudre (1).

(1) Tout en admettant, avec respect, le mérite des ordonnances qui règlent les mouvements et évolutions des différentes armes, il doit être permis de penser qu'elles ne sont pas parfaites. Ce serait un avantage incontestable de pouvoir, sans les compliquer, les fondre en une seule également applicable aux troupes à pied, aux troupes à cheval et à l'artillerie. L'essai que nous tentons ici fera juger si la chose est praticable.

THÉORIE DES MOUVEMENTS.

La base d'où il faut partir pour arriver à des simplifications est une nomenclature sans désordre et sans confusion. Les définitions doivent être claires et précises. Un mot ne doit point avoir diverses acceptions dans la même arme, ni en changer en passant d'une arme à l'autre. Adoptons donc d'abord des définitions qui établissent l'homogénéité entre les grands corps dont se compose l'armée (1).

Force publique.

La *force publique* est l'universalité des moyens entretenus par l'État pour agir contre les ennemis tant du dedans que du dehors. Elle comprend deux familles : les troupes à pied et les troupes à cheval. De ces dernières fait partie l'artillerie de bataille.

Unité tactique normale.

La *compagnie* est, dans toutes les armes, l'unité tactique normale, c'est-à-dire celle dont le chef est, en dernier ressort, responsable des mouve-

(1) La nomenclature et les définitions des règlements officiels sont loin de présenter la simplicité et l'homogénéité désirables.

Quelques mots suffiront pour faire remarquer les anomalies qui existent dans la nomenclature en usage dans les ordonnances sur les évolutions.

Pour l'infanterie, la *compagnie* est l'unité administrative commandée par un capitaine, et, sous le rapport tactique, l'unité relevant du même grade s'appelle *peloton*.

Dans la cavalerie, le mot *compagnie* n'est plus employé ; la fraction commandée par un capitaine est désignée par le mot *escadron*, et cependant un *chef d'escadrons* s'entend de l'officier du grade immédiatement supérieur à celui de capitaine.

Dans l'artillerie, le mot *batterie* a une foule d'acceptions ; il exprime tantôt une réunion d'hommes à pied ou à cheval, tantôt un certain nombre de bouches à feu, tantôt encore des bouches à feu disposées pour le tir.

ments ordonnés, et aux commandements duquel ces mouvements doivent s'exécuter (1).

Subdivisions de l'unité tactique normale.

En divisant la compagnie en *deux*, en *quatre*, en *huit*, en *seize subdivisions*, on obtient la *division*, le *peloton*, la *section*, l'*escouade*. L'escouade dans toutes les armes n'est considérée que sous le rapport administratif (2).

Unités élémentaires.

Les unités élémentaires ou *éléments* sont : la voiture attelée et son personnel dans l'artillerie ; le cavalier monté dans les troupes à cheval ; l'homme dans les troupes à pied (3).

Unités composées.

Trois ou quatre compagnies de soldats à pied forment un Bataillon.

Deux ou trois compagnies de cavaliers montés ou de canonniers conduisant et servant des pièces de bataille forment un Escadron (4).

Deux ou trois bataillons, deux ou trois escadrons forment un Régiment.

(Sous le rapport administratif, un régiment peut comprendre plus de trois bataillons ou de trois escadrons.)

Deux ou trois régiments forment une Brigade.

(1) Dans l'ordonnance du 4 mars 1831, c'est le bataillon qui est l'unité tactique normale, mais il est trop fort pour qu'un seul homme suffise en toutes circonstances à la surveillance absolue et à l'impulsion rapide que comporte une telle unité. Aussi le rôle des capitaines, trop souvent amoindri, reprend dans plusieurs cas, par la force des choses, l'importance qu'il devrait rationnellement toujours avoir.

Dans l'ordonnance du 6 décembre 1829, les fonctions du chef d'escadrons sont sacrifiées, et il y a une lacune regrettable en ce que la double ou triple troupe placée sous ses ordres, n'a pas de nom déterminé qui permette de lui assigner des mouvements propres et indépendants, d'une manière simple et prompte.

(2) On voit, par le texte de ce travail, qu'il est facile de rétablir l'uniformité dans les appellations sans créer de nouveaux mots.

(3) L'introduction du mot *élément* dans la nomenclature des fractions d'une troupe, est indispensable afin d'arriver à la concision et à la clarté dans les explications, pour une théorie unique et universelle.

(4) On choquerait les idées reçues en employant le mot *bataillon* pour une troupe à cheval, ou le mot *escadron* pour une troupe à pied. Il fallait donc avoir deux termes en cette circonstance. Cela est d'ailleurs commode pour l'évaluation d'une armée, car on saura approximativement sa force si on dit : elle a tant de *bataillons* et tant *d'escadrons*.

Deux ou trois brigades forment une Légion (1).

Deux légions, au moins, forment une Armée ou un Corps d'Armée.

Composition des différentes unités.

La compagnie comprend un *capitaine en* 1er, un *capitaine en* 2e, deux *lieutenants*, deux *sous-lieutenants*, un *sectionnaire-major*, un *sectionnaire-fourrier*, huit *sectionnaires*, un *escouadier-fourrier*, seize *escouadiers* (dont huit *escouadiers-artificiers* dans l'artillerie), quatre *clairons*, *tambours* ou *trompettes* et un plus ou moins grand nombre de soldats. Ce personnel peut être chargé de chevaux et de matériel, dans la cavalerie et l'artillerie, par exemple. Dans ces deux armes, le nombre des lieutenants et sous-lieutenants est quelquefois porté à six, en tout, en temps de guerre (2).

Le bataillon et l'escadron, en dehors des compagnies, comprennent un *commandant* (officier supérieur), un *adjudant-major* (capitaine), un *adjudant* (sous-officier), un *escouadier-tambour*, *clairon* ou *trompette*.

Le régiment, en dehors des bataillons ou escadrons, comprend un *co-*

(1) Le mot *division* ayant été adopté pour désigner la moitié de la *compagnie*, on ne pouvait s'en servir de nouveau pour exprimer la force commandée par un général. Le mot *légion* qui signifiait, jadis, à Rome, la moitié d'une armée purement romaine, nous a paru convenir parfaitement au corps auquel nous l'appliquons.

(2) Organiser la compagnie d'infanterie d'une manière semblable à celle qui est déjà adoptée pour la cavalerie et l'artillerie, présente plusieurs avantages :

1o L'autorité est plus concentrée ; le capitaine en 1er absent est remplacé par un officier du même grade agissant sur le même personnel. (Habituellement, le capitaine en 2e exercerait dans la compagnie des fonctions analogues à celles d'un adjudant-major dans un bataillon, c'est-à-dire qu'il surveillerait les détails du service des lieutenants et sous-lieutenants.)

2o Il y a économie : car au lieu de huit sergents-majors et de huit sergents-fourriers, il n'y a plus que quatre sous-officiers de chacun de ces grades dans un bataillon ; et quand on voit dans les troupes à cheval, dans l'artillerie, par exemple, trois comptables seulement suffire à plus de 200 hommes, de 260 chevaux, et à un matériel considérable, on se demande si deux comptables ne sont pas de trop pour une compagnie d'infanterie qui excède rarement 120 hommes dans l'organisation actuelle.

Nous avons sacrifié le terme *maréchal-des-logis*, parce qu'il est actuellement trop éloigné de son acception primitive, et parce qu'il est inutile d'avoir deux mots pour désigner le même grade dans l'infanterie et la cavalerie, et que cependant le mot *sergent*, quoique très-honorable, répugnerait probablement aux cavaliers : nous substituons à ces deux mots celui de *sectionnaire* (*chef de section*) :

Nous avons également sacrifié les mots *caporal* et *brigadier*, parce que celui d'*escouadier* peint mieux la fonction à laquelle il se rapporte et qu'il convient à toutes les armes.

lonel, un *lieutenant-colonel* (1), un *porte-drapeau* ou *étendard* et un *sectionnaire-tambour*, *clairon* ou *trompette*.

La brigade, en dehors des régiments, comprend un *général de brigade*, un *aide de camp* et un *officier d'ordonnance*.

La légion, en dehors des brigades, comprend un *général de légion*, deux *aides de camp*, deux *officiers d'ordonnance*, un *chef d'état-major* et deux *officiers d'état-major* (2).

L'armée (ou le corps d'armée), en dehors des légions, comprend un *maréchal* ou *général commandant en chef*, quatre *aides de camp*, quatre *officiers d'ordonnance*, un *chef d'état-major* et plus ou moins *d'officiers d'état-major*.

Rang et file.

En disposant les uns à côté des autres les derniers éléments d'une troupe, on obtient un *rang*; en les disposant les uns derrière les autres, on obtient une *file*.

Le dernier élément est comme on l'a déjà dit : dans l'infanterie, le soldat à pied; dans la cavalerie, le cavalier monté; dans l'artillerie, la voiture attelée et accompagnée de son personnel (3).

(1) Autrefois le lieutenant-colonel était le lieutenant commandant la compagnie dont le colonel était propriétaire : il serait rationnel d'appeler aujourd'hui le commandant en second d'un régiment *colonel en second* et de supprimer dans toute l'armée le grade de *lieutenant-colonel*, qui est inutile et même nuisible au bien du service dans les corps spéciaux, où le lieutenant-colonel remplit les fonctions du grade de colonel, sans en avoir toute l'autorité morale. Les charges de l'État ne seraient point accrues par ce changement, car les colonels de seconde classe pourraient n'avoir que la solde des lieutenants-colonels d'aujourd'hui.

(2) Les aides de camp appartiennent au corps d'état-major; ils sont réservés pour les affaires confidentielles, pour les missions. L'aide de camp ou le premier aide de camp d'un général et son chef d'état-major devraient toujours être du grade de colonel en raison de la nature de leur service qui les met en relations continuelles avec des chefs de corps, auxquels ils ont à transmettre des ordres et quelquefois à les leur expliquer. Les officiers d'ordonnance ne sont employés qu'à des écritures ou à des détails secondaires; ils font partie des corps de troupes relevant du commandement de leur général.

(3) En France on a l'artillerie à cheval et l'artillerie à pied. Dans celle-ci, les canonniers servants montent parfois sur les coffrets. Nous admettons ces deux sortes d'artillerie et les explications pour les mouvements seront applicables à l'une et à l'autre. Nous pensons, cependant, que l'artillerie à cheval a beaucoup d'inconvénients, particulièrement d'être dispendieuse, embarrassante dans les manœuvres, difficile à nourrir en campagne, et d'offrir une grande prise aux coups de l'ennemi. Selon nous, le but qui a servi de prétexte à son organisation, serait bien mieux atteint, tout simplement par des compagnies d'élite de canonniers-servants à pied, avec des attelages de choix, et en donnant à ces derniers une proportion de *haut le pied* plus forte que dans les compagnies ordinaires.

Ordres divers.

Une troupe peut être *déployée* ou en *colonne*.

Une troupe est déployée lorsqu'aucune de ses subdivisions tactiques ne se trouve masquée par une subdivision de même dénomination (ou de dénomination équivalente, s'il s'agit d'armes différentes.)

Une troupe est en colonne lorsque chacune de ses unités élémentaires, ou de ses subdivisions tactiques de même dénomination, est devant ou derrière une des autres.

Une troupe *déployée* est susceptible d'offrir plusieurs cas particuliers. Nous considérerons les suivants :

1° *L'ordre en bataille proprement dit,* ou simplement *l'ordre en bataille ;*
2° *L'ordre en bataille par masses ;*
3° *L'ordre en ligne* (1) *;*
4° *L'ordre en échelons ;*
5° *L'ordre en échiquier ;*
6° *L'ordre en carrés ;*
7° *L'ordre en tirailleurs ;*
8° *L'ordre en fourrageurs.*

L'ordre en bataille a lieu lorsque toutes les subdivisions étant formées sur un rang ou sur deux rangs, elles se trouvent à côté les unes des autres immobiles et plus ou moins bien alignées le long d'une seule et même ligne droite. Dans cet ordre, les espaces qui séparent deux subdivisions voisines sont régulièrement déterminés et appelés ***intervalles***. On les mesure sur une ligne parallèle à l'alignement : il y a *l'intervalle absolu et l'intervalle relatif. L'intervalle absolu* est mesuré de la gauche ou de la droite d'une subdivision ou unité, à la droite ou à la gauche de la subdivision ou unité voisine ; il est fixé invariablement pour deux unités ou subdivisions voisines de même arme, comme pour deux unités voisines d'armes différentes. *L'intervalle relatif* est mesuré de la droite ou de la gauche d'une subdivision ou unité, à la droite ou à la gauche de la subdivision ou unité voisine ; il varie et est égal au front de la subdivision ou unité, de laquelle on part, augmenté de l'intervalle absolu qui suit.

L'ordre en bataille par masses a lieu lorsque plusieurs unités de même dénomination (ou de dénomination équivalente, s'il s'agit de différentes

(1) Nous ne faisons pas mention de l'ordre que l'artillerie appelle *en batterie*. Ce n'est pas un ordre à proprement parler, mais une disposition particulière pour faire feu.

armes), toutes en colonnes parallèles, ont leurs têtes alignées entre elles le long d'une ligne droite. Dans cet ordre, on ne considère que des intervalles relatifs, c'est-à-dire mesurés, parallèlement à l'alignement général, de la droite ou de la gauche d'une colonne à la droite ou à la gauche de la colonne immédiatement voisine. Les colonnes parallèles peuvent être à *intervalles entiers*, *à demi-intervalles*, ou *à tant de pas d'intervalle : l'intervalle entier* est égal à celui qui existerait entre deux unités voisines, si au lieu d'être dans *l'ordre en bataille par masses*, elles se trouvaient dans l'ordre en bataille proprement dit. Le *demi-intervalle* est la moitié de *l'intervalle entier :* lorsqu'on prend *tant de pas d'intervalle*, c'est ordinairement pour que la ligne soit formée à peu près tant plein que vide, le nombre de pas étant choisi en conséquence (double du front pour deux unités de même arme et de même nature).

L'ordre en ligne s'entend de l'ordre en bataille proprement dit, et de l'ordre en bataille par masses, lorsque ces deux ordres se transportent parallèlement à eux-mêmes, soit lorsqu'ils sont entièrement formés, soit au fur et à mesure qu'ils se forment.

L'ordre en échelons est l'ordre en bataille proprement dit ou l'ordre en bataille par masses, lorsque chacun d'eux est modifié de telle manière que les unités de même dénomination (ou de dénomination assimilée, s'il s'agit d'armes différentes), au lieu d'avoir leurs fronts alignés sur une seule ligne, les ont alignés sur des lignes parallèles : chaque ligne forme un échelon. La distance du front d'un échelon au front de l'échelon suivant, mesuré sur une perpendiculaire à l'un des fronts, est ordinairement égale à l'intervalle relatif entier, et moins souvent à la moitié de cet *intervalle*. Dans le premier cas, on dit que les échelons sont à *distance entière ;* dans le second cas, on dit qu'ils sont *à demi-distance*. Quelquefois la distance d'un échelon à l'échelon voisin résulte de la distance qui les séparait lorsqu'ils se trouvaient précédemment l'un derrière l'autre en colonne. La compagnie est le plus petit échelon que l'on puisse former; et il est rarement avantageux de faire les échelons plus forts que le bataillon et l'escadron. *L'ordre en échelons* comporte le repos aussi bien que le mouvement, celui-ci ayant lieu, soit simultanément dans tous les échelons quand ils sont formés, soit successivement, au fur et à mesure qu'ils se forment, et en avant comme en arrière.

L'ordre en échiquier se compose d'un ordre en bataille et d'un ordre en ligne; le premier, composé de toutes les unités de même dénomination (ou de dénomination assimilée, s'il s'agit d'armes différentes), *paires* ou *impaires* en partant de la droite, lesquelles restent de pied ferme face à l'ennemi; le second, composé des unités *impaires* ou *paires* qui s'éloignent de l'ennemi. Ces unités *paires* ou *impaires* changent de rôle alternativement, c'est-à-dire que celles qui étaient au repos passent au mouvement et l'inverse. *L'ordre en échiquier* est toujours précédé et suivi de l'ordre en bataille proprement dit. Les plus petites unités susceptibles de concourir à *l'ordre en échiquier* sont le bataillon et l'escadron.

L'ordre en carré est l'ordre en bataille, replié sur les quatre côtés d'un quadrilatère rectangulaire, sans *intervalles absolus* entre les subdivisions.

L'ordre en tirailleurs s'entend d'une troupe dont tous les éléments sont les uns à côté des autres avec un certain intervalle entre deux éléments voisins. Le repos et le mouvement sont applicables à cet ordre qui se prend pour faire feu.

L'ordre en fourrageurs est le même que l'ordre en tirailleurs, mais avec ses plus petits intervalles, et avec cette différence que ce dernier a le feu pour but spécial, tandis que le premier est formé avec l'intention d'en venir au choc, et que par conséquent le mouvement y est obligatoire.

Une troupe *en colonne* est susceptible d'offrir aussi plusieurs cas particuliers. Nous considérerons les suivants :

1° *L'ordre en colonne par files ;*
2° *L'ordre en colonne par le flanc ;*
3° *L'ordre en colonne simple par subdivisions ;*
4° *L'ordre en colonne double ;*
5° *L'ordre en colonne par masses.*

Dans *l'ordre en colonne par files*, toutes les files de l'ordre en bataille proprement dit, sont placées l'une derrière l'autre dans la même direction, et ne forment plus qu'une seule et longue file.

Dans *l'ordre en colonne par le flanc* (lequel implique nécessairement la formation sur deux rangs dans l'ordre en bataille proprement dit), les deux éléments d'une même file se trouvent l'un à côté de l'autre et non plus l'un derrière l'autre comme dans l'ordre en colonne par files.

Dans *l'ordre en colonne simple par subdivisions*, toutes les subdivisions sont parallèles entre elles et exactement l'une derrière l'autre. Ces subdivisions, toutes de même espèce dans la même colonne, sont des *compagnies*, des *divisions*, des *pelotons* ou des *sections*. Chaque subdivision est séparée de la suivante par une distance qui est égale, tantôt à l'intervalle relatif qui séparerait ces deux subdivisions, si on les formait dans l'ordre en bataille proprement dit, tantôt à la moitié de cet intervalle, tantôt au quart du front de la subdivision qui forme la base de la colonne ; et l'on exprime ces trois circonstances en disant, dans le premier cas, que la colonne est *à distance entière;* dans le second cas, qu'elle est *à demi-distance;* dans le troisième cas, qu'elle est *en masse* ou *serrée*. La distance d'une subdivision à l'autre se mesure sur une perpendiculaire commune à toutes les deux, et du front de la première au front de la seconde, quand il s'agit de colonnes *à distance entière* ou *à demi-distance*. Dans une *colonne serrée*, la distance ne se mesure plus de front à front ; elle comprend l'espace vide séparant deux subdivisions consécutives, et est égale au quart du front de la subdivision, base de la colonne, pour toutes les subdivisions de même arme et de même étendue; mais pour deux subdivisions d'armes différentes, ou de même arme de fronts différents en étendue, la distance entre ces deux subdivisions est égale au quart du front de la plus large des deux. Les colonnes *par compagnies* et *par divisions* peuvent être formées *à distance entière*, *à demi-distance* et *en masse;* mais les colonnes *par pelotons* et *sections* sont toujours *à distance entière.*

L'ordre en colonne double est formé de deux colonnes simples jumelles, les subdivisions de l'une marchant à la hauteur des subdivisions de l'autre, et se réglant sur elles. Ces colonnes jumelles peuvent être, suivant les subdivisions dont elles se composent, *à distance entière*, *à demi-distance* ou *en masse.*

L'ordre en colonne par masses se compose d'unités dont chacune est en colonne serrée et qui se trouvent toutes en une seule colonne, avec une distance de front à front égale, pour deux de ces unités consécutives, à l'intervalle relatif qui les séparerait dans l'ordre en bataille proprement dit, ou à la moitié de cet intervalle ou à tant de pas. Ainsi, *la colonne par masses* peut être dite, selon le cas, *à distance entière* ou *à demi-distance*, ou *à tant de pas de distance.*

Tout ordre soit déployé, soit en colonne, est *primitif* ou *éventuel* (1). *L'ordre primitif* résulte du placement des unités tactiques et de leurs subdivisions, selon la progression ascendante des numéros constitutifs de ces unités et subdivisions, de la droite à la gauche si on est déployé, de la tête à la queue si on est en colonne. *L'ordre éventuel* résulte du placement des unités et de leurs subdivisions de la manière la plus rapide et la plus efficace, pour le but qu'on se propose, sans avoir nullement égard à la progression des numéros constitutifs, et en s'attachant seulement à ne pas séparer entre elles les unités ou subdivisions qui dépendent d'un même chef. Dans l'*ordre éventuel*, pour les mouvements et évolutions, les unités

(1) Nous ne ferons pas mention des ordres *inverse*, *par inversion*, *par le dernier rang;* ils sont compris dans l'ordre *éventuel* qui est bien plus général. Il est puéril et dangereux, à la guerre, de s'attacher à conserver l'*ordre primitif*, quand cet ordre n'est pas le plus prompt et le plus efficace : cela est puéril, car toutes les subdivisions étant uniformément composées, se valent, et il n'y a pas de raison pour vouloir les présenter à l'ennemi à une place plutôt qu'à une autre; cela est dangereux, parce que l'ennemi profitera probablement du temps qu'on perd devant lui, ou d'une fausse évolution qu'on lui oppose, et comme conséquence funeste de cette perte de temps ou de cette évolution dangereuse et intempestive, en expose la vie des soldats plus qu'il n'est nécessaire. L'habitude de l'*ordre primitif* est actuellement telle chez beaucoup d'officiers, qu'ils chercheront toujours à le conserver, même dans un cas pressant, alors qu'il serait plus court et plus à propos de ne point y avoir égard : il importe de détruire cette habitude.

et subdivisions prennent des numéros correspondants aux places qu'elles occupent au moment actuel, et changent de numéros en changeant relativement de place : ainsi, la première unité ou subdivision est toujours celle de la droite, si on est déployé, et celle de la tête si on est en colonne; la dernière unité ou subdivision est toujours celle de la gauche si on est déployé, et celle de la queue si on est en colonne.

Chef de file.

Le *chef de file* est l'élément du 1er rang dans une file. (Le 1er rang est celui dont le front est à découvert.)

Serre-file.

Le *serre-file* est un officier ou un sous-officier placé derrière le 2e rang pour surveiller et maintenir la troupe.

Guide.

Le *guide* d'une troupe ou d'une colonne est l'homme extrême du 1er rang de cette troupe ou de cette colonne, chargé de la diriger.

Guides principaux.

Les *guides principaux* sont les sous-officiers spécialement chargés de marquer les points où doivent appuyer les ailes de la compagnie lorsqu'elle s'établit sur une ligne déterminée; ils sont encore, dans certaines circonstances, chargés de diriger le guide de leur compagnie soit en colonne, soit en bataille, en se plaçant en avant de lui. Il y a deux guides principaux par compagnie : ce sont les serre-files extrêmes.

Guides généraux.

Les *guides généraux* sont les guides principaux extrêmes d'un bataillon ou d'un escadron. Ils marquent les points où les ailes de leur bataillon ou escadron doivent appuyer sur une ligne déterminée.

La *Théorie des mouvements* sera divisée en deux titres :

1° Le titre des mouvements individuels, qui comprendra quatre écoles, savoir :

1° *L'École du soldat à pied ;*
2° *L'École d'équitation* (Manége civil);
3° *L'École de conduite des voitures* (Manége civil);
4° *L'École élémentaire.*

2° Le titre des mouvements complexes, qui comprendra quatre écoles, savoir :

1° *L'École du peloton ;*
2° *L'École de la compagnie ;*
3° *L'École du bataillon et de l'escadron ;*
4° *L'École de la légion.*

Chaque école sera divisée en plusieurs parties. La 2e et la 3e écoles du 1er titre ne sont ici que pour mémoire.

TITRE PREMIER.

ÉCOLE DU SOLDAT A PIED.

1° *Position du soldat à pied sans armes.*
2° *Tête à droite, tête à gauche.*
3° *A droite, à gauche.*
4° *Demi à droite, demi à gauche.*
5° *Demi-tour à droite, demi-tour à gauche.*
6° *Marcher au pas.*
7° *Arrêter.*
8° *Marquer le pas.*
9° *Changer le pas.*
10° *Pas en arrière.*
11° *Pas gymnastique (Trot et galop à pied).*
12° *Changer d'allure étant en marche.*

Pour cette école l'instructeur enseigne au plus quatre hommes à la fois.

1° Position du soldat à pied sans armes.

Les talons sur la même ligne et rapprochés autant que la conformation de l'homme le permet; les pieds un peu moins ouverts que l'équerre et également tournés en dehors; les jarrets tendus sans les roidir; le corps d'aplomb sur les hanches et un peu penché en avant; les épaules effacées et également tombantes; les coudes près du corps; la paume de la main un peu tournée en dehors; le petit doigt sur la couture du pantalon; la tête droite sans être gênée; le menton rapproché du col sans le couvrir; les yeux fixés droit devant soi.

2° Tête à droite, tête à gauche.

L'instructeur commande :

1. *Tête* = (à) Droite (*ou* (à) Gauche).
2. Fixe (1).

A la dernière partie du 1er commandement, qui est Droite, tourner doucement la tête à droite, de manière que le coin de l'œil gauche, du côté du nez, réponde à la ligne du milieu de l'habillement sur la poitrine.

Au commandement Fixe, replacer la tête dans la position directe.

Le mouvement *Tête à gauche* s'exécute d'après les mêmes principes et par les moyens inverses.

3° A droite, à gauche.

L'instructeur commande :

1. *Soldats à droite* (ou *à gauche*).
2. Droite (*ou* Gauche).

Au 2e commandement, qui est Droite (ou Gauche), soulever légèrement le pied droit, tourner sur le talon gauche, du côté indiqué, en élevant un peu la pointe du pied, et replacer de suite le talon droit à côté du gauche, sur la même ligne.

Ce mouvement exécuté, le soldat doit être tourné dans une direction perpendiculaire à celle qu'il avait précédemment.

4° Demi à droite, demi à gauche.

L'instructeur commande :

(1) Un double trait entre les parties d'un commandement indique un repos. Les mots dans une parenthèse ne se prononcent pas. Ainsi (*à*) ne se prononce pas.

Dans un commandement, le mot auquel on exécute est écrit en PETITES CAPITALES.

Les différents commandements relatifs à un même mouvement sont numérotés entre eux.

1. *Oblique à droite* (*ou à gauche*).
2. Droite (*ou* Gauche).

Ce mouvement s'exécute d'après les mêmes principes que le précédent, mais le soldat n'exécute que la moitié d'un *à droite* (ou d'un *à gauche*), et sa seconde direction est inclinée à 50 grades sur la première.

5° Demi-tour à droite, demi-tour à gauche.

L'instructeur commande :

1. *Soldats demi-tour à droite* (*ou à gauche*).
2. Droite (*ou* Gauche).

Ce mouvement, qui a pour but de mettre le soldat face en arrière, s'exécute habituellement par la droite.

Au 2e commandement, qui est Droite (ou Gauche), le soldat fait, en deux temps, deux *à droite* (ou *à gauche*) consécutifs et s'arrête sur le second.

6° Marcher au pas.

L'instructeur commande :

1. *Soldats en avant.*
2. Marche.

On doit toujours partir du pied gauche; à cet effet, au 1er commandement, porter le poids du corps sur la jambe droite; au 2e commandement, passer vivement et sans secousse le pied gauche en avant à 65 centimètres du droit, le jarret tendu, la pointe du pied un peu baissée et légèrement tournée en dehors ainsi que le genou, le haut du corps en avant, marquer dans cette position un léger temps d'arrêt; poser, sans frapper, le pied gauche à plat, précisément à la distance où il se trouve du droit, tout le poids du corps se portant sur le pied qui pose à terre; passer vivement la jambe droite en avant, le pied près de terre; le poser à la même distance et de la même manière qu'il vient d'être expliqué pour le pied gauche; continuer de marcher sans que les jambes se croisent, sans que les épaules tournent et la tête toujours directe.

La marche étant l'âme des mouvements et des évolutions, on ne saurait consacrer trop de temps et trop de soins à cette importante instruction. Les soldats devront être exercés à faire des pas parfaitement égaux en longueur et en vitesse. Pour faciliter le travail, on fera tracer sur le terrain des lignes parallèles de 65 mètres de longueur et visiblement divisées, par des piquets enfoncés à fleur de terre, en 100 espaces de 65 centimètres chacun. On établira les hommes de recrue sur ces lignes et, en marchant.

ils devront poser les talons sur les points de division. Dans le commencement, la vitesse du pas sera de 75 par minute; mais, lorsque les soldats seront familiarisés avec le mécanisme, la vitesse sera portée à 110 pas par minute. Cette dernière vitesse sera la vitesse normale et ordinaire dans les mouvements et évolutions des troupes. On ne cessera de faire marcher les hommes de recrue sur des lignes divisées que quand ils seront bien rompus à la vitesse et à la longueur du pas (1).

7° Arrêter.

L'instructeur commande :

1. *Soldats.*
2. HALTE.

Au 1er commandement, se disposer, sans ralentir, à arrêter. Au 2e commandement, arrêter en rapportant, sans frapper, le pied qui est en arrière à côté de celui qui est en avant. Le 1er commandement n'est que préparatoire; s'il était supprimé, on s'arrêterait au 2e commandement prononcé seul.

8° Marquer le pas.

L'instructeur commande :

1. *Marquez le pas.*
2. MARCHE.

Au 2e commandement, rapporter les talons l'un à côté de l'autre, et marquer la cadence du pas en levant successivement l'un et l'autre pied sans avancer. On fait le commandement MARCHE, à l'instant où le pied pose à terre.

Pour reporter le soldat en avant, on fait les mêmes commandements que si le soldat était au repos.

(1) Les principes de la marche sont les plus difficiles de ceux qu'on enseigne aux soldats d'infanterie; ce sont aussi les plus importants, car il n'est pas possible d'exécuter correctement les évolutions, si les hommes ne savent pas marcher d'une manière uniforme et régulière.

En France, les instructeurs répètent à satiété que le *pas accéléré* et le *pas ordinaire* doivent avoir 65 centimètres de longueur, mais on ne s'attache pas à montrer matériellement en quoi consiste cette longueur. Ils indiquent aussi la vitesse, mais ils se préoccupent trop peu de la régler, montre en main. Aussi voit-on rarement un bataillon déployé conserver en marchant son alignement l'espace de 100 pas seulement, tandis que la cavalerie, sur un très-grand front, se maintient correctement alignée, en parcourant beaucoup plus de terrain, même à des allures vives.

9° Changer le pas.

L'instructeur commande :

1. *Changez le pas.*
2. MARCHE.

Au 2ᵉ commandement, rapporter le pied qui est en arrière à côté de celui qui est en avant, et repartir du pied qui était en avant. On fait le commandement MARCHE à l'instant où le pied pose à terre.

10° Pas en arrière.

L'instructeur commande :

1. *Soldats en arrière.*
2. MARCHE.

Le pas en arrière est de 33 centimètres d'un talon à l'autre.

Au 2ᵉ commandement, porter le pied gauche en arrière à 33 centimètres du droit; retirer et porter à son tour le pied droit en arrière, et ainsi de suite.

On arrête par les commandements prescrits pour la marche en avant. Au commandement de HALTE, rapporter, sans frapper, le pied qui est en avant à côté de l'autre.

On ne doit jamais faire en arrière qu'un petit nombre de pas.

11° Pas gymnastique (trot et galop à pied).

La longueur du pas gymnastique est de 83 centimètres. Il a deux degrés de vitesse : l'un de 165 pas, l'autre de 180 pas par minute; le premier est le *trot* et le second le *galop* des troupes à pied.

On exercera d'abord les soldats au pas gymnastique sur place, pour leur en bien faire comprendre le mécanisme dont voici la théorie : porter les mains à hauteur des hanches, les doigts fermés, les ongles en dedans, les coudes en arrière ; ensuite lever la jambe gauche ployée en avant, de manière à donner au genou la plus grande élévation, la partie de la jambe gauche comprise entre le genou et le coude-pied devant être verticale, la pointe du pied baissée; replacer ensuite le pied à terre dans sa position; exécuter avec la jambe droite ce qui vient d'être prescrit pour la jambe gauche et continuer ainsi quelque temps le mouvement alternatif des jambes, puis arrêter et reprendre la position du soldat sans armes.

Le soldat étant suffisamment exercé au pas gymnastique sur place, on l'établit sur une ligne droite tracée sur le terrain et visiblement divisée en espaces de 83 centimètres chacun, puis on fait les commandements suivants :

1. *Soldats en avant* = *au trot* (ou *au galop*).
2. MARCHE.

Au 1er commandement, porter le poids du corps sur la jambe droite et placer les bras comme il vient d'être prescrit. Au commandement MARCHE, porter le pied gauche en avant et le poser à 83 centimètres du droit, la pointe la première; exécuter avec la jambe droite ce qui vient d'être prescrit pour la gauche, ayant soin dans ce mouvement alternatif, de porter le poids du corps sur la jambe qui pose à terre et de donner aux coudes un mouvement d'oscillation naturelle. On prend une vitesse de 165 (ou 180) pas par minute. Les points de division de la ligne, sur laquelle marche le soldat, indiquent où doivent poser les talons (1).

12° Changer d'allure.

L'instructeur commande :

1. *Au trot* (ou *au galop* ou *au pas*).
2. MARCHE.

Au 1er commandement, se disposer à prendre l'allure indiquée. Au 2e commandement, prendre franchement cette allure. Le commandement MARCHE est prononcé au moment où le pied pose à terre.

Doubler l'allure c'est prendre le trot, si l'on est au pas; le galop, si l'on est au trot.

ÉCOLE ÉLÉMENTAIRE.

1° *A droite, à gauche, pour rester en place.*
2° *Demi à droite, demi à gauche, pour rester en place.*

(1) Depuis plusieurs années, on a introduit le pas gymnastique dans l'infanterie française; l'usage de ce pas ne doit pas être restreint à porter rapidement une troupe d'un point à un autre; il doit être employé dans les évolutions, pour qu'elles se fassent, dans certains cas, correctement : ainsi, dans un changement de direction en marchant, par exemple. L'ordonnance du 4 mars 1831, qui n'admet pas d'allure régulière au-dessus du pas accéléré, tombe parfois dans des impossibilités, comme lorsqu'elle prescrit d'exécuter un changement de direction du côté du guide, étant en colonne, sans que l'aile opposée au guide prenne la course.

3° *Demi-tour à droite, demi-tour à gauche, pour rester en place.*

4° *A droite, à gauche, demi à droite, demi à gauche, demi-tour à droite, demi-tour à gauche, et se porter en avant au pas.*

5° *A droite, à gauche, demi à droite, demi à gauche, demi-tour à droite, demi-tour à gauche, et se porter en avant au trot* (ou *au galop*).

6° *Marcher à une allure quelconque.*

7° *Arrêter.*

8° *Reculer.*

9° *Étant en marche, changer d'allure.*

10° *Étant en marche, exécuter à la même allure les mouvements du n° 4.*

11° *Étant en marche, exécuter en changeant d'allure les mouvements du n° 4.*

12° *Changer de direction en marchant.*

Cette école est applicable aux éléments d'une troupe, savoir : soldat à pied, cavalier monté, voiture d'artillerie attelée et accompagnée de son personnel. Les principes qu'on invoquera ici comme connus seront ceux des écoles du soldat à pied, d'équitation et de la conduite des voitures. Les explications relatives à l'artillerie ne seront données que pour la voiture attelée; le personnel qui l'accompagne subordonnera ses mouvements aux siens, de manière à rester lié de position avec elle d'une façon invariable. L'instructeur réunit au plus quatre éléments pour l'infanterie et la cavalerie, et deux pour l'artillerie.

1° A droite, à gauche, pour rester en place.

L'instructeur commande :

1. *Soldats à droite* (ou *à gauche*).
2. DROITE (*ou* GAUCHE).

Au 2e commandement, le soldat d'infanterie se conforme à ce qui a été prescrit à l'école du soldat à pied; le cavalier décrit un arc de cercle de trois pas et s'arrête perpendiculairement à la direction primitive; le cheval de devant du côté où l'on tourne, lorsqu'il s'agit de l'artillerie, décrit un quart de circonférence, duquel quart le développement est de 5 pas, et marche ensuite droit devant lui; les autres chevaux de l'attelage se conforment au mouvement du premier; on arrête au moment où la voiture est entrée tout entière dans la nouvelle direction. Le pas du cheval est d'un mètre.

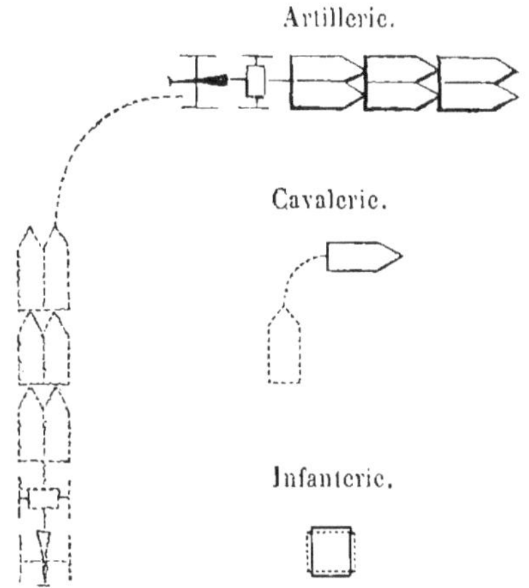

2° Demi à droite, demi à gauche, pour rester en place.

L'instructeur commande :

1. *Oblique à droite* (ou *à gauche*).
2. Droite (*ou* Gauche).

Au 2e commandement, le soldat d'infanterie se conforme à ce qui a été prescrit à l'école du soldat à pied; le cavalier fait décrire à son cheval, autour du centre de gravité de celui-ci, un demi-angle droit; les chevaux de devant de la voiture d'artillerie décrivent un huitième de circonférence, duquel le développement est de deux pas et demi, se dirigent dans une direction inclinée à 50 grades sur celle qu'ils avaient précédemment, sont suivis par les autres chevaux et s'arrêtent lorsque la voiture se trouve entièrement dans la nouvelle direction.

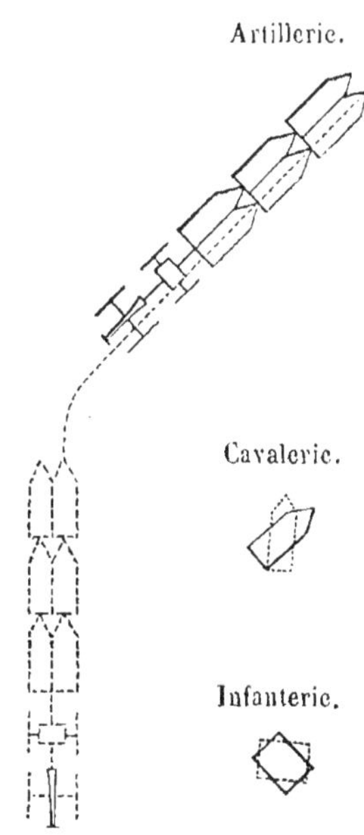

3° Demi-tour à droite, demi-tour à gauche, pour rester en place.

L'instructeur commande :

1. *Soldats, demi-tour à droite* (ou *à gauche*).
2. Droite (*ou* Gauche).

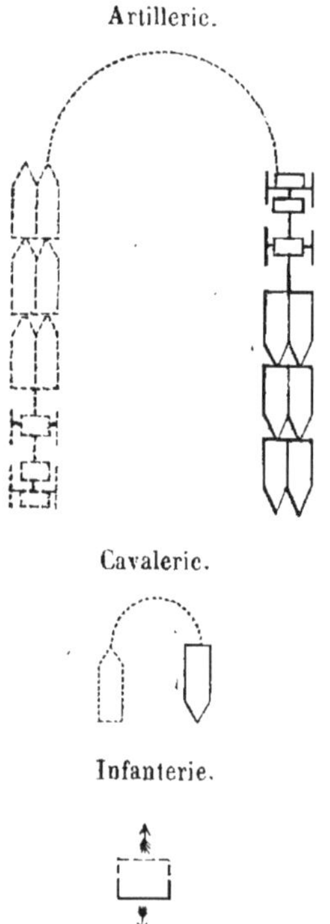

Au 2e commandement, le soldat d'infanterie se conforme à ce qui a été prescrit à l'école du soldat à pied; le cavalier décrit une demi-circonférence, dont le développement est de 6 pas, et s'établit, face en arrière, dans une direction opposée à la précédente; pour l'artillerie, le cheval de devant, du côté où l'on tourne, décrit une demi-circonférence de 10 pas de développement; les autres chevaux de l'attelage se conforment à son mouvement; deux premiers chevaux étant parvenus face en arrière, marchent dans la nouvelle direction jusqu'à ce que la voiture s'y trouve tout entière, et s'arrêtent.

(On rappelle que le soldat d'infanterie exécute le demi-tour habituellement par la droite.)

4° A droite, à gauche, demi à droite, demi à gauche, demi-tour à droite, demi-tour à gauche, et se porter en avant.

L'instructeur commande :

1. *Soldats à droite* / *Oblique à droite* / *Soldats demi-tour à droite* (ou *à gauche*).
2. Marche.

Au 2e commandement, le soldat d'infanterie tourne sur le talon gauche, mais, au lieu de rapporter le pied droit à côté du gauche, il le porte en avant dans la direction indiquée par le 1er commandement, et continue de marcher dans cette direction. Dans la cavalerie et l'artillerie, on se conforme à ce qui a été prescrit lorsqu'il s'agit de rester en place, mais, au lieu de s'arrêter dès qu'on est entré dans la nouvelle direction, on continue à marcher.

Dans la marche oblique, lorsque l'on veut faire reprendre la direction primitive, on commande : *En* = Avant, et, à ce commandement, l'élément se redresse et marche droit devant lui.

5° A droite, à gauche, demi à droite, demi à gauche, demi-tour à droite, demi-tour à gauche et se porter en avant au trot (*ou* au galop).

L'instructeur commande :

1. { *Soldats à droite* / *Oblique à droite* / *Soldats demi-tour à droite* } (ou *à gauche*) = *au trot* (ou *au galop*).
2. Marche.

Le soldat d'infanterie prend l'allure indiquée, dès que le mouvement résultant du 1er commandement est exécuté. Dans la cavalerie et l'artillerie, on prend cette allure immédiatement, au commandement Marche. Dans les trois armes, on se conforme d'ailleurs à ce qui est prescrit au numéro précédent.

Au commandement *en* = Avant, fait pour reprendre la direction primitive après la marche oblique, on continue l'allure qu'on avait pendant cette marche.

6° Marcher à une allure quelconque.

L'instructeur commande :

1. *Soldats en avant* [ou *soldats en avant* = *au trot* (ou *au galop*)].
2. Marche.

Au 2e commandement, on se conforme à ce qui a été prescrit dans les écoles précédentes.

7° Arrêter.

L'instructeur commande :

1. *Soldats.*
2. Halte.

Au 2e commandement, on se conforme à ce qui a été prescrit dans les écoles précédentes. Le 1er commandement peut quelquefois être supprimé.

8° Reculer.

L'instructeur commande :

1. *Soldats en arrière.*
2. Marche.

Au 2e commandement, on se conforme à ce qui a été prescrit dans les écoles précédentes.

9° Étant en marche, changer d'allure.

L'instructeur commande :

1. *Au trot* (ou *au galop* ou *au pas*).
2. Marche.

Au 2e commandement, on se conforme aux principes prescrits aux écoles précédentes.

10° Étant en marche exécuter à la même allure les mouvements du n° 4.

Les commandements sont les mêmes qu'au n° 4, ils s'exécutent de même qu'à ce numéro, mais on a soin, pour les hommes à pied, de prononcer Marche à l'instant où le pied gauche pose à terre, afin de pouvoir tourner sur ce pied.

11° Etant en marche exécuter les mouvements du n° 4 en changeant d'allure.

L'instructeur commande :

1. { *Soldats demi-tour à droite* / *Oblique à droite* / *Soldat à droite* } (ou *à gauche*) = { *au trot.* / *au galop.* / *au pas.* }
2. Marche.

Dans l'infanterie on prononce Marche à l'instant où le pied gauche pose à terre; le soldat à pied prend l'allure indiquée dès qu'il a tourné; dans la cavalerie et l'artillerie, on prend cette allure immédiatement, au commandement Marche.

12° Changer de direction en marchant.

L'instructeur commande :

1. *Tournez* = *(à) droite* (ou *(à) gauche*).
2. *En* = Avant.

A la 2e partie du 1er commandement, l'élément tourne du côté indiqué, en décrivant un arc de cercle de 3 pas pour l'infanterie et la cavalerie, de 5 pas pour l'artillerie, et, à la 2e partie du 2e commandement, il cesse de tourner et se porte droit devant lui.

TITRE DEUXIÈME.

ÉCOLE DU PELOTON.

PREMIÈRE PARTIE.

1° *Composition du peloton et sa formation en bataille.*
2° *Principes généraux d'alignement.*
3° *Alignement successif des files dans le peloton.*
4° *Alignement du peloton.*
5° *Ouvrir les rangs.*
6° *Serrer les rangs.*
7° *Marche du peloton en ligne.*
8° *Arrêter le peloton marchant en ligne.*
9° *Faire reculer le peloton.*
10° *Marche oblique individuelle, le peloton étant en bataille* ou *en ligne.*
11° *Conversion du peloton en bataille* ou *en ligne.*
12° *Changement de direction du peloton marchant en ligne.*

1° Composition du peloton et sa formation en bataille.

Ainsi qu'il a été dit aux préliminaires, le peloton est le quart de la compagnie; il comprend un officier (chef de peloton), deux section-

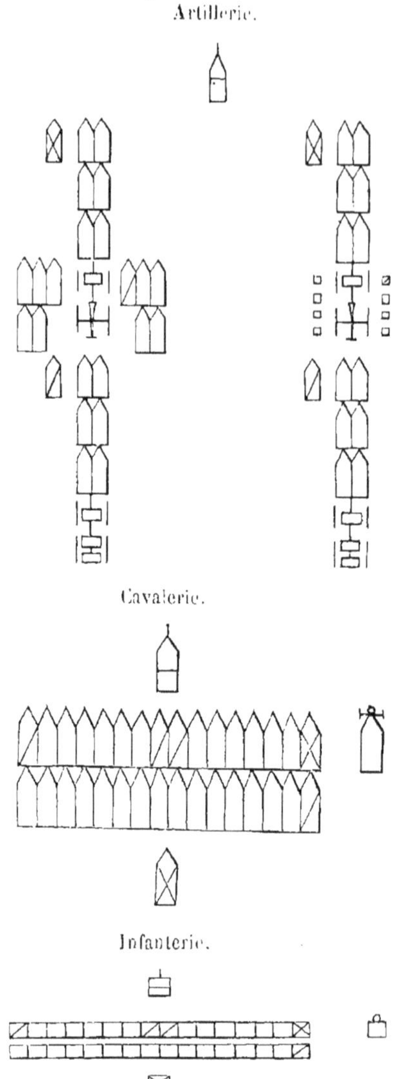

naires, quatre escouadiers, un tambour, clairon ou trompette, et un plus ou moins grand nombre de soldats (1).

Le peloton d'instruction comprend invariablement 34 hommes de troupe dans l'infanterie et la cavalerie, 33 dans l'artillerie à pied et 35 dans l'artillerie à cheval (2 garde-chevaux en plus). Dans l'une et l'autre artillerie, il y a deux bouches à feu et deux caissons; chaque voiture est attelée de 6 chevaux. Dans l'artillerie à cheval, tout le monde est monté; dans l'artillerie à pied, l'officier, les sectionnaires, les escouadiers-artificiers, le trompette et les 12 conducteurs sont seuls montés. Dans l'artillerie à cheval, il y a, par bouche à feu, 9 canonniers-servants; il n'y en a que 7 dans l'artillerie à pied (2).

Le peloton étant rangé dans l'ordre en bataille sur deux rangs, le chef de peloton se place à 1 pas devant le centre du peloton, et le tambour, clairon ou trompette, à 2 pas à droite du 1er rang. Il y a 16 files d'hommes de troupe dans la cavalerie et l'infanterie, et deux files de voitures dans l'artillerie, les caissons étant derrière les pièces. Dans cette arme, les sectionnaires sont à 1 pas à gauche des conducteurs de devant de chaque pièce et sont chefs de pièce; les artificiers sont à 1 pas à gauche des conducteurs de devant de chaque caisson et sont chefs de caisson. Dans les

(1) Quand nous disons que le peloton est le quart de la compagnie, nous n'entendons parler que du nombre de files d'un peloton de manœuvre. Sous le rapport administratif, les pelotons d'une même compagnie ne peuvent être sans cesse égalisés, et leur effectif en hommes et en chevaux varie nécessairement d'un moment à l'autre.

(2) Nous exprimons de nouveau ici l'idée et le vœu que l'artillerie à cheval soit supprimée, et quelle soit remplacée par de l'artillerie à pied, d'élite sous le rapport des attelages aussi bien que des hommes. Nous prétendons que cette simplification aurait des avantages non-seulement d'économie, mais encore de mobilité.

deux autres armes, le plus ancien sectionnaire est placé comme serre-file, à 1 pas derrière le centre du peloton ; le second sectionnaire est placé au 1er rang, à droite du peloton, comme chef de la 1re file. Dans ces deux armes, les escouadiers sont répartis à la droite et à la gauche de chaque section, au 1er rang, excepté celui de droite de la 1re section, qui est derrière le 2e sectionnaire. Dans l'artillerie, les escouadiers qui ne sont pas artificiers servent de pointeurs et dirigent les canonniers-servants; ils sont à droite de la bouche à feu.

Dans l'infanterie, les files du peloton sont sans intervalle sensible entre elles ; chaque file est supposée occuper 50 centimètres de front et 1 mètre en profondeur, y compris les vides.

Dans la cavalerie, les files sont également sans intervalle sensible entre elles; chaque cheval est censé occuper 1 mètre en largeur et 3 mètres en profondeur, y compris la distance entre les deux rangs, laquelle est d'environ 66 centimètres.

Dans l'artillerie, les files de voitures sont espacées de 15 mètres; la distance d'une voiture à l'autre, dans la même file, est de 1 mètre; la largeur d'une voiture est de 2 mètres; sa longueur tout attelée est de 14 mètres; le front du peloton d'artillerie est donc de 19 mètres, sans y comprendre le sectionnaire de la pièce de gauche ni le trompette, et sa profondeur est de 29 mètres. Les canonniers-servants sont rangés de chaque côté des bouches à feu, sur une file dans l'artillerie à pied (4 hommes par file), sur 2 rangs dans l'artillerie à cheval (3 hommes 1er rang, 2 au 2e rang).

2° Principes généraux d'alignement.

Les soldats pour s'aligner doivent accorder leurs épaules sur celles de leur voisin du côté de l'alignement et fixer les yeux sur la ligne des yeux, de manière à apercevoir la poitrine du 2e soldat de leur rang, toujours du côté de l'alignement; à cet effet, ils doivent tourner la tête, sans cesser de rester carrément dans le rang ; dans chaque file, les hommes doivent, en outre, être exactement l'un derrière l'autre.

Dans l'infanterie, on sentira légèrement le coude du côté de l'alignement; dans la cavalerie, on sentira la botte du côté de l'alignement; dans l'artillerie, l'alignement se prendra sur les conducteurs de derrière de chaque voiture.

L'officier qui aligne se place du côté de l'alignement et regarde vers l'extrémité opposée du rang à aligner ; il fait les avertissements : *Rentrez* ou *Sortez* aux hommes qui sont trop en avant ou trop en arrière.

3° Alignement successif des files dans le peloton.

Le chef de peloton commande :

1. *Par file* = { *à droite* (ou *à gauche*) / *en arrière à droite* (ou *à gauche*) } = Alignement.

2. Fixe.

On fait d'abord placer la file de droite (*ou* de gauche) dans la direction qu'on veut donner à l'alignement, soit en avant, soit en arrière, puis, à la 3e partie du 1er commandement, chaque file se porte successivement sur la ligne base d'alignement, sans à coup, les soldats tournant la tête à droite (*ou* à gauche), afin de s'arrêter un peu en arrière des files déjà formées; ils s'alignent ensuite en observant les principes généraux et conservent la tête à droite (*ou* à gauche) jusqu'au commandement Fixe. Chaque file exécute son mouvement lorsque la file précédente est arrivée sur la base d'alignement, de manière qu'il n'y ait jamais qu'une file en marche à la fois, pour s'aligner.

Le commandement Fixe est prononcé lorsque la dernière file est alignée; les soldats replacent alors la tête dans la position directe.

4° Alignement du peloton.

Le chef de peloton commande :

1. *A droite* (ou *à gauche*) = Alignement.
2. Fixe.

Le peloton étant en bataille, on place l'une des files extrêmes dans la direction qu'on veut donner à l'alignement, et, à la dernière partie du 1er commandement, qui est Alignement, tous les soldats s'alignent à la fois en observant les principes prescrits. Au commandement Fixe, on replace la tête directe.

5° Ouvrir les rangs.

Le chef de peloton commande :

1. *En arrière ouvrez vos rangs.*
2. Marche.
3. *A droite* = Alignement.
4. Fixe.

Au commandement Marche, le 1er rang reste immobile, le 2e rang recule de 6 pas; le chef de peloton se porte 6 pas en avant et fait face à la troupe par un demi-tour à gauche; dans l'infanterie et la cavalerie, le serre-file recule de 6 pas.

Au 3e commandement, les soldats du 2e rang s'alignent à droite. Au 4e commandement, ils replacent la tête directe.

6° Serrer les rangs.

Le chef de peloton commande :

1. *Serrez vos rangs.*
2. MARCHE.
3. *A droite* = ALIGNEMENT.
4. FIXE.

Au 2e commandement, on reprend l'ordre en bataille, le chef de peloton faisant face en avant par un demi-tour à droite. Au 3e commandement, on s'aligne à droite, et au 4e on replace la tête dans la position directe.

7° Marche du peloton en ligne.

Le chef de peloton commande :

1. *Peloton en avant.*
2. *Guide à droite* (ou *à gauche*).
3. MARCHE.

Le peloton est supposé correctement aligné; au 2e commandement, le guide du côté désigné prend des points de direction sur la perpendiculaire au front du peloton passant entre ses jambes; au commandement MARCHE, tout le peloton se porte en avant à une allure franche et décidée, chaque homme observant les principes prescrits dans les écoles précédentes. Le guide cherche à se maintenir invariablement sur la direction, en prenant des points de repère sur la ligne qu'il doit suivre, de manière à en avoir toujours deux en face de lui, l'un plus éloigné remplaçant celui qui va être atteint. Les hommes du premier rang jettent de temps en temps un coup d'œil du côté du guide pour être alignés sur lui, ne pas le dépasser ni rester en arrière. Les hommes du second rang tâchent de rester alignés entre eux, et doivent se maintenir en même temps exactement chacun derrière son chef de file. Si, en marchant, on se rapprochait ou on s'écartait de son voisin du côté du guide, il faudrait s'en écarter ou s'en rapprocher aussitôt, en ayant soin de gagner plus de terrain en avant que sur le côté.

La perfection de la marche d'une troupe en bataille dépend de l'habitude des hommes de marcher à des allures franches et régulières, et de se prolonger sans oscillation sur une direction donnée, habitude qui a dû être prise à l'école élémentaire. On devra faire marcher d'abord l'infanterie et la cavalerie à files ouvertes comme l'artillerie, mais un pas d'intervalle suffira d'une file à l'autre; à cet effet, avant de porter le peloton en avant, on avertira les fantassins et les cavaliers de gagner un pas à gauche (*ou* un pas à droite), à l'exception de la file extrême qui ne bouge pas; n'ayant pas de cette manière le tact de leurs voisins pour se maintenir alignés, ils seront obligés d'apporter une grande attention pour aller droit devant eux et faire des pas égaux en longueur et en vitesse.

Lorsque le peloton marchera régulièrement au pas, on le fera passer d'une allure à une autre pendant qu'il sera en mouvement. On usera, à cet effet, des commandements prescrits à l'école élémentaire. On le fera aussi partir de pied ferme au trot et au galop, mais en changeant dans les commandements indiqués pour cet objet en ladite école, le mot *soldats* en celui de *peloton*.

Dans un peloton isolé, le guide peut être commandé indifféremment à droite ou à gauche; il est ordinairement à droite, si le peloton est dans l'ordre primitif, à gauche si le peloton est dans un autre ordre. On peut ne pas commander le guide, alors il est de règle à droite si on est dans l'ordre primitif, à gauche si on est dans un autre ordre (1).

8° Arrêter le peloton marchant en ligne.

Le chef de peloton commande :

1. *Peloton.*
2. HALTE.

Le peloton étant à une allure quelconque, au 1er commandement, on se prépare à arrêter sans cependant ralentir; au 2e commandement, on arrête d'après les principes prescrits aux écoles précédentes. Le 1er commandement peut quelquefois être supprimé.

On aligne ordinairement le peloton après l'avoir arrêté, et, le plus souvent, du côté où était le guide.

(1) Lorsqu'on introduisit dans les troupes l'usage de prendre le guide à gauche, la droite étant en tête, c'était parce qu'en rompant en colonne vers la droite, on avait l'intention de faire, devant l'ennemi, une de ces marches appelées *marches de flanc*, avec l'idée implicite de se reformer en bataille, face à gauche, par un mouvement de conversion simultané de toutes les subdivisions, et il fallait alors que le guide fût à gauche. Mais il arrivait souvent que l'ennemi, éventant le dessein qu'on avait eu de le tourner, modifiait sa position, manœuvrait lui-même, et au lieu d'avoir à se former face à gauche, il fallait se former en avant ou à droite, ce qui exigeait un changement de guide. Comme on ne sait jamais d'avance de quel côté il faudra opérer la formation en bataille, il est plus rationnel de placer le guide sur le flanc qui sert de base au mouvement de rupture en colonne, puisqu'il en résulte immédiatement un alignement rectiligne de toutes les ailes des subdivisions, quand même ces subdivisions sont inégales.

9° Faire reculer le peloton.

Le chef de peloton commande :

1. *Peloton en arrière.*
2. Marche.

Au 2e commandement le peloton recule d'après les principes prescrits aux écoles précédentes. Les soldats du 2e rang observent en outre de rester exactement derrière leurs chefs de file et de conserver entre les rangs la distance voulue.

Lorsque le peloton a assez reculé, on l'arrête et on l'aligne.

10° Marche oblique individuelle, le peloton étant en bataille ou en ligne.

Le chef de peloton commande :

1. *Oblique à droite* (ou *à gauche*).
2. Marche.
3. *En* = Avant.

Au 2e commandement, les éléments du peloton exécutent tout ce qui a été prescrit dans l'école précédente; de plus on observe que le guide est toujours, sans indication, du côté vers lequel on oblique; on doit se régler sur ce guide et ne pas le dépasser en avant.

Artillerie.

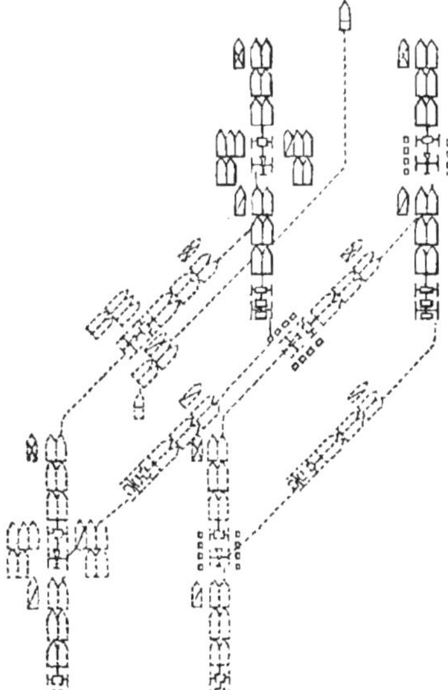

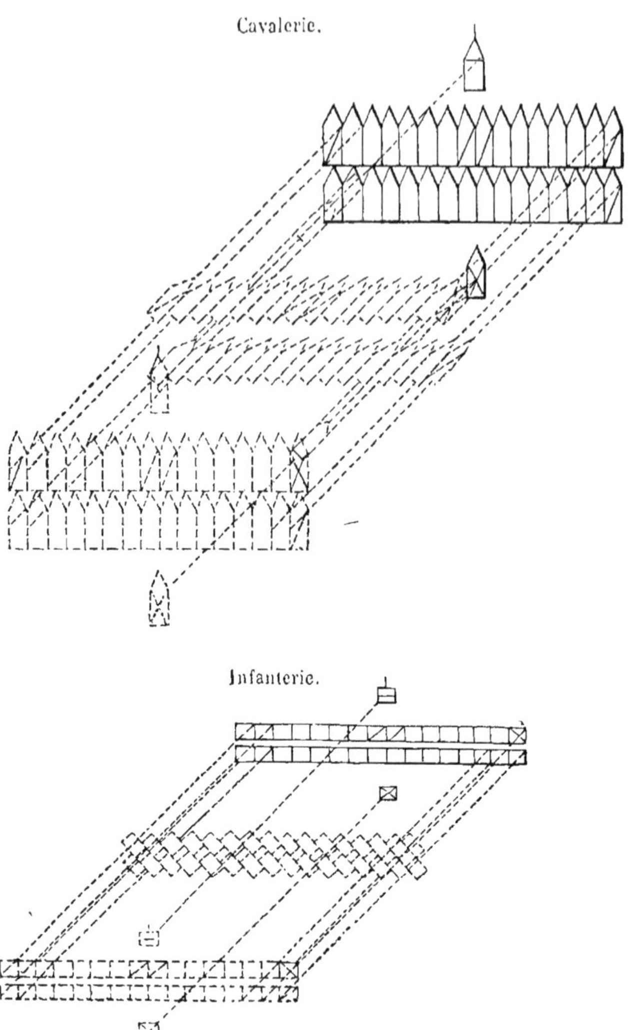

Au 3e commandement, on reprend la direction primitive et le guide revient, sans indication, à l'aile où il se trouvait avant la marche oblique.

La marche oblique individuelle, dans le peloton, s'exécute à toutes les allures, comme à l'école élémentaire et en observant les mêmes règles.

11° Conversion du peloton en bataille ou en ligne.

Le chef de peloton commande :

1\. *Peloton* { *A droite* (ou *à gauche*). / *Demi-tour à droite* (ou *à gauche*).

2\. Droite (*ou* Gauche (*ou* Marche).

Une conversion peut être d'un quart de circonférence ou d'une demi-circonférence; on peut l'exécuter étant de pied ferme et rester en place

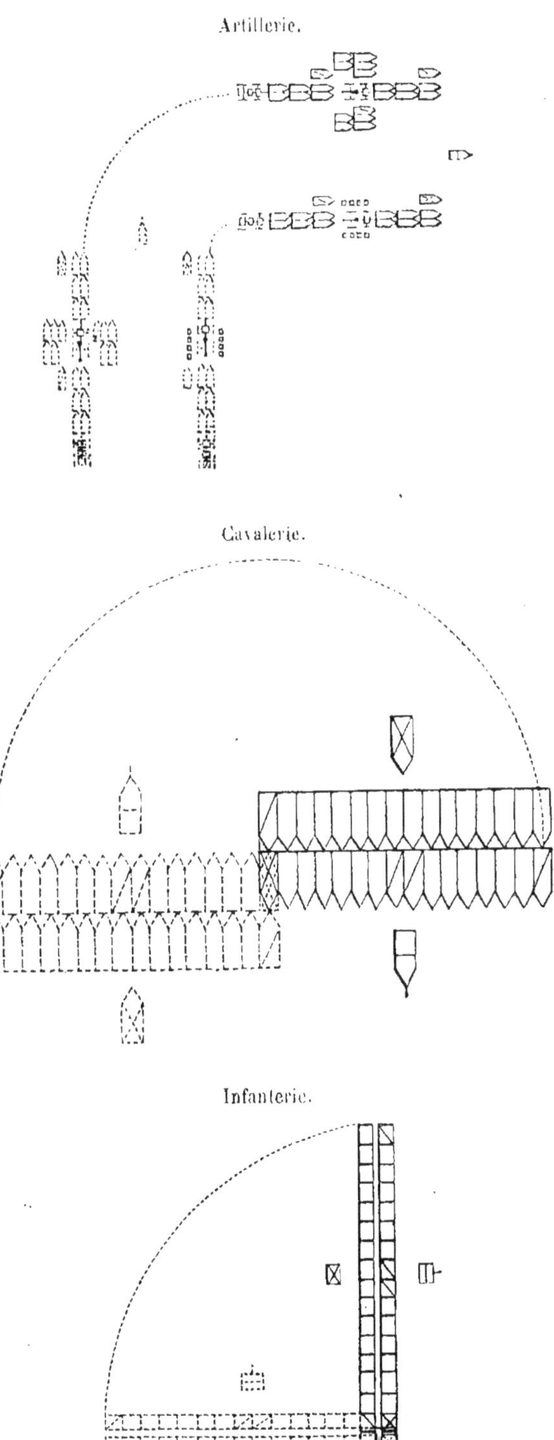

après le mouvement, ou continuer de se mouvoir en marchant en avant dans la nouvelle direction; on peut aussi l'exécuter pendant que l'on est en marche; de là des différences dans le commandement comme à l'école élémentaire.

Au 1er commandement, l'élément du 1er rang du côté du pivot, dans l'infanterie et la cavalerie, se prépare à tourner sur place et l'aile marchante se prépare à décrire l'arc de cercle commandé; au 2e commandement, le pivot tourne sur place et sert de guide pendant la durée du mouvement, c'est-à-dire que les autres éléments ne doivent ni serrer sur lui, ni s'en écarter, ni le dépasser en avant ou rester en arrière de lui; il jette un coup d'œil sur l'aile marchante pour se conformer à son mouvement. L'élément du 1er rang de l'aile marchante mesure attentivement l'étendue de l'arc à parcourir, de manière à ne point se jeter sur le pivot; les éléments compris entre le pivot et l'aile marchante ont les yeux alternativement sur l'une et l'autre extrémité, afin de conserver l'alignement du peloton pendant la durée du mouvement; chaque élément règle la vitesse de son allure en raison de sa distance au centre du cercle décrit, pour observer l'alignement. Dans l'artillerie, les chevaux extérieurs de la voiture-pivot décrivent un arc de circonférence de 3 pas 1/3 de rayon, et cette voiture se conforme à ce qui est prescrit pour le demi-tour, à l'école élémentaire, en ayant soin, si on doit rester en place, de ne s'arrêter qu'après avoir marché, dans la nouvelle direction, le double de sa profondeur; l'autre voiture placée à l'aile marchante règle son mouvement et son allure sur le pivot qui ralentit.

Chaque élément du 2e rang, dans toutes les armes, surtout celui qui est au pivot, détermine sa marche de manière à se trouver derrière son chef de file, lorsque la conversion est exécutée; à cet effet, il se jette un peu du côté opposé à la conversion.

Si on doit continuer de marcher après le mouvement, l'aile marchante conserve l'allure qu'elle avait pendant la conversion, et le pivot prend cette allure dès que la conversion est achevée.

On peut exécuter ce mouvement à une allure quelconque, en en faisant l'indication avant le commandement d'exécution. Dans tous les cas, la file qui est à l'aile marchante est la seule qui exécute le mouvement à l'allure à laquelle la conversion est censée faite; tous les autres éléments ralentissent plus ou moins cette allure.

Si on doit se porter en avant dans la nouvelle direction, le guide se reprend sans indication du côté où il était avant la conversion, à moins qu'il ne soit commandé du côté opposé.

12° Changement de direction du peloton marchant en ligne.

Le chef de peloton commande :

1. *Tournez* = (*à*) DROITE [ou (*à*) GAUCHE].
2. *En* = AVANT.

A la dernière partie du 1er commandement, la file du côté du pivot ralentit son allure, et la file de l'aile marchante augmente la sienne; la file qui est au milieu du rayon de l'arc de circonférence décrit par l'aile marchante, doit avoir une allure moitié moins grande que celle de l'aile marchante.

Dans l'infanterie et la cavalerie, la file du côté du pivot décrit un arc de circonférence de 5 pas; dans l'artillerie, le cheval de devant du côté du changement de direction de la voiture-pivot décrit un arc de 5 pas. Pendant la durée du mouvement, le guide est toujours du côté du pivot; par conséquent, on doit avoir l'attention de ne point se serrer sur lui. L'aile marchante mesure son terrain de manière à ne pas décrire une courbe trop grande ou trop petite, et l'alignement doit être observé pendant toute la durée du mouvement circulaire; à cet effet, chaque file proportionne son allure à son éloignement du pivot, en se réglant sur l'aile marchante.

A la dernière partie du 2e commandement, chaque file se porte immédiatement en avant dans la nouvelle direction, en cessant de marcher circulairement et en prenant l'allure à laquelle on marchait avant le changement de direction. Le guide, sans indication, se reprend du côté où il était avant le mouvement.

Les changements de direction s'exécutent, la troupe marchant à toute allure; mais lorsqu'elle est déjà au galop, l'aile marchante doit forcer de vitesse pour ne pas rester en arrière de la file située

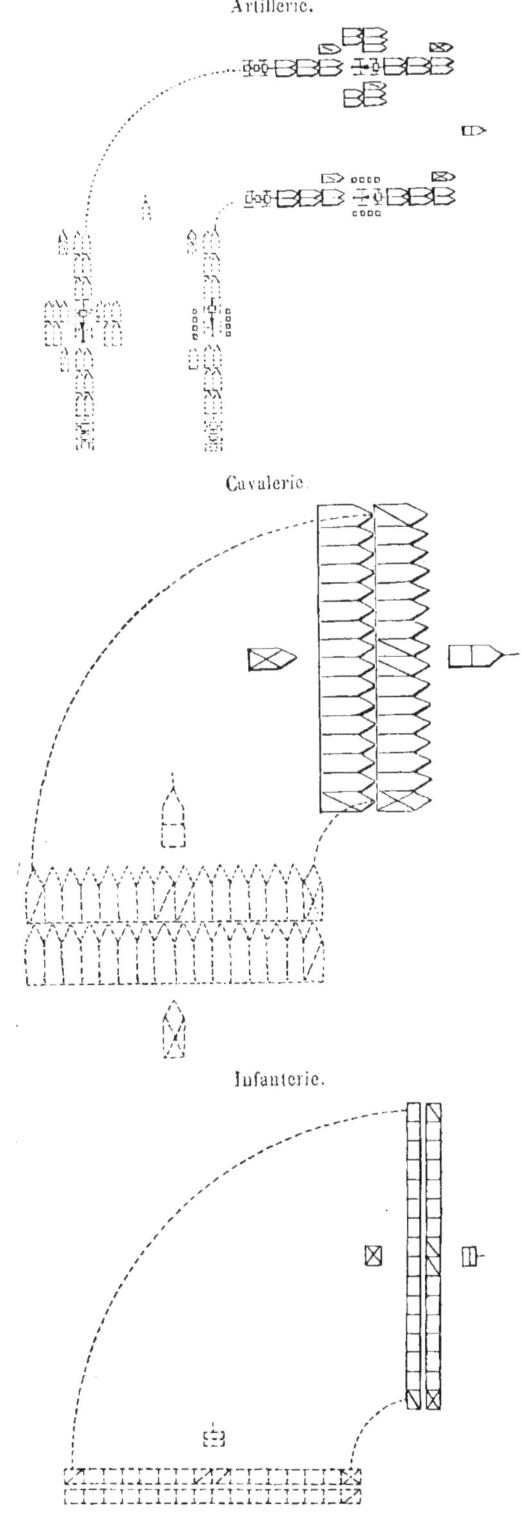

au milieu du rayon, laquelle ne diminue l'allure primitive que le moins possible.

Le principe fondamental des changements de direction en marchant est que l'allure de l'élément du milieu du rayon soit la moitié de celle de l'élément de l'aile marchante, parce que, les circonférences des cercles étant entre elles comme les rayons, les chemins parcourus par les deux éléments ci-dessus désignés sont la moitié l'un de l'autre, et doivent cependant être décrits dans le même temps. Dans les troupes à cheval, le trot est au moins double du pas et le galop est facilement double du trot; par conséquent, il n'y a point pour elles d'attention particulière à avoir, lorsque l'allure primitive est le pas ou le trot; l'élément du milieu du rayon reste à cette allure primitive, et l'élément de l'aile marchante la double. Mais, dans les troupes à pied, le pas accéléré étant d'une vitesse de 110 pas à la minute, et les autres allures étant de 160 et de 180 pas à la minute, aucune n'est double de celle qui lui est inférieure; il faut donc que l'élément du milieu du rayon ralentisse, dans la mesure de 80 pas à la minute, si l'allure primitive était le pas accéléré, ou dans celle de 90 pas à la minute, si l'allure primitive était le pas gymnastique du degré le moins rapide.

ÉCOLE DU PELOTON.

DEUXIÈME PARTIE.

1° *Ordre en colonne par files.*

2° *Ordre en colonne par le flanc.*

3° *Étant en bataille, rompre par files vers l'un des flancs.*

4° *Étant en bataille, rompre en colonne par le flanc.*

5° *Porter la colonne en avant, et marcher en colonne par files ou par le flanc.*

6° *Étant en marche en colonne par files ou par le flanc, changer de direction.*

7° *Étant en marche en colonne par files ou par le flanc, arrêter.*

8° *Étant en colonne par files ou par le flanc, exécuter la marche oblique individuelle.*

9° *Étant en colonne par files ou par le flanc, gagner du terrain vers l'un des flancs et reprendre la direction primitive.*

10° *Étant en colonne par files ou par le flanc, rétrograder et reprendre la direction primitive.*

1° Ordre en colonne par files.

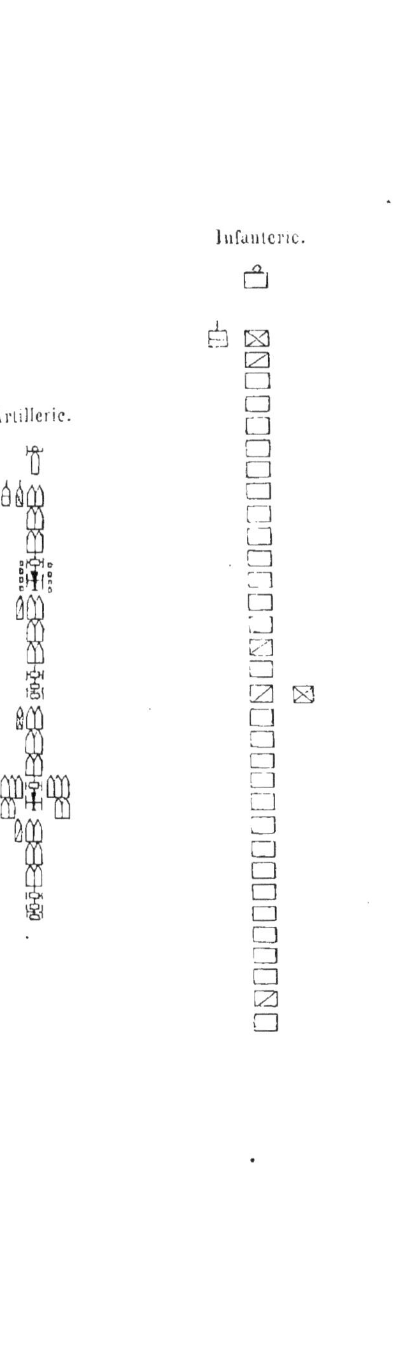

Dans l'ordre en colonne par files, la distance entre deux files est la même qu'entre les deux éléments d'une file. Dans l'infanterie et la cavalerie, le chef de peloton se place à côté du chef de la file tête de colonne, et le serre-file se place à côté du chef de la file tête de la seconde moitié du peloton, chacun restant sur le flanc où il se trouve lorsque le peloton en bataille rompt en colonne par files, par l'un des moyens qui seront indiqués ci-après. Dans l'artillerie, chaque chef de pièce et de caisson reste à côté du conducteur de devant de sa voiture, et le chef de peloton se place à côté du chef de la voiture tête de colonne. Le tambour, clairon ou trompette est à quatre pas en avant de la première file.

2° Ordre en colonne par le flanc.

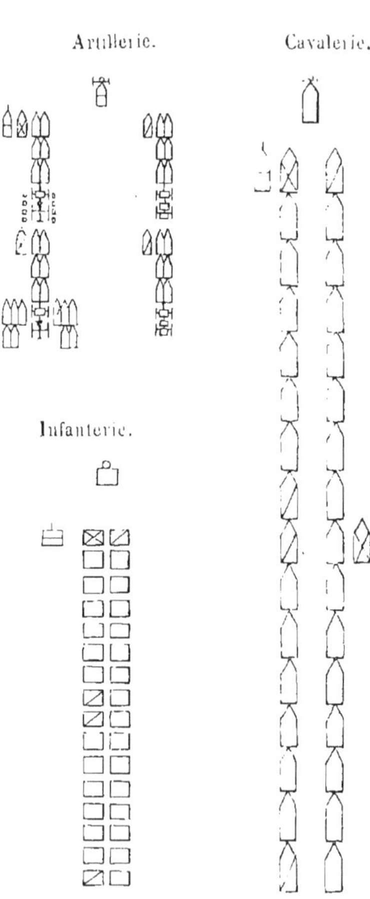

Dans l'ordre en colonne par le flanc, la distance entre deux éléments consécutifs est la même qu'entre les deux éléments d'une même file.

L'intervalle entre les deux rangs placés l'un à côté de l'autre reste ce qu'il se trouve après que les éléments ont exécuté un à droite ou un à gauche en partant de l'ordre en bataille.

Cependant cet intervalle peut se resserrer ou s'ouvrir, suivant la largeur des chemins ou d'autres circonstances pendant la marche.

Dans l'ordre en colonne par le flanc, le chef de peloton, dans l'infanterie et la cavalerie, se place à côté de l'élément tête de colonne qui était au premier rang dans l'ordre en bataille, et le serre-file se place du côté opposé au chef de peloton à hauteur de l'élément qui se trouve former la tête de la seconde moitié du peloton. Dans l'artillerie, le chef de peloton se place à côté du chef de la pièce tête de colonne. Le clairon, tambour ou trompette, marche à quatre pas en avant de la tête de colonne, vis-à-vis le milieu de l'intervalle qui sépare les deux premiers éléments.

3° Étant en bataille, rompre par files vers l'un des flancs.

Le chef de peloton commande :

1. *Files à droite* (ou *à gauche*).
2. **Marche.**

Au 2e commandement, le 1er élément de la file du côté désigné tourne d'après les principes prescrits à l'école élémentaire et se porte devant lui dans la nouvelle direction; il est suivi par l'élément du 2e rang, lequel vient tourner sur le même terrain; chaque file tourne successivement de la même manière pour suivre la file précédente, en observant les distances prescrites pour la colonne par files.

Cette rupture a toujours lieu de pied ferme. On peut l'exécuter au trot ou au galop, en faisant l'indication de l'allure à la fin du 1er commandement. Les éléments de chaque file prennent successivement l'allure indiquée, de manière que la colonne soit formée sans interruption.

Si, après avoir commencé à rompre par files vers l'un des flancs, on veut diriger la colonne perpendiculairement à l'ancien front (1), soit en avant, soit en arrière, on fait exécuter un changement de direction comme il sera expliqué ci-après au nº 6.

En faisant exécuter deux changements de direction de suite, on dirige la colonne parallèlement à l'ancien front.

4° Étant en bataille, rompre en colonne par le flanc.

Le chef de peloton commande :

1. *Soldats à droite* (ou *à gauche*).
2. MARCHE (*ou* DROITE *ou* GAUCHE).

Au 2e commandement, les éléments exécutent ce qui a été prescrit à l'école élémentaire, tous à la fois dans l'infanterie et l'artillerie, et successivement pour chaque file dans la cavalerie. Les deux éléments de la file du côté désigné se portent droit devant eux, dans toutes les armes, dès qu'ils sont dans la nouvelle direction, si le 2e commandement a été MARCHE, et ils sont suivis par tous les autres. Si le 2e commandement a été DROITE (ou GAUCHE), chaque élément s'arrête aussitôt qu'il est dans la nouvelle direction, s'il appartient à l'infanterie ou l'artillerie, tandis que, dans la cavalerie, les éléments, après avoir fait leur conversion, se portent en avant jusqu'à ce que les éléments de la dernière file soient entrés dans la nouvelle direction, ce qui fait que les deux cavaliers de la file qui a tourné la première doivent marcher deux fois l'étendue du front du peloton, avant de s'arrêter, à cause que le cheval occupe en profondeur le triple de ce qu'il occupe en épaisseur.

Cette rupture a lieu lorsque le peloton est de pied ferme; on peut l'exécuter au trot ou au galop, s'il s'agit de se porter en avant aussitôt après la

(1) La rupture par *un*, ou par *deux* ou par *quatre*, de l'ordonnance du 6 décembre 1829, en avant du front, a cet inconvénient qu'elle ne peut guère s'exécuter de nuit, parce qu'alors il n'est pas facile d'obliquer convenablement pour aller prendre la piste de la tête de colonne : le terrain d'ailleurs peut être mauvais ou impraticable en avant du front, si on est dans un taillis par exemple. Tandis qu'en rompant d'abord vers le flanc et changeant ensuite de direction, on est certain de former aisément la colonne et de suivre une voie déjà battue.

formation de la colonne ; l'allure est alors indiquée à la fin du 1er commandement.

Si, après avoir commencé à rompre par le flanc, on veut diriger la colonne perpendiculairement à l'ancien front, soit en avant, soit en arrière, on fait exécuter un changement de direction comme il sera expliqué ci-après au n° 6.

En faisant exécuter deux changements de direction de suite, on dirige la colonne parallèlement à l'ancien front.

5° Porter la colonne en avant et marcher en colonne par files ou par le flanc.

Le chef de peloton commande :

1. *Colonne en avant.*
2. MARCHE.

Au commandement *Colonne en avant*, l'élément qui doit avoir la direction de la colonne reçoit l'indication du point sur lequel il doit se diriger et choisit aussitôt des points de repère entre lui et le point indiqué. Au commandement MARCHE, tous les éléments se portent en avant d'après les principes prescrits.

(S'il n'est pas indiqué de point à l'élément qui doit avoir la direction, il en choisit un droit devant lui et prend ensuite d'autres points de repère.)

Pour faire partir de pied ferme au trot ou au galop, on indique l'allure à la fin du premier commandement.

Chaque élément observe en marchant les principes prescrits aux écoles précédentes, en ayant soin, en outre, de conserver d'un élément à l'autre les distances indiquées et de suivre exactement la trace de l'élément qui précède.

Dans la colonne par files, l'élément tête de colonne a la direction, c'est-à-dire qu'il doit se prolonger sur la ligne droite qui lui est indiquée et s'y maintenir en prenant des points de repère.

Dans la colonne par le flanc, le guide est l'élément tête de colonne du rang qui était le premier dans l'ordre en bataille. Les éléments du rang qui était le second dans l'ordre en bataille ont soin, pendant la marche, de se maintenir à hauteur des éléments qui leur correspondaient dans le premier rang comme chefs de file et de conserver, de l'un à l'autre, les intervalles résultant de la rupture en colonne, ou ceux qu'on leur a fait prendre après cette rupture.

Pendant la marche, on peut faire passer la colonne d'une allure à une autre : on se sert pour cela des commandements et des principes prescrits à l'école élémentaire.

6° Étant en marche en colonne par files ou par le flanc, changer de direction.

Le chef de peloton commande :

1. *Tournez* = (*à*) Droite [ou (*à*) Gauche].
2. *En* = Avant.

A la dernière partie du 1er commandement, l'élément tête de colonne, dans la colonne par files, change de direction, comme il a été prescrit à l'école élémentaire.

Les autres éléments continuent à marcher droit devant eux et viennent tourner sur le même terrain que le premier.

Dans la colonne par le flanc, le rang placé du côté du changement de direction exécute le mouvement comme il vient d'être prescrit pour la colonne par files; l'autre rang exécute aussi le mouvement d'après ces mêmes principes, mais, en outre, chaque élément augmente l'allure en tournant, afin de rester lié à l'élément voisin pendant la conversion et de se trouver en même temps que lui dans la nouvelle direction.

La tête de colonne se porte en avant, à la dernière partie du 2e commandement.

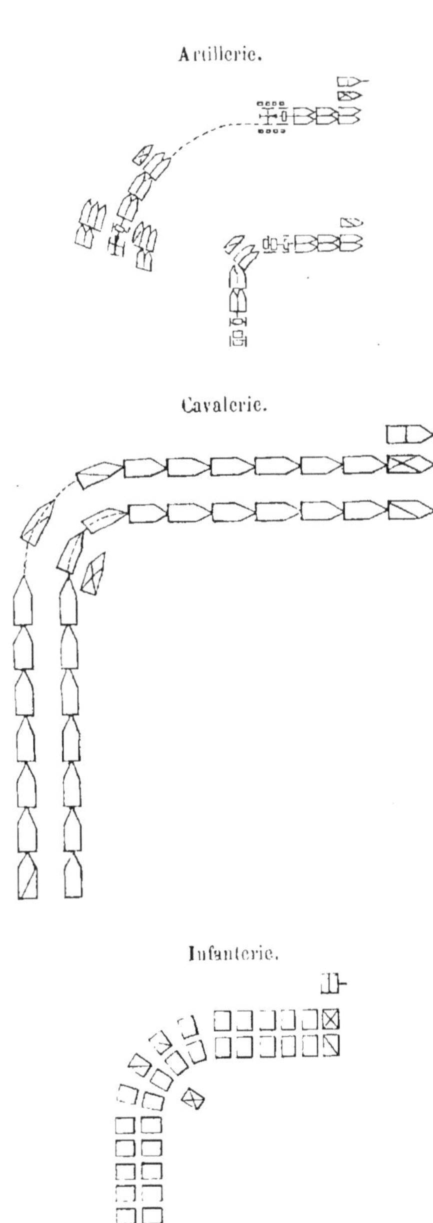

7° Étant en marche, en colonne par files ou par le flanc, arrêter.

Le chef de peloton commande :

1. *Colonne.*
2. HALTE.

Au commandement *Colonne*, on se prépare à arrêter, mais sans ra lentir.

Au commandement HALTE, chaque élément arrête d'après les principes prescrits. Le commandement *Colonne* peut quelquefois être supprimé.

8° Étant en colonne par files ou par le flanc, exécuter la marche oblique individuelle.

Le chef de peloton commande :

1. *Oblique à droite* (ou *à gauche*).
2. MARCHE.

Au 2e commandement, tous les éléments exécutent ce qui a été prescrit à l'école élémentaire; ils se règlent en outre sur l'élément tête de co-

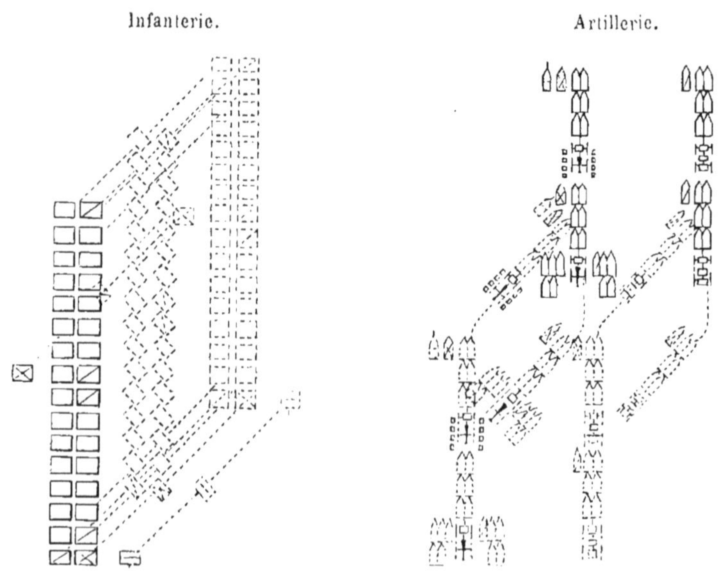

lonne, ayant soin de ne pas le dépasser et de conserver entre eux les distances qui existent de l'un à l'autre, lorsque chacun a exécuté le huitième de circonférence qu'il doit décrire. Dans la colonne par le flanc, les deux éléments qui se trouvaient l'un à côté de l'autre se règlent encore entre eux, savoir : celui qui est derrière sur celui qui est devant.

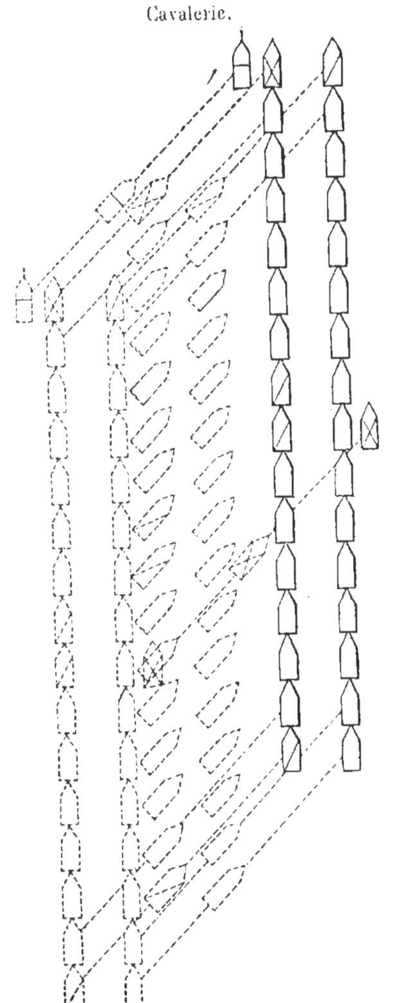

Si la marche oblique doit avoir lieu à une allure particulière, on fait l'indication de cette allure à la fin du 1er commandement.

Lorsqu'on a assez obliqué, on commande *en* = Avant pour faire reprendre la direction primitive.

9° Étant en colonne par files ou par le flanc, gagner du terrain vers l'un des flancs et reprendre la direction primitive.

Le chef de peloton commande :

1. *Soldats à droite* (ou *à gauche*).
2. Marche.

Ces commandements s'exécutent comme il a été prescrit à l'école élémentaire, après quoi les éléments marchent droit devant eux en conservant leurs nouveaux intervalles et leurs nouvelles distances, s'il y a lieu; ils se règlent, à cet effet, du côté indiqué pour le mouvement.

Dans le cas de la colonne par files, le peloton se trouve sur un rang après l'*à droite* (ou l'*à gauche*) exécuté.

Pour reprendre la direction primitive, on fait le commandement inverse de celui par lequel on a gagné du terrain vers le flanc, et, à ce commandement, les éléments se remettent dans l'ordre en colonne où ils étaient précédemment.

Si le mouvement doit s'exécuter à une allure autre que celle à laquelle on marche, on fait l'indication de la nouvelle allure à la fin du 1er commandement.

10° Etant en colonne par files ou par le flanc, rétrograder et reprendre la direction primitive.

Le chef de peloton commande :

1. *Soldats demi-tour à droite* (ou *à gauche*).
2. MARCHE.

Ces commandements s'exécutent comme il a été prescrit à l'école élémentaire. Dans la colonne par le flanc, pour l'artillerie et la cavalerie, si les deux rangs se trouvaient rapprochés au point de ne pouvoir faire simultanément leur demi-tour, le rang du côté opposé au mouvement marquerait un temps d'arrêt, jusqu'à ce que l'autre rang eût exécuté, puis il ferait, à son tour, face en arrière, et regagnerait le terrain perdu en augmentant l'allure.

Dans la colonne par le flanc, le guide reste au rang dans lequel il se trouvait avant le demi-tour.

Pour faire reprendre la direction primitive, on fait le même commandement que le précédent ou le commandement inverse.

Si on veut faire le demi-tour à une autre allure que celle à laquelle on marche, on fait l'indication de la nouvelle allure à la fin du 1er commandement.

ÉCOLE DU PELOTON.

TROISIÈME PARTIE.

1° *Étant en colonne par files, passer à l'ordre en colonne par le flanc.*
2° *Étant en colonne par le flanc, passer à l'ordre en colonne par files.*
3° *Étant en colonne par files, se former en bataille ou en ligne face en avant.*
4° *Étant en colonne par files, se former en bataille ou en ligne face à l'un des flancs et en deçà de la tête de la colonne.*
5° *Étant en colonne par files, se former en bataille ou en ligne face à l'un des flancs et au delà de la tête de la colonne.*
6° *Étant en colonne par files, se former en bataille ou en ligne face en arrière.*
7° *Étant en colonne par le flanc, se former en bataille ou en ligne face en avant.*
8° *Étant en colonne par le flanc, se former en bataille ou en ligne face à l'un des flancs et en deçà de la tête de la colonne.*
9° *Étant en colonne par le flanc, se former en bataille ou en ligne face à l'un des flancs et au delà de la tête de la colonne.*
10° *Étant en colonne par le flanc, se former en bataille ou en ligne face en arrière.*

1° Étant en colonne par files, passer à l'ordre en colonne par le flanc.

Le chef de peloton commande :

1. *Oblique à droite* (ou *à gauche*) = *doublez*.
2. MARCHE.
3. HALTE.

Cavalerie.

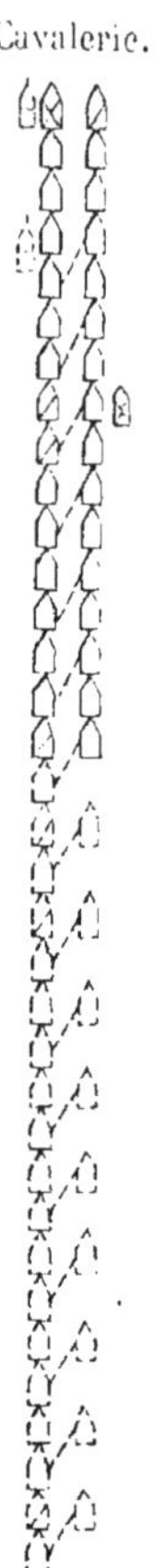

Au 2e commandement, le premier élément, que la colonne soit arrêtée ou au pas, marche droit devant lui et s'arrête au 3e commandement prononcé dix pas plus loin que le second. Tous les éléments qui dans l'ordre en bataille étaient au 2e rang, obliquent immédiatement; ils se redressent lorsqu'ils ont gagné leur intervalle. Les éléments du 1er rang marchent droit devant eux jusqu'à ce qu'ils se trouvent à la distance prescrite de l'élément qui doit les précéder. Les éléments du 2e rang s'arrêtent chacun à hauteur de son chef de file.

Si la colonne est en marche au trot, le 1er élément prend le pas au 2e commandement; le 3e commandement est supprimé; chaque élément du 1er rang continue la marche au trot jusqu'à ce qu'il ait serré à sa distance, alors il prend le pas; les éléments du 2e rang obliquent au trot et passent au pas en arrivant à hauteur de leurs chefs de file.

Si la colonne est au galop, les éléments passent successivement au trot en se conformant à ce qui vient d'être prescrit pour l'exécution du mouvement, lorsque la colonne est au trot.

Si la colonne est au pas ou au trot, et si on veut exécuter le mouvement au trot et au galop, on fait l'indication de la nouvelle allure à la fin du 1er commandement et on supprime le troisième. Le premier élément continue seul de marcher à la même allure; les autres prennent l'allure indiquée et la conservent jusqu'au moment où ils arrivent à la distance ou à la hauteur voulue; alors ils reprennent l'allure primitive.

2° Étant en colonne par le flanc, passer à l'ordre en colonne par files.

Le chef de peloton commande :

1. *Oblique à gauche* (ou *à droite*) = *par files.*
2. **Marche.**

En supposant la colonne arrêtée, au 2e commandement, l'élément tête de colonne, du côté qui formait le 1er rang dans l'ordre en bataille, se porte en avant. L'élément qui était à côté de lui se met ensuite en mouvement, en obliquant du côté de l'élément qui doit être son chef de file, se place derrière lui et le suit à la distance prescrite. Les éléments de chaque rang se mettent successivement en mouvement, ceux du 1er rang se portant en avant, les autres obliquant pour se placer l'un derrière, l'autre et se former en colonne par files, sans interruption.

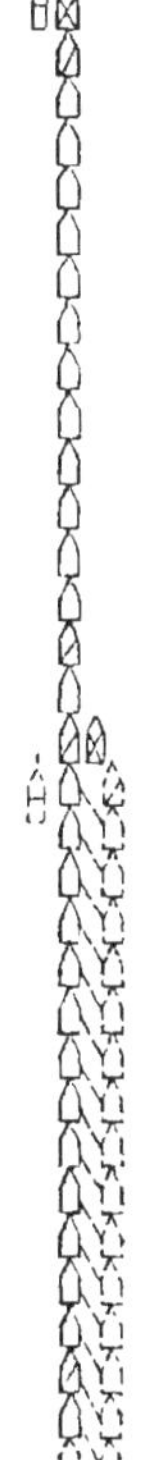

Le mouvement peut s'exécuter la colonne étant en marche; à cet effet, au 2e commandement, l'élément qui doit se trouver en tête de colonne continue seul à la même allure ; tous les autres arrêtent si on est au pas, passent au pas si on est au trot, passent au trot si on est au galop ; ils ne reprennent l'allure primitive que successivement, de manière à former la colonne par files sans interruption et avec les distances prescrites.

La colonne étant arrêtée ou au pas, pour faire exécuter le mouvement au trot ou au galop, on indiquerait l'allure à la fin du 1er commandement, et tous les éléments prendraient successivement l'allure indiquée, de manière à former la colonne par files sans interruption.

Si la colonne par le flanc marchait au trot, on la formerait par files au galop, en indiquant cette allure à la fin du 1er commandement. L'élément tête de colonne prendrait le galop au commandement MARCHE ; les autres continueraient de marcher au trot et prendraient successivement le galop pour former la colonne par files sans interruption.

3° Étant en colonne par files, se former en bataille ou en ligne face en avant.

Pour former le peloton en bataille, le chef de peloton commande :

1. *Oblique à gauche* (ou *à droite*) = *et en avant en bataille.*
2. MARCHE.
3. HALTE.
4. *A droite* (ou *à gauche*) = ALIGNEMENT.
5. FIXE.

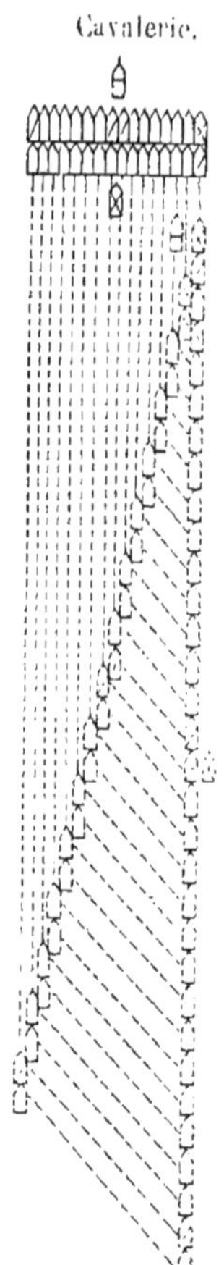

Au 2ᵉ commandement, la 1ʳᵉ file se porte droit devant elle; elle s'arrête au 3ᵉ commandement prononcé après 10 pas. Les autres files obliquent immédiatement et se redressent successivement dès qu'elles ont gagné leur intervalle sur la file précédente; elles se portent alors droit devant elles et s'arrêtent à hauteur de la première file; elles s'alignent, et le commandement Fixe est prononcé quand la dernière file est alignée.

Le mouvement s'exécute ainsi qu'il vient d'être expliqué, que la colonne soit arrêtée ou en marche à une allure quelconque.

Si la colonne était arrêtée, au pas ou au trot, et si on voulait exécuter le mouvement au trot ou au galop, l'allure serait indiquée à la fin du 1ᵉʳ commandement; au 2ᵉ commandement, tout le monde prendrait l'allure indiquée et l'on se conformerait aux principes qui viennent d'être drescrits.

Pour former le peloton en ligne, c'est-à-dire pour continuer à marcher après la formation, on remplace dans le 1ᵉʳ commandement les mots *en bataille* par les mots *en ligne*, et on supprime les trois derniers commandements. Le mouvement s'exécute comme s'il s'agissait de se former en bataille, à l'exception que la 1ʳᵉ file continue de se porter en avant, soit à la même allure, soit à la nouvelle, s'il en a été indiqué une autre à la fin du 1ᵉʳ commandement, et que toutes les autres files, prenant l'allure du degré supérieur, obliquent simultanément, se redressent successivement au fur et à mesure qu'elles arrivent vis-à-vis la place qu'elles doivent occuper, baissent l'allure et se règlent sur la première file, dès qu'elles sont à sa hauteur.

4° Étant en colonne par files, se former en bataille ou en ligne face à l'un des flancs en deçà de la tête de la colonne.

Pour former le peloton en bataille, le chef de peloton commande :

1. *A gauche* (ou *à droite*) *en bataille.*
2. Marche.

3. HALTE.

4. *A droite* (ou *à gauche*) = ALIGNEMENT.

5. FIXE.

Au 2e commandement, la première file change de direction du côté indiqué par le 1er commandement.

Les autres files marchent droit devant elles et changent successivement de direction, de manière à avoir leurs intervalles. Le 3e commandement est prononcé quand on a marché 30 pas dans l'artillerie, 10 pas dans les autres armes.

Chaque file vient s'arrêter à hauteur de la précédente. Le commandement FIXE est prononcé quand la dernière file est alignée.

Le mouvement s'exécute ainsi, que le peloton soit arrêté ou en marche à une allure quelconque.

Si, la colonne étant arrêtée ou en marche, au pas ou au trot, on veut exécuter le mouvement au trot ou au galop, on indique l'allure à la fin du 1er commandement, et, au 2e commandement, on prend l'allure indiquée, en se conformant du reste à ce qui vient d'être prescrit.

Pour former le peloton en ligne, c'est-à-dire pour continuer à marcher après la formation, on remplace dans le 1er commandement les mots *en bataille* par les mots *en ligne* et on supprime les trois derniers commandements. Le mouvement s'exécute comme s'il s'agissait de se former en bataille, à l'exception que la 1re file, après avoir tourné, continue de se porter en avant, soit à la même allure, soit à la nouvelle s'il en a été indiqué une autre à la fin du 1er commandement, et que toutes les autres files, prenant l'allure du degré supérieur, tournent successivement vis-à-vis la place qu'elles doivent occuper, baissent l'allure et se règlent sur la 1re file, dès qu'elles sont à sa hauteur.

5° Étant en colonne par files, se former en bataille ou en ligne face à l'un des flancs et au delà de la tête de la colonne.

Pour former le peloton en bataille, le chef de peloton commande :

1. *Sur la droite* (ou *sur la gauche*) *en bataille.*
2. MARCHE.

3. HALTE.
4. *A droite* (ou *à gauche*) = ALIGNEMENT.
5. FIXE.

Au 1er commandement, la première file se prépare à changer de direction du côté indiqué; au 2e commandement, elle change de direction et s'arrête au commandement HALTE prononcé après 30 pas dans l'artillerie, après 10 pas dans les autres armes. Toutes les autres files continuent de marcher droit devant elles et tournent successivement chacune au delà de la précédente, de manière à avoir l'intervalle prescrit pour l'ordre en bataille; elles viennent s'arrêter à hauteur de la première file et s'aligner sur elle. Le commandement FIXE est prononcé lorsque la dernière file est alignée.

Ce mouvement ne s'exécute que quand la colonne est en marche.

Si, la colonne étant au pas ou au trot, on veut exécuter le mouvement au trot ou au galop, on indique la nouvelle allure à la fin du 1er commandement, et, au deuxième, tout le monde prend cette allure; on se conforme du reste à ce qui a été prescrit, lorsque le mouvement s'exécute à la même allure que celle à laquelle on marchait.

Pour former le peloton en ligne, c'est-à-dire pour continuer à marcher après la formation, on remplace dans le 1er commandement les mots *en bataille* par les mots *en ligne* et on supprime les trois derniers, commandements. Le mouvement s'exécute comme s'il s'agissait de se former en bataille, à l'exception que la 1re file, après avoir tourné, continue de se porter en avant, soit à la même allure, soit à la nouvelle, s'il en a été indiqué une autre à la fin du 1er commandement, et que toutes les autres files, prenant l'allure du degré supérieur, tournent successivement vis-à-vis la place qu'elles doivent occuper, baissent l'allure et se règlent sur la 1re file, dès qu'elles sont à sa hauteur.

6° Étant en colonne par files, se former en bataille ou en ligne face en arrière.

Pour se former en bataille, face en arrière, on fait d'abord exécuter le mouvement nécessaire pour se former en bataille face en avant, puis on termine par une conversion ou un demi-tour individuel.

On peut aussi faire d'abord un demi-tour individuel et se former après face en avant.

Dans le premier cas, la formation a lieu *sur la tête de la colonne*, et dans le 2e cas, *sur la queue de la colonne.*

On ne peut se former *en ligne*, face en arrière, que sur la queue de la colonne après avoir fait exécuter un demi-tour individuel.

7° Étant en colonne par le flanc, se former en bataille ou en ligne face en avant.

Pour former le peloton en bataille, le chef de peloton commande :

1. *Oblique à gauche* (ou *à droite*) = *et en avant en bataille.*
2. MARCHE.
3. HALTE.
4. *A droite* (ou *à gauche*) = ALIGNEMENT.
5. FIXE.

Les éléments placés du côté vers lequel on doit obliquer exécutent ce qui a été prescrit pour la colonne par files; les éléments de l'autre côté marquent un temps d'arrêt, de manière que chacun d'eux aille ensuite se placer en obliquant derrière celui qui était à côté de lui, et qui devient son chef de file.

Dans l'artillerie, le commandement HALTE est prononcé après 30 pas; il est prononcé après 10 pas dans les autres armes.

Le mouvement s'exécute à une allure quelconque comme au numéro 3 (1).

(1) Dans l'artillerie, quand on se forme en obliquant du côté où sont les caissons par rapport aux pièces, les caissons, après la formation, se trouvent devant les pièces; si, alors, on veut avoir les pièces devant les caissons, on commande : 1° *Caissons derrière vos pièces ;* 2° MARCHE. Au 1er commandement, les chefs de caisson commandent : *Soldats, demi-tour à droite;* et les chefs de pièce commandent : *Soldats, en avant;* au commandement MARCHE, vivement répété par les chefs de pièce et de caisson, les caissons font un demi-tour, marchent en arrière et, par un nouveau demi-tour, viennent prendre la place des pièces, lesquelles se sont portées en avant pour prendre la place des caissons. Chaque voiture est arrêtée par son chef.

Pour former le peloton en ligne, c'est-à-dire pour continuer à marcher après la formation, on remplace dans le 1er commandement les mots *en bataille* par les mots *en ligne*, et on supprime les trois derniers commandements. Le mouvement s'exécute comme s'il s'agissait de se former en bataille, à l'exception que les éléments de la tête de la colonne continuent de se porter en avant, soit à la même allure, soit à la nouvelle s'il en a été indiqué une autre à la fin du 1er commandement, et que tous les autres éléments, prenant l'allure du degré supérieur, obliquent simultanément, se redressent successivement, au fur et à mesure qu'ils arrivent vis-à-vis la place qu'ils doivent occuper, baissent l'allure et se règlent sur la première file, dès qu'ils sont arrivés à sa hauteur.

8° Étant en colonne par le flanc, se former en bataille ou en ligne face à l'un des flancs et en deçà de la tête de la colonne.

Pour former le peloton en bataille, le chef de peloton commande :

1. *A gauche* (ou *à droite*) *en bataille.*
2. MARCHE.
3. HALTE.
4. *A droite* (ou *à gauche*) = ALIGNEMENT.
5. FIXE.

Dans l'infanterie et l'artillerie, chaque élément fait un mouvement individuel pour faire face du côté indiqué, et tous les éléments s'arrêtent à la fois au 3e commandement, prononcé après 10 pas.

Dans la cavalerie, les deux premiers éléments tournent ensemble au 2e commandement; les autres continuent de marcher jusqu'à hauteur de leur place de bataille; ils tournent alors et viennent s'arrêter à hauteur des premiers. Le commandement HALTE est prononcé après 10 pas.

Ce mouvement s'exécute à toutes les allures comme au n° 4.

Pour former le peloton en ligne, c'est-à-dire pour continuer à marcher, après la formation, on remplace dans le 1er commandement les mots *en bataille* par les mots *en ligne*, et on supprime les trois derniers commandements. Le mouvement s'exécute comme s'il s'agissait de se former en bataille, à l'exception que, dans la cavalerie, les éléments de la tête de colonne, après avoir tourné, continuent de se porter en avant, soit à la même allure, soit à la nouvelle s'il en a été indiqué une autre à la fin du 1er commandement, et que tous les autres éléments prenant l'allure du degré supérieur, tournent successivement vis-à-vis la place qu'ils doivent occuper, baissent l'allure et se règlent sur la 1re file dès qu'ils sont arrivés à sa hauteur.

9° Étant en colonne par le flanc, se former en bataille ou en ligne face à l'un des flancs et au delà de la tête de la colonne.

Pour former le peloton en bataille, le chef de peloton commande :

1. *Sur la droite* (ou *sur la gauche*) *en bataille.*
2. MARCHE.
3. HALTE.
4. *A droite* (ou *à gauche*) = ALIGNEMENT.
5. FIXE.

Au 2e commandement, le rang du côté opposé à celui vers lequel on doit faire face exécute le mouvement comme il a été prescrit au n° 5. L'autre rang marque un temps d'arrêt et se remet ensuite en marche, de manière que chaque élément vienne tourner et se placer derrière celui qui doit être son chef de file, dès que celui-ci est entré dans sa nouvelle direction.

Le commandement HALTE est prononcé après 10 pas dans l'infanterie et la cavalerie, après 30 pas dans l'artillerie.

Ce mouvement s'exécute à toutes les allures comme au n° 5.

Pour former le peloton en ligne, c'est-à-dire pour continuer à marcher après la formation, on remplace dans le 1er commandement les mots *en bataille* par les mots *en ligne*, et on supprime les trois derniers commandements. Le mouvement s'exécute comme s'il s'agissait de se former en bataille, à l'exception que les éléments de la tête de colonne, après avoir tourné, continuent de se porter en avant, soit à la même allure, soit à la nouvelle, s'il en a été indiqué une autre à la fin du 1er commandement, et que tous les autres, prenant l'allure du degré supérieur, tournent successivement vis-à-vis la place qu'ils doivent occuper, baissent l'allure et se règlent sur la 1re file, dès qu'ils sont arrivés à sa hauteur.

10° Étant en colonne par le flanc, se former en bataille ou en ligne face en arrière.

Pour se former en bataille, face en arrière, on se forme d'abord en bataille face en avant, et on termine par une conversion ou un demi-tour individuel ; ou bien on fait un demi-tour individuel et on se forme ensuite en bataille face en avant.

Dans le premier cas, la formation a lieu *sur la tête*, et dans le 2e cas, *sur la queue de la colonne.*

On ne peut se former en ligne face en arrière que *sur la queue de la colonne*, après avoir fait exécuter un demi-tour individuel.

ÉCOLE DE LA COMPAGNIE.

PREMIÈRE PARTIE.

1° *Composition et formation de la compagnie en bataille.*
2° *Alignement successif des pelotons dans la compagnie.*
3° *Alignement de la compagnie.*
4° *Ouvrir et serrer les rangs.*
5° *Marche de la compagnie en ligne.*
6° *Passage d'obstacle.*
7° *Arrêter la compagnie marchant en ligne.*
8° *Faire reculer la compagnie.*
9° *Faire rétrograder la compagnie et la remettre face en tête.*
10° *Marche oblique individuelle, la compagnie étant en bataille ou en ligne.*
11° *Conversion de la compagnie en bataille ou en ligne.*
12° *Changement de direction de la compagnie marchant en ligne.*

1° Composition et formation de la compagnie en bataille.

La compagnie normale se composera de quatre pelotons, égaux chacun au peloton normal décrit dans la 1re partie de l'École du peloton. Telle sera toujours la compagnie d'instruction. A la guerre et dans les évolutions, la compagnie pourra être réduite à trois pelotons. En pareilles circonstances, le peloton de cavalerie et d'infanterie sera réduit, s'il est nécessaire, à douze files, mais pas au-dessous. Pour une revue, ou au commencement d'une campagne, si on voulait un effectif considérable, on pourrait avoir des pelotons d'infanterie et de cavalerie de 16 à 20 files. Dans tous les cas, la moitié de la compagnie formera la ***Division***, et la moitié du peloton formera la ***Section***. Tout ce qui sera expliqué relativement au peloton dans la compagnie, s'appliquera, par analogie, à la division pour toutes les armes, à la section pour l'infanterie et la cavalerie.

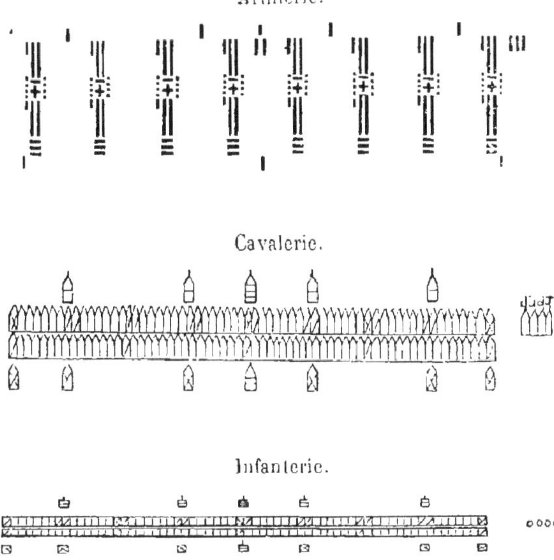

Dans l'artillerie, la section se réduisant à une file, on appliquera aux mouvements par section ce qui sera expliqué pour les mouvements par file.

Dans une compagnie, les pelotons étant numérotés, on les placera à côté les uns des autres, dans l'ordre ascendant des numéros, pour former l'ordre primitif. L'intervalle entre les pelotons est égal à celui des files dans le peloton.

Dans les évolutions, on ne considère, ainsi qu'on l'a déjà dit, que l'ordre éventuel, et les numéros des pelotons ne sont pas absolus; le peloton *de droite*, au moment où on considère la compagnie, est toujours *premier* peloton; et alors le peloton *de gauche* est toujours *quatrième* peloton.

Les chefs de peloton, les sectionnaires sont placés comme il a été prescrit à l'École du peloton. Le capitaine en 1er, le capitaine en 2e sont placés, celui-là à 1 pas devant, celui-ci à 1 pas derrière le centre de la compagnie. Les lieutenants commandent les pelotons extrêmes et les divisions. Quand les deux divisions se séparent, le capitaine en 1er marche avec l'une des divisions, et le capitaine en 2e avec l'autre.

Si une compagnie est réduite à trois pelotons, le chef du peloton du centre est placé à gauche du capitaine en 1er.

Le sectionnaire-major, *guide principal de droite*, le sectionnaire-fourrier, *guide principal de gauche*, se placent en serre-file derrière les files de droite et de gauche de l'ordre en bataille primitif. L'escouadier-fourrier, dans l'infanterie et la cavalerie, se place à gauche du 4e peloton, au 1er rang, ayant derrière lui le 2e escouadier de ce peloton.

Les tambours, clairons ou trompettes, sont placés sur un rang à 4 pas à droite du 1er rang.

Dans l'artillerie, le bruit des voitures pouvant empêcher d'entendre les commandements, le capitaine-commandant, dans cette arme, a près de lui l'escouadier-fourrier pour transmettre ses ordres, et un trompette pour répéter les commandements HALTE et MARCHE, et ceux qui sont susceptibles d'être traduits par des sonneries.

2° Alignement successif des pelotons dans la compagnie.

Le capitaine commandant commande :

1. *Par pelotons* = *à droite* (ou *à gauche*) = ALIGNEMENT.
2. FIXE.

La compagnie étant en bataille, le capitaine commandant fait, avant les commandements, porter les deux guides principaux à quelques pas en avant de la compagnie et les établit, se faisant face, dans la direction qu'il veut donner à l'alignement, et distants l'un de l'autre de l'étendue du front de la compagnie. C'est contre ces guides principaux que les chefs des files extrêmes doivent venir s'appuyer.

Au 1er commandement, le chef du 1er (ou 4e) peloton le porte en avant par les commandements prescrits à l'École du peloton, l'arrête à 3 pas de la ligne tracée par les guides principaux, et l'aligne sur cette direction.

Les chefs des autres pelotons exécutent successivement le même mouvement, de telle sorte qu'il n'y ait qu'un peloton qui s'aligne à la fois; à cet effet, les commandements sont prononcés de manière que chaque peloton ne se porte en avant qu'au moment où le peloton précédent s'arrête.

Les chefs de peloton ne se placent point sur le flanc de leur peloton pour l'aligner.

Dans l'artillerie, conformément à ce qui est prescrit à l'École du peloton, l'alignement est pris sur les conducteurs de derrière, ce qui est important pour le cas où toutes les voitures n'auraient pas le même nombre de chevaux. Dans ce cas, il faut mettre les plus forts attelages aux pelotons extrêmes.

Le capitaine-commandant surveille l'alignement de toute la compagnie en se plaçant du côté de l'alignement et faisant face au côté opposé : son rayon visuel direct doit être dirigé tangentiellement à la poitrine des hommes du 1er rang. Le capitaine en 2e suit le mouvement du 2e peloton et surveille l'alignement des serre-files, sans quitter sa place de bataille.

Chaque peloton prend, pendant la marche, le guide du côté indiqué pour l'alignement.

Le commandement Fixe est prononcé par le capitaine-commandant, dès que le dernier peloton est aligné.

3° Alignement de la compagnie.

Le capitaine-commandant commande :

1. *A droite* (ou *à gauche*) = Alignement.
2. Fixe.

Avant le 1er commandement, le capitaine-commandant fait établir une ou deux files de droite (ou de gauche), dans la direction qu'il veut donner à l'alignement ; les deux commandements s'exécutent ensuite d'après les principes prescrits à l'École du peloton, toutes les files s'alignant à la fois.

Le capitaine-commandant se porte du côté de l'alignement pour surveiller le mouvement ; il fait face au côté opposé. Il peut, s'il le juge convenable, établir sur la ligne les deux guides principaux se faisant face, afin de bien déterminer la direction de l'alignement.

4° Ouvrir et serrer les rangs.

Mêmes commandements et mêmes principes qu'à l'École du peloton. Tous les serre-files reculent de 6 pas pour ouvrir les rangs, et, dans ce mouvement, tous les officiers placés devant le 1er rang vont s'établir à 6 pas devant ce rang, face à la troupe. Quand les rangs se serrent, chacun reprend sa place de bataille.

5° Marche de la compagnie en ligne.

Le capitaine-commandant commande :

1. *Compagnie en avant.*
2. *Guide à droite* (ou *à gauche*).
3. Marche.

Au 2e commandement, le guide principal du côté désigné se porte devant la file extrême de ce côté, s'établit sur l'alignement des officiers placés devant le 1er rang et prend des points de repère, soit sur la direction qui lui est indiquée par le capitaine-commandant, soit sur la perpendiculaire à la ligne de bataille, s'il ne lui est point indiqué de direction.

Au 3e commandement, la compagnie se porte en avant d'après les principes prescrits à l'École du peloton, en se réglant sur la file de droite (ou de gauche), qui elle-même se règle sur le guide principal placé devant elle et marche dans ses traces. Les officiers placés devant le 1er rang se règlent sur le guide principal et se tiennent alignés sur lui. Celui-ci ne doit jamais oublier que deux points sont nécessaires pour déterminer une ligne droite; par conséquent, dès que le point sur lequel il faut marcher lui est donné ou qu'il l'a choisi, il prend aussitôt un point de repère, soit au delà, soit en deçà. Si le point de repère est pris en deçà de l'autre, ce point de repère doit être changé dès qu'on en approche d'une vingtaine de pas au moins.

On fait passer la compagnie d'une allure à une autre pendant qu'elle est en marche. On use à cet effet des commandements prescrits à l'École élémentaire. On la fait partir de pied ferme au trot ou au galop, en indiquant l'allure à la fin du 1er des trois commandements du présent article.

On peut commander le guide indifféremment à droite ou à gauche; si on ne le commande pas, il est de règle à droite quand la compagnie est dans l'ordre primitif, à gauche dans les cas contraires.

6° Passage d'obstacle.

Le capitaine-commandant commande :

1. *Obstacle.*
2. *Tel peloton.*
3. HALTE.
4. *Tel peloton* = EN LIGNE.

Infanterie.

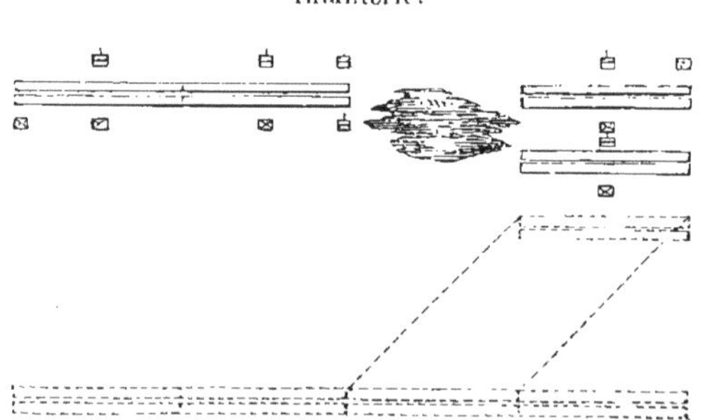

Un obstacle se présentant devant un peloton pendant que la compagnie est en marche, le capitaine-commandant fait d'abord les trois premiers des commandements ci-dessus. Au 3e commandement répété par le chef du peloton désigné, ce peloton s'arrête, et son chef commande immédiatement : 1° *Oblique à droite* (ou *à gauche*) = *au trot;* 2° MARCHE; ce qui s'exécute comme il a été prescrit. Dès que le peloton qui évite l'obstacle se trouve derrière son voisin, son chef commande : 1° *En* = AVANT; 2° *Guide à droite* (ou *à gauche*); 3° *Au pas;* 4° MARCHE; ce qui s'exécute comme il a été prescrit.

En règle générale, tout peloton oblique derrière celui avec lequel il forme division, et prend ensuite le guide du côté où est le guide de la compagnie. Le commandement *Au pas* est fait assez à temps pour que le commandement MARCHE ait lieu lorsque le peloton qui évite l'obstacle se trouve à six pas derrière celui qui doit le précéder. S'il n'y avait que trois pelotons, celui du centre obliquerait du côté du guide; les autres obliqueraient vers le centre.

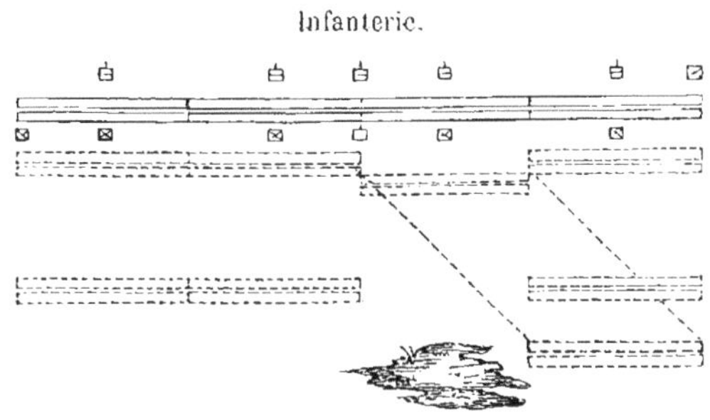

L'obstacle étant dépassé, le capitaine-commandant fait son 4e commandement, auquel le chef de peloton désigné commande: 1° *Oblique à gauche* (ou *à droite*) = *au trot*, 2° MARCHE; ce qui s'exécute comme il a été prescrit. Lorsque le peloton est démasqué, son chef commande : 1° *En* = AVANT, 2° *Guide à droite* (ou *à gauche*); et enfin : 1° *Au pas*, 2° MARCHE, lorsqu'il arrive sur l'alignement des autres pelotons.

Si le capitaine-commandant ne voyait pas l'obstacle qui masque un peloton, le chef du peloton devrait prendre sur lui de faire les commandements nécessaires pour placer sa troupe derrière la voisine, et pour rentrer en ligne aussitôt que cela serait possible.

Si, la compagnie marchant en bataille, le terrain se rétrécit et ne peut plus contenir le front de la compagnie, à quelques files près, le chef du peloton opposé au guide commande : *Deux* (ou *trois*, etc.) *files de gauche* (ou *de droite*) = OBSTACLE. Aussitôt les files désignées s'arrêtent et obliquent pour se placer derrière leurs voisines, d'après les principes prescrits pour un peloton. S'il devient nécessaire de mettre encore quelques files en arrière, le chef de peloton fait le même commandement que ci-dessus, et les nouvelles files désignées obliquent pour se placer à côté de celles qui sont déjà en arrière, celles-ci gagnant de nouveau du terrain vers le guide, en obliquant une seconde fois. La même opération peut se répéter autant qu'il est besoin. Lorsque le terrain s'élargit, le chef du peloton qui a des files en arrière les fait rentrer en ligne en commandant : *Tant de files de gauche* (ou *de droite*) = EN LIGNE. Alors toutes les files qui sont en arrière obliquent en augmentant l'allure, mais celles seulement qui ont été désignées rentrent en ligne; les autres restent en arrière jusqu'à nouvel ordre, reprenant la marche directe aussitôt qu'elles se trouvent couvertes chacune par une des files extrêmes du peloton. Si une ou plusieurs files de l'intérieur de la compagnie rencontraient devant elles un obstacle, et si aucun avertissement ne leur était fait, elles passeraient d'elles-mêmes en arrière et se reporteraient en ligne dès que le terrain le permettrait. Pour passer en arrière, elles obliqueraient toujours du côté du guide.

On a supposé dans le passage d'obstacle que la compagnie était au pas; si elle était au trot, le peloton devant lequel se trouve l'obstacle obliquerait au galop; il forcerait l'allure si la compagnie était déjà au galop.

7° Arrêter la compagnie marchant en ligne.

Le capitaine-commandant commande :

1. *Compagnie.*
2. HALTE.

La compagnie étant à une allure quelconque arrête au 2e commandement, d'après les principes prescrits aux Écoles précédentes. Le 1er commandement peut quelquefois être supprimé.

8° Faire reculer la compganie.

Le capitaine-commandant commande :

1. *Compagnie en arrière.*
2. MARCHE.

Ce qui s'exécute comme il a été prescrit aux Écoles précédentes, en observant qu'on ne doit reculer que d'un très-petit nombre de pas.

9° Faire rétrograder la compagnie et la remettre face en tête.

Le capitaine-commandant commande :

1. *Pelotons demi-tour à droite* (ou *à gauche*).
2. MARCHE.

Au 2e commandement chaque peloton exécute ce qui a été prescrit à l'École du peloton, et tous les pelotons se portent en avant après le demi-tour exécuté. Lorsque la compagnie a assez rétrogradé, le capitaine-commandant ordonne un second demi-tour, après lequel il arrête sa compagnie et l'aligne.

Au lieu d'un demi-tour par peloton, on pourrait faire exécuter un demi-tour individuel, surtout dans l'infanterie et l'artillerie, en commandant : 1. *Soldats demi-tour à droite* (ou *à gauche*); 2. MARCHE.

10° Marche oblique individuelle, la compagnie étant en bataille ou en ligne.

Le capitaine-commandant commande :

1. *Oblique à droite* (ou *à gauche*).
2. **Marche.**
3. *En* = **Avant.**

La marche oblique individuelle dans toute une compagnie s'exécute d'après les mêmes principes qu'à l'École du peloton.

11° Conversion de la compagnie en bataille ou en ligne.

Le capitaine-commandant commande :

1. *Compagnie* { *à droite* (ou *à gauche*). / *demi-tour à droite* (ou *à gauche*).
2. Droite (ou **Gauche**) [ou **Marche**].

Mêmes principes et mêmes observations qu'à l'Ecole du peloton. Le rang d'officiers placé devant la compagnie converse d'après les mêmes principes que le 1er rang de la troupe.

12° Changement de direction de la compagnie marchant en ligne.

Le capitaine-commandant commande :

1. *Tournez* = (*à*) **Droite** [ou (*à*) **Gauche**].
2. *En* = **Avant.**

Mêmes principes et mêmes observations qu'à l'École du peloton, à l'exception que l'arc décrit par le pivot est de 20 pas dans la cavalerie et l'infanterie, et de 25 pas dans l'artillerie.

On ne doit pas exécuter un changement de direction en marchant, la compagnie étant au galop, car l'aile marchante aurait trop longtemps à allonger une allure déjà très-rapide.

ÉCOLE DE LA COMPAGNIE.

DEUXIÈME PARTIE.

1° *Ordres divers de la compagnie en colonne.*
2° *La compagnie étant en bataille, la rompre par subdivisions en colonne, face vers l'une des ailes, en avant de la ligne de bataille.*
3° *Rompre par une aile pour marcher en arrière vers l'aile opposée.*
4° *Marcher en colonne par subdivisions.*
5° *Étant en colonne par subdivisions, changer de direction en marchant.*
6° *Étant en colonne par subdivisions, arrêter et repartir.*
7° *Étant en colonne par subdivisions, gagner du terrain vers l'un des flancs et reprendre la direction primitive.*
8° *Étant en colonne par subdivisions, rétrograder et reprendre la direction primitive.*

1° Ordres divers de la compagnie en colonne.

Dans les ordres en colonne par files et par le flanc, les chefs de peloton et les serre-files sont placés comme il a été indiqué. Les pelotons se suivent, sans autre distance de l'un à l'autre que celle entre deux éléments consécutifs dans un seul peloton. Le capitaine-commandant se tient du côté des chefs de peloton, à 4 pas sur le flanc et à hauteur du centre de la colonne; le capitaine en second se tient du côté des serre-files, également à 4 pas sur le flanc, à hauteur du centre de la colonne.

Compagnie d'infanterie en colonne par divisions.

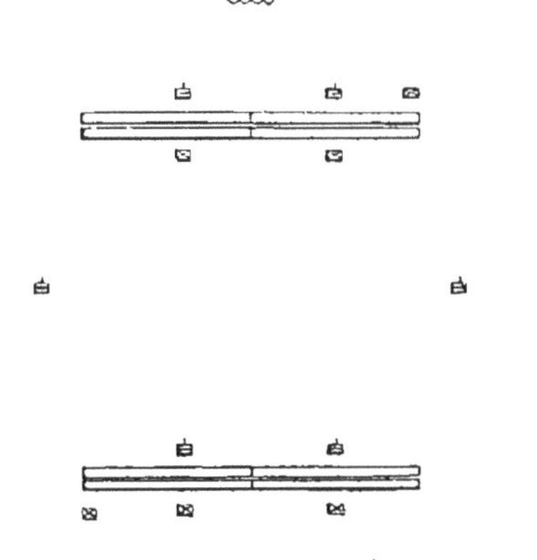

Dans la colonne par divisions, chacun conserve sa place de bataille, à l'exception des capitaines qui se tiennent à 4 pas sur le flanc de la colonne, à hauteur du centre, savoir : le capitaine-commandant du côté du guide, le capitaine en second du côté opposé. Si la compagnie n'a que trois pelotons, les chefs de division se placent chacun devant le centre de sa division. Le chef du 3e peloton marche avec la division commandée par l'officier le plus élevé en grade ou le plus ancien, à la gauche de celui-ci.

Compagnie de cavalerie en colonne par pelotons.

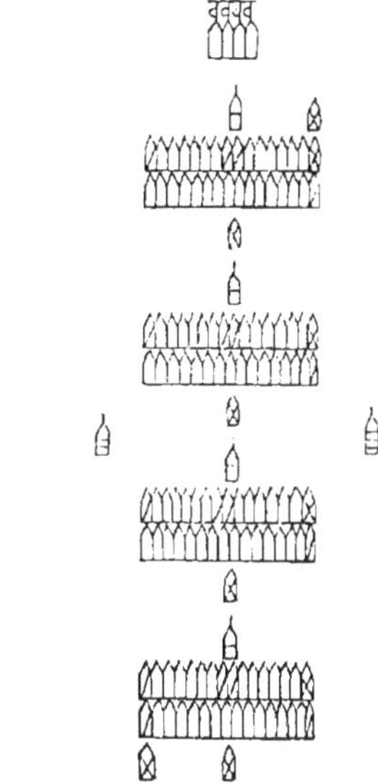

Dans la colonne par pelotons, chaque chef de peloton est placé devant le centre de son peloton. Les capitaines sont placés comme dans la colonne par divisions.

Dans la colonne par sections (cavalerie et infanterie), les capitaines sont encore sur chaque flanc, à 4 pas à hauteur du centre ; les chefs de peloton commandent les *premières* sections et sont tous du même côté, chacun sur l'alignement du 1er rang de sa section, à 1 pas en dehors de la file qui se trouvait au centre du peloton avant sa rupture; les serre-files commandent les *secondes* sections de leurs pelotons respectifs, et sont placés, chacun sur l'alignement du premier rang de sa section, à un pas en dehors, et du côté opposé aux chefs de peloton. (Dans toute colonne, des subdivisions d'une même unité celle-là est *première* qui est en tête de colonne ou plus près de la tête de colonne).

Dans toute colonne, le guide principal du côté de la tête se place à 1 pas en avant du guide de la colonne pour la diriger (1), et l'autre guide prin-

(1) Dans un pays inconnu, comme il arrive à la guerre, on place plus ou moins en avant du guide principal un officier chargé de la direction supérieure et qui choisit le terrain de manière à éviter à la colonne les mauvais pas, les défilés inutiles, etc. Cet officier est suivi d'un porte-fanion auquel il indique le chemin à suivre, et sur lequel se règle le guide principal.

cipal suit la file derrière laquelle il se trouve dans l'ordre de bataille.

Dans tous les ordres en colonne, les tambours, clairons ou trompettes, sont à 8 pas en avant de la tête de colonne, sur un seul rang.

Dans l'artillerie, le capitaine en 1er garde près de lui l'escouadier-fourrier et un trompette.

Dans les évolutions, l'ordre éventuel est le seul auquel on ait égard, et les numéros constitutifs ne sont plus invariablement conservés. Le peloton de tête est toujours appelé *premier* peloton; celui qui le suit s'appelle *deuxième* peloton, etc. Le numérotage varie donc en colonne comme en bataille.

Le capitaine en 1er fait exécuter, à son seul commandement, à la compagnie, tous les mouvements indiqués pour le peloton dans la 2e partie de l'École du peloton; il se conforme à cet égard, pour les principes et les commandements, à ce qui est prescrit dans cette partie.

2° La compagnie étant en bataille, la rompre par subdivisions en colonne, face vers l'une des ailes, en avant de la ligne de bataille.

Le capitaine-commandant commande :

1. *Pelotons* (*divisions*, *sections*) *à droite* (ou *à gauche*).
2. Droite (*ou* Gauche) (*ou* Marche).

Chaque subdivision exécute ces commandements comme il a été prescrit, sans qu'ils soient répétés par les chefs de subdivision, et reste en place ou se porte en avant, suivant le dernier commandement. Si on doit se porter en avant, le guide est de règle à droite quand la droite est en tête, à gauche quand la gauche est en tête. S'il doit être fait dérogation à cette règle en raison de circonstances particulières, le capitaine commande : *Guide à gauche* (ou *à droite*), après Marche.

S'il n'y avait pas assez de terrain en avant du front pour exécuter la rupture par subdivisions, on reculerait, au préalable, de quelques pas, afin d'obtenir l'espace nécessaire. On évite ainsi la rupture en arrière, laquelle, à cause des commandements et des mouvements préparatoires, est aussi longue que la rupture en avant du front dans l'infanterie, et est très-difficile dans la cavalerie et l'artillerie.

Si on veut, aussitôt après avoir rompu, se porter perpendiculairement en avant de l'ancien front, le capitaine l'indique dans le 1er commandement qui est alors: *Pelotons à droite* (ou *à gauche*) = *tête de colonne à gauche* (ou *à droite*).

Le chef du 1er (ou 4e) peloton commande de suite: 1° *Peloton en avant;* 2° *Guide à droite* (ou *à gauche*) et répète le commandement Marche.

Le chef du peloton suivant, dès que sa conversion s'achève, commande: 1° *Tournez* = (*à*) Gauche [ou (*à*) Droite]; 2° *En* = Avant.

Les autres pelotons viennent ensuite tourner sur le même terrain que le 2e (*ou* 3e).

Si on veut se porter en arrière de l'ancien front, le capitaine l'indique dans le 1er commandement, qui est alors : *Pelotons à droite* (ou *à gauche*) = *tête de colonne à droite* (ou *à gauche*).

Le chef du 1er (ou 4e) peloton commande le changement de direction dès que son peloton a achevé sa conversion, et tous les autres pelotons viennent successivement tourner sur le même terrain que le 1er (ou 4e).

3° Rompre par une aile pour marcher en arrière vers l'aile opposée.

Le capitaine-commandant commande :

1. *Successivement = pelotons (sections, files, soldats) à droite* (ou *à gauche*) = *tête de colonne demi-tour à droite* (ou *demi-tour à gauche*).
2. MARCHE.

Nous supposons que le mouvement se fait par peloton :

Au 1er commandement, le chef du peloton de droite (ou de gauche) commande : *Peloton à droite* (ou *à gauche*).

Au 2e commandement répété par cet officier, le peloton exécute une conversion, à la suite de laquelle son chef lui fait exécuter un changement de direction, dans lequel l'arc décrit par chaque élément est une demi-circonférence, pour se diriger ensuite parallèlement à l'ancien front. Chaque peloton exécute successivement les mêmes mouvements, aux commandements de son chef, qui les fait assez à temps pour que les distances prescrites se trouvent observées, aussitôt qu'un peloton est derrière le précédent.

En général, on ne commande pas le guide ; il est de règle à droite si on rompt par la droite, à gauche si on rompt par la gauche.

Ce mouvement et le précédent peuvent s'exécuter au trot ou au galop ; on fait l'indication de l'ailure à la fin du 1er commandemement. Chaque chef de peloton répète l'indication de l'allure à la fin de son 1er commandement.

On peut rompre par file, par le flanc et par section, de la même manière que par peloton ; pour cela chaque file, chaque élément, chaque section, après avoir exécuté la seconde partie du 1er commandement, change de direction en décrivant une demi-circonférence. Les chefs de peloton répètent successivement les commandements du capitaine et veillent, ainsi que les chefs de section, à ce que le double mouvement s'exécute correctement. Les chef de section ne répètent pas les commandements, même si on rompt par section.

On pourrait rompre pour marcher en avant vers l'aile opposée, mais comme il est dangereux d'exécuter devant l'ennemi un mouvement qui masque le front d'une troupe, il est préférable de s'abstenir entièrement de ce mouvement.

4° Marcher en colonne par subdivisions.

Dans une colonne par subdivisions, la subdivision de la tête marche d'après les principes prescrits pour la marche du peloton en ligne; le guide de cette subdivision suit le guide principal placé devant lui; les autres subdivisions, outre les principes de la marche en ligne, conservent la distance voulue de l'une à l'autre, et chaque guide marche dans les traces de celui qui le précède.

Pendant la marche, on peut faire passer la colonne d'une allure à une autre, et cela d'après les principes et les commandements précédemment prescrits.

Le guide peut être changé de la droite à la gauche et réciproquement pendant la marche; à cet effet, le capitaine fait le commandement *Guide à gauche* (ou *à droite*), qui n'est pas répété par les chefs de subdivision.

On peut faire exécuter la marche oblique individuelle dans toute la colonne, en employant les commandements indiqués aux Écoles précédentes. Ces commandements sont faits par le capitaine en 1er, et ne sont pas répétés par les chefs de subdivision. Chaque subdivision oblique comme si elle était seule, mais, en outre, les dernières se règlent chacune sur la subdivision précédente, en observant de ne point la dépasser et de conserver, de l'une à l'autre, la distance prescrite.

5° Étant en colonne par subdivisions, changer de direction en marchant.

Le capitaine-commandant commande:

1. *Tête de colonne* { *à droite* (ou *à gauche*). / *demi à droite* (ou *à gauche*). / *demi-tour à droite* (ou *à gauche*).

2. MARCHE.

Au 1er commandement, le chef de la subdivision tête de colonne commande: *Tournez.*

Au 2e commandement, le chef de la même subdivision commande : (*à*) DROITE [ou (*à*) GAUCHE], ce qui s'exécute comme il a été prescrit précédemment. Les autres chefs de subdivision commandent successivement : *Tournez* = (*à*) DROITE [ou (*à*) GAUCHE], de manière à tourner sur le même terrain que la subdivision de la tête. Chaque chef de subdivision commande : *En* = AVANT, dès que sa subdivision est dans la nouvelle direction.

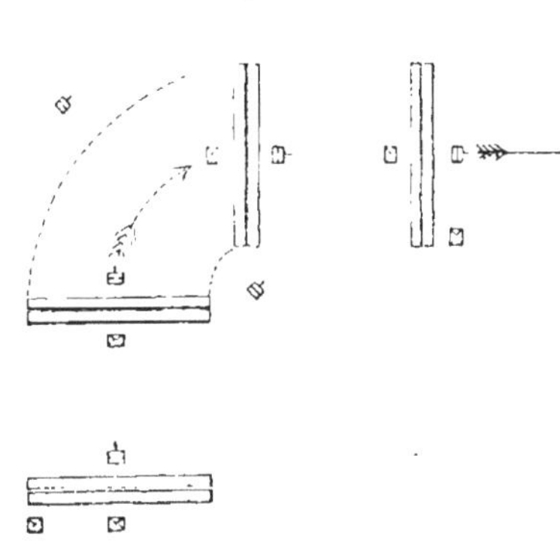

6° Étant en colonne par subdivisions, arrêter et repartir.

Pour arrêter le capitaine-commandant commande :

1. *Colonne.*
2. HALTE.

Au commandement *colonne*, on se prépare à arrêter sans ralentir. Au commandement HALTE, chaque subdivision arrête. Le 1er commandement peut quelquefois être supprimé.

Pour repartir le capitaine-commandant commande :

1. *Colonne en avant.*
2. MARCHE.

Au commandement *colonne en avant*, on se dispose à partir ; au commandement MARCHE, on se met en mouvement d'après les principes prescrits.

S'il s'agissait de partir de pied ferme au trot ou au galop, l'allure serait indiquée à la fin du commandement *colonne en avant*.

Dans ces mouvements, les chefs de peloton ne font et ne répètent aucun commandement.

Si le guide devait être placé, en dérogation de la règle générale établie plus haut, à gauche, par exemple, le capitaine commanderait : *Guide à gauche* avant MARCHE.

Si le capitaine-commandant voulait porter la colonne en avant et changer immédiatement de direction, au lieu de commander simplement : *Co-*

lonne en avant ; MARCHE, il commanderait : *Colonne en avant = tête de colonne à droite* (*demi à droite, demi-tour à droite*) (ou *à gauche*); MARCHE.

Le chef de la 1re subdivision ferait exécuter de suite le changement de direction indiqué, et chacune des autres subdivisions viendrait tourner sur le même terrain que la première.

7° Étant en colonne par subdivisions, gagner du terrain vers l'un des flancs et reprendre la direction primitive.

Pour gagner du terrain vers le flanc le capitaine-commandant commande :

1. *Pelotons* (*sections, soldats*) *à gauche* (ou *à droite*).
2. MARCHE.

Ces deux commandements ayant été exécutés comme il a été prescrit, la compagnie se trouve marcher en ligne.

Pour reprendre la direction primitive, le capitaine-commandant commande :

1. *Pelotons* (*sections, soldats*) *à droite* (ou *à gauche*).
2. MARCHE.

Après l'exécution de ces deux commandements, les pelotons se retrouvent en colonne, et dans la direction primitive.

8° Étant en colonne par subdivisions, rétrograder et reprendre la direction primitive.

Pour rétrograder le capitaine-commandant commande :

1. *Pelotons* (*sections, soldats*) *demi-tour à gauche* (ou *à droite*).
2. MARCHE.

Pour reprendre la direction primitive, le capitaine-commandant commande :

1. *Pelotons* (*sections, soldats*) *demi-tour à droite* (ou *à gauche*).
2. MARCHE.

Ces commandements s'exécutent comme il a été prescrit.

ÉCOLE DE LA COMPAGNIE.

TROISIÈME PARTIE.

1° *Étant en colonne par files, passer à l'ordre en colonne par le flanc, ou étant en colonne par le flanc, passer à l'ordre en colonne par files.*

2° *Passer de l'ordre en colonne par pelotons, à l'ordre en colonne par files ou par le flanc.*

3° *Étant en colonne par files ou par le flanc, passer à l'ordre en colonne par pelotons.*

4° *La compagnie étant en colonne par files ou par le flanc, la former en bataille ou en ligne face en avant, face à l'un des flancs, face en arrière.*

5° *La compagnie étant en colonne par pelotons, la former en bataille ou en ligne face en avant.*

6° *La compagnie étant en colonne par pelotons, la former en bataille ou en ligne face à l'un des flancs, en deçà de la tête de colonne.*

7° *La compagnie étant en colonne par pelotons, la former en bataille ou en ligne face à l'un des flancs, au delà de la tête de colonne.*

8° *La compagnie étant en colonne par pelotons, la former en bataille ou en ligne, face en arrière.*

1° Étant en colonne par files, passer à l'ordre en colonne par le flanc, ou étant en colonne par le flanc, passer à l'ordre en colonne par files.

Les commandements, les principes et les observations sont les mêmes qu'aux 1er et 2e articles de la troisième partie de l'École du peloton.

Les commandements du capitaine ne sont pas répétés par les chefs de peloton.

2° Passer de l'ordre en colonne par pelotons à l'ordre en colonne par files ou par le flanc.

S'il s'agit de passer à l'ordre en colonne par files, la colonne étant arrêtée, le capitaine-commandant commande :

1. *Dans chaque peloton = files à droite* (ou *à gauche*) *= tête de colonne à gauche* (ou *à droite*).
2. Marche.

Au 1er commandement, le chef du peloton de tête répète la 2e partie de ce commandement.

Au commandement Marche répété par cet officier, le peloton rompt d'après les principes prescrits, et son chef lui fait exécuter immédiatement un changement de direction, dès que la 1re file a rompu ; les autres chefs de peloton commandent ensuite la rupture et le changement de direction, successivement, et assez à temps pour suivre sans interruption dans l'ordre en colonne par files.

Si la colonne était en marche, le 1er peloton romprait comme il a été prescrit à l'École du peloton; mais les chefs des autres pelotons commanderaient : *Peloton*, au 1er commandement du capitaine, et Halte, à son second commandement. Ils rompraient ensuite successivement, de manière à ne pas faire d'interruption dans la colonne.

Si on voulait rompre au trot ou au galop, le capitaine indiquerait l'allure à la fin du 1er commandement, et chaque peloton romprait successivement à l'allure indiquée.

S'il s'agit de passer à l'ordre en colonne par le flanc, on remplace, dans le 1er commandement, le mot *Files* par le mot *Soldats*, et on se conforme à ce qui vient d'être prescrit pour la colonne par files, à l'exception que, pour l'infanterie et l'artillerie, la rupture a lieu simultanément dans tous les pelotons.

3° Étant en colonne par files ou par le flanc, passer à l'ordre en colonne par pelotons.

Le capitaine-commandant commande :

1. *Dans chaque peloton = oblique à gauche* (ou *à droite*) *= et en avant en bataille* (ou *en ligne*.)
2. Marche.

La colonne étant supposée en marche, au 1er commandement, le chef du 1er peloton répète les deux dernières parties du 1er commandement; au 2e commandement répété par cet officier, le 1er peloton commence son mouvement, et le termine comme il a été prescrit à l'École du peloton.

Les autres pelotons continuent de marcher, en changeant d'allure si cela est nécessaire, et leurs chefs les font former successivement, de manière à se conformer aux principes prescrits à l'École du peloton, et de manière que chaque peloton ait sa distance aussitôt qu'il se trouve formé derrière le précédent.

Si la colonne par files ou par le flanc était arrêtée et si on voulait former les pelotons en bataille ou en ligne les uns derrière les autres, on la mettrait d'abord en marche et on se conformerait ensuite à ce qui vient d'être dit ci-dessus.

4° La compagnie étant en colonne par files ou par le flanc, la former en bataille ou en ligne face en avant, face à l'un des flancs, ou face en arrière.

Mêmes commandements, mêmes principes et mêmes observations qu'à la 3e partie de l'École du peloton. Les guides principaux tracent la ligne de bataille en se plaçant face l'un à l'autre, avec intervalle égal au front de la compagnie, et, en avant de la tête de colonne, à la distance prescrite à l'École du peloton.

Ces mouvements s'exécutent à la voix du capitaine-commandant; les commandements ne sont pas répétés par les chefs de peloton.

5° La compagnie étant en colonne par pelotons, la former en bataille ou en ligne face en avant.

Pour former la compagnie en bataille, le capitaine-commandant commande :

1. *Oblique à gauche* (ou *à droite*) = *et en avant en bataille.*
2. MARCHE.
3. FIXE.

Au 1er commandement, le chef du peloton de tête commande : *Peloton en avant;* ceux des autres pelotons commandent : *Oblique à gauche* (ou *à droite*); les guides principaux se portent en avant pour tracer la ligne de bataille, s'établissant, à cet effet, face l'un à l'autre, dans la direction que doit occuper la compagnie, à 10 pas en avant de la tête de la colonne.

Au 2e commandement répété par les chefs de peloton, chaque peloton exécute ce qui a été commandé par son chef. Les trois derniers pelotons sont successivement redressés, chacun par son chef, au commandement *En* = Avant, dès qu'ils sont démasqués.

Compagnie de cavalerie en colonne par pelotons se formant en avant en bataille.

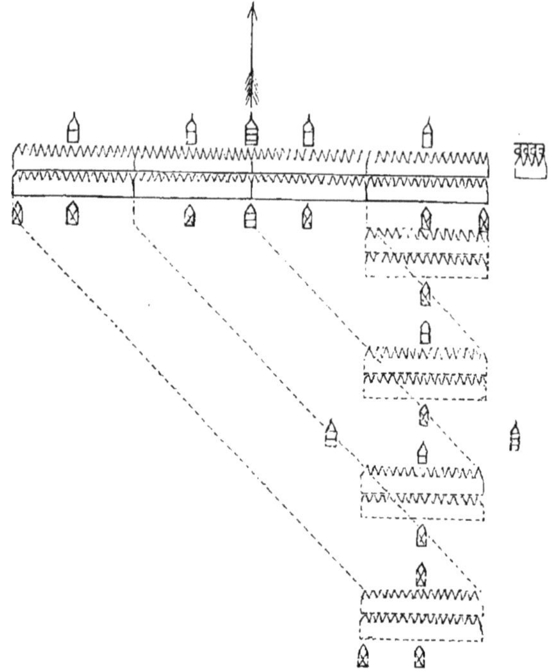

Le 1er peloton étant arrivé à 3 pas du guide principal placé devant sa file extrême, est arrêté par son chef et s'aligne sur les deux guides principaux, de manière à toucher la ligne qu'ils déterminent. L'alignement est commandé du côté opposé à celui vers lequel on oblique.

Les autres pelotons sont successivement redressés et arrêtés vis-à-vis la place qu'ils doivent occuper; ils s'alignent sur le premier peloton.

Quand le dernier peloton est aligné, le capitaine prononce le commandement Fixe.

Si on voulait se former en bataille au trot ou au galop, l'indication de l'allure serait faite à la fin du 1er commandement.

Si la colonne était en marche, le mouvement s'exécuterait de la même manière, à la même allure, excepté que le chef du 1er peloton ne commanderait pas : *Peloton en avant,* et ne répéterait pas le commandement Marche. S'il s'agissait d'exécuter le mouvement à une allure plus allongée, le capitaine indiquerait la nouvelle allure à la fin du 1er commandement; le chef du 1er peloton commanderait cette allure; les autres chefs de peloton indiqueraient que l'oblique doit se faire au trot ou au galop; et, au commandement Marche répété par tous ces officiers, on se conformerait à ce qui a été prescrit pour le cas où la colonne était arrêtée.

Lorsque la colonne est en marche, le capitaine, avant son 1er commandement, fait prendre le guide du côté opposé à celui vers lequel il veut faire obliquer, s'il n'y est déjà.

Pour la formation en ligne, c'est-à-dire pour continuer à marcher après la formation, le capitaine remplace dans le premier commandement les mots *en bataille* par les mots *en ligne*, et supprime le 3e commandement. Le chef du 1er peloton commande : *Peloton en avant*, si l'on est arrêté ; il ne commande rien au cas où la colonne est en mouvement. Les chefs des autres pelotons commandent l'oblique, mais à l'allure supérieure d'un degré à celle du 1er peloton, reprennent la marche directe dès qu'ils sont démasqués, enfin font baisser l'allure, et se règlent sur le 1er peloton en arrivant à sa hauteur.

Compagnie de cavalerie en colonne par pelotons, se formant en avant en bataille sur le 4e peloton.

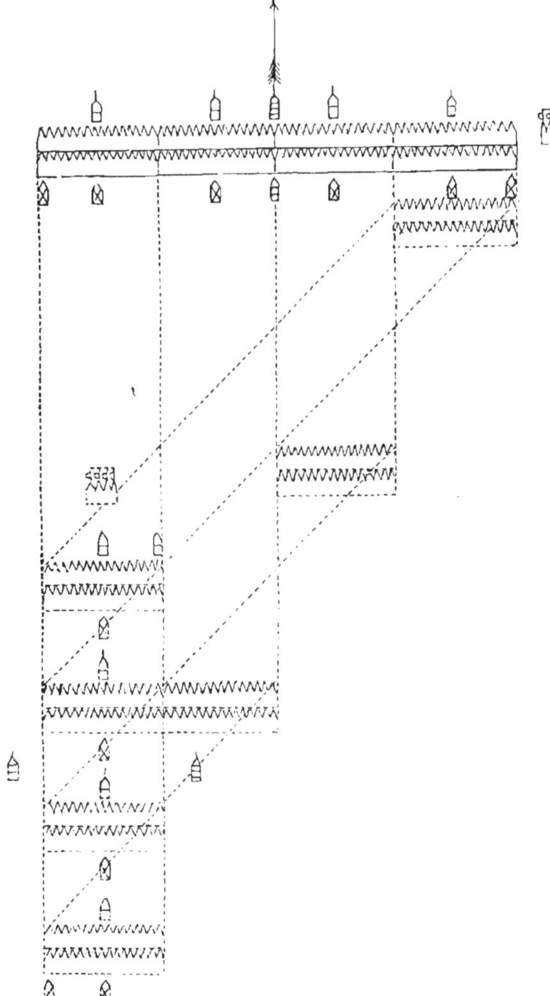

On pourrait se former sur le 4e peloton, d'après les mêmes principes, mais il faudrait l'indiquer de cette manière dans le 1er commandement : *Oblique à droite* (ou *à gauche*) = *Et sur le 4e peloton en avant en bataille* (ou *en ligne*) ; ce serait le 4e peloton qui se porterait droit devant lui ; le 1er peloton au contraire commencerait par obliquer. Pour la formation en bataille, la ligne serait tracée, en avant de la tête de colonne, à une distance égale à la profondeur de la colonne plus 10 pas. Pour la formation en ligne, les pelotons qui obliqueraient n'auraient pas à augmenter l'allure.

6° La compagnie étant en colonne par pelotons, la former en bataille ou en ligne face à l'un des flancs, en deçà de la tête de colonne.

Pour former la compagnie en bataille, le capitaine-commandant commande :

1. *A gauche* (ou *à droite*) *en bataille.*
2. MARCHE.
3. HALTE.
4. *A droite* (ou *à gauche*) = ALIGNEMENT.
5. FIXE.

Compagnie d'infanterie en colonne par pelotons, à distance entière, se formant à gauche en bataille.

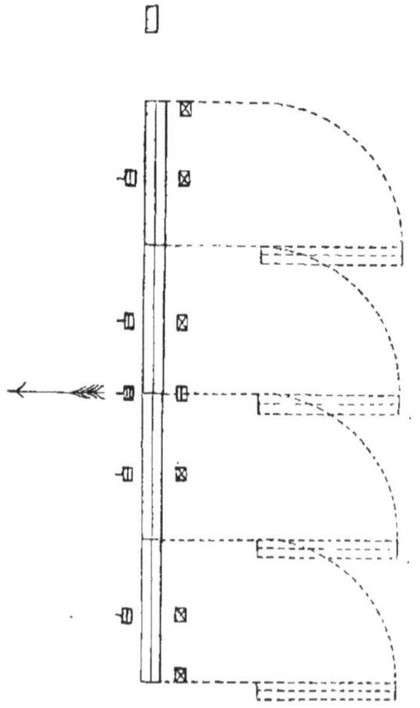

Au commandement MARCHE, tous les pelotons exécutent simultanément un à gauche (ou un à droite) ; ensuite ils s'arrêtent et s'alignent tous à la fois. Les guides principaux s'établissent, dès le 1er commandement, sur la ligne de bataille, qui doit se trouver, en dehors des guides de la colonne, à 10 pas pour la cavalerie et l'infanterie, et à 30 pas pour l'artillerie.

Avant son 1er commandement, le capitaine fait, si c'est nécessaire, aligner les pelotons du côté de la formation, en commandant : *Dans chaque peloton* = *à gauche* (ou *à droite*) = ALIGNEMENT. En s'alignant, les pelotons prennent exactement leur distance de l'un à l'autre, s'ils ne l'ont déjà.

On formerait également la compagnie à gauche (ou à droite) en bataille en commandant : 1° *Pelotons à droite* (ou *à gauche*) ; 2° MARCHE ; 3° HALTE ; 4° *A gauche* (ou *à droite*) = ALIGNEMENT ; 5° FIXE.

Pour la formation en ligne, c'est-à-dire pour continuer à marcher après la formation, le capitaine remplace dans le 1er commandement les mots *en bataille* par les mots *en ligne* et supprime les trois derniers commandements ; ou bien le capitaine commande simplement : 1° *Pelotons à gauche* (ou *à droite*) ; 2° MARCHE.

7° La compagnie marchant en colonne par pelotons, la former en bataille ou en ligne face à l'un des flancs, au delà de la tête de colonne.

Pour former la compagnie en bataille, le capitaine-commandant commande :

1. *Sur la droite* (ou *sur la gauche*) *en bataille.*
2. MARCHE.
3. FIXE.

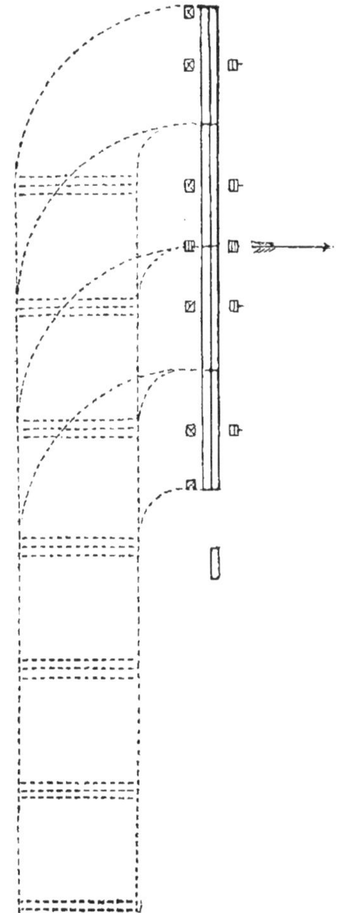

Compagnie d'infanterie en colonne par pelotons, à distance entière, se formant sur la droite en bataille.

Au 1er commandement, le chef du peloton de tête commande : *Tournez;* au 2e commandement, il commande : (*à*) DROITE [ou (*à*) GAUCHE]; ce peloton change de direction, puis, après avoir marché l'étendue de son front dans la nouvelle direction, son chef l'arrête et il s'aligne à droite (ou à gauche). Les autres pelotons continuent de marcher droit devant eux; ils tournent successivement lorsqu'ils ont dépassé le peloton précédent, et viennent se former à côté de lui.

Le capitaine commande FIXE lorsque le dernier peloton est aligné.

Les guides principaux se détachent, au 1er commandement, pour aller tracer la ligne de bataille, qui doit être établie à 10 pas du flanc de la colonne pour l'infanterie et la cavalerie, et à 30 pas pour l'artillerie.

Avant son 1er commandement, le capitaine fait prendre le guide du côté de formation, s'il n'y est déjà.

Pour la formation en ligne, c'est-à-dire pour continuer à marcher après la formation, le capitaine remplace dans le 1er commandement les mots *en bataille* par les mots *en ligne*, et supprime le 3e commandement. Le chef du 1er peloton exécute ce qui vient d'être prescrit pour la formation en bataille, à l'exception qu'il ne s'arrête pas après avoir tourné. Les autres pelotons prennent l'allure du degré supérieur, tournent chacun au delà du précédent, puis baissent l'allure et se règlent sur le 1er peloton dès qu'ils sont arrivés à sa hauteur.

8° La compagnie étant en colonne par pelotons, la former en bataille ou en ligne face en arrière.

On fait former la colonne en bataille face en avant, puis on fait exécuter un demi-tour par chaque peloton.

On peut aussi faire exécuter d'abord un demi-tour par chaque peloton et former ensuite la colonne en avant en bataille.

Pour la formation en ligne face en arrière, on fait exécuter, au préalable, un demi-tour dans chaque peloton, et ensuite la formation a lieu en avant.

OBSERVATIONS.

On n'a considéré que la colonne par *Pelotons*, mais les mêmes principes s'appliqueraient à la colonne par *Divisions*, dans toutes les armes, à la colonne par *Sections* dans l'infanterie et la cavalerie.

Dans les colonnes par divisions, les changements de direction ont lieu en décrivant un arc de cercle de 10 pas dans l'infanterie et la cavalerie, et un arc de 12 pas dans l'artillerie.

Dans les colonnes par sections, les changements de direction ont lieu en décrivant les mêmes arcs que ceux prescrits à l'École élémentaire.

On a l'habitude en France de faire toujours les mouvements par peloton, dans la cavalerie, et presque jamais ceux par division, bien que le règlement du 6 décembre les admette : on pourrait cependant se servir avantageusement des derniers dans bien des circonstances. Nous sommes d'avis que les mouvements par section (la section étant le *huitième* de la compagnie), à peine admis dans le règlement du 6 décembre 1829 et dans celui du 4 mars 1832, sont aussi d'un usage commode en un grand nombre de cas, parce que le front peu étendu d'une section permet de passer par des chemins trop étroits pour un front plus grand, sans cependant que la profondeur de la colonne s'augmente, et encore parce que les conversions par section sont beaucoup plus rapides que les conversions par peloton.

Nous n'avons pas fait mention du mouvement appelé *contre-marche* dans les règlements à l'usage de l'infanterie et de la cavalerie (ce que le règlement à l'usage de l'artillerie appelle *contre-marche* n'est qu'un demi-tour par voiture), parce que ce mouvement, très-long et très-compliqué, n'est pas rationnel. En effet, nous répéterons que toutes les subdivisions ayant une composition identique, il est sans but utile, devant l'ennemi, de lui présenter, dans un certain ordre, une subdivision plutôt qu'une autre : les mouvements les plus prompts sont donc les seuls admissibles et le demi-tour par section ou peloton infiniment préférable à la contre-marche. D'ailleurs, si on avait une bonne raison de conserver l'ordre qui résulte de la contre-marche, on obtiendrait cet ordre en commandant (il s'agit d'une compagnie) : 1° *Sections à droite* (ou *à gauche*) = *tête de colonne demi-tour à droite* (ou *à gauche*) ; 2° Marche, et ensuite : 1° *Sections à gauche* (ou *à droite*) ; 2° Marche.

ÉCOLE DU BATAILLON
ET DE L'ESCADRON.

PREMIÈRE PARTIE.

1° *Formation du bataillon et de l'escadron en bataille.*
2° *Alignement successif des compagnies.*
3° *Alignement général du bataillon ou de l'escadron.*
4° *Ouvrir et serrer les rangs.*
5° *Marcher en ligne en avant et en retraite.*
6° *Arrêter.*
7° *Conversions et changement de direction en marchant.*
8° *Échelons en avant.*
9° *Échelons en retraite.*
10° *Changement de direction des échelons.*
11° *Arrêter les échelons.*
12° *Étant en échelons, se former en bataille ou en ligne.*

1° Formation du bataillon ou de l'escadron en bataille.

Le bataillon normal et l'escadron normal comprennent trois compagnies normales.

Dans l'ordre en bataille primitif, les compagnies sont placées les unes à côté des autres, sur la même ligne droite, dans l'ordre ascendant de leurs

Bataillon en bataille.

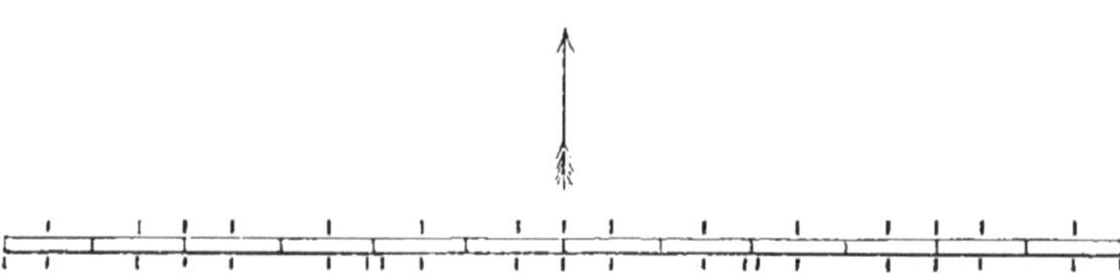

Escadron de cavalerie en bataille.

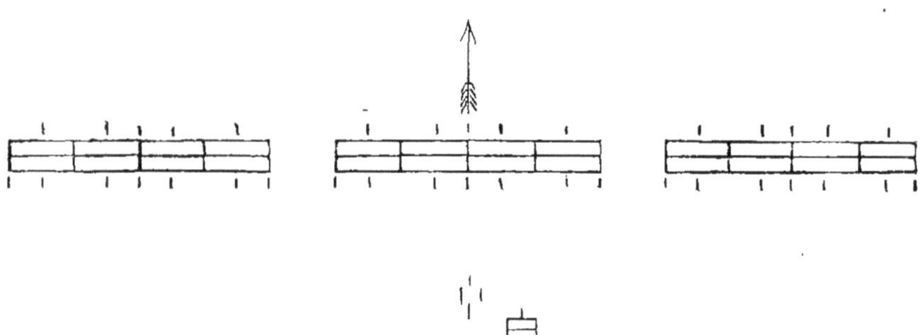

Escadron d'artillerie en bataille.

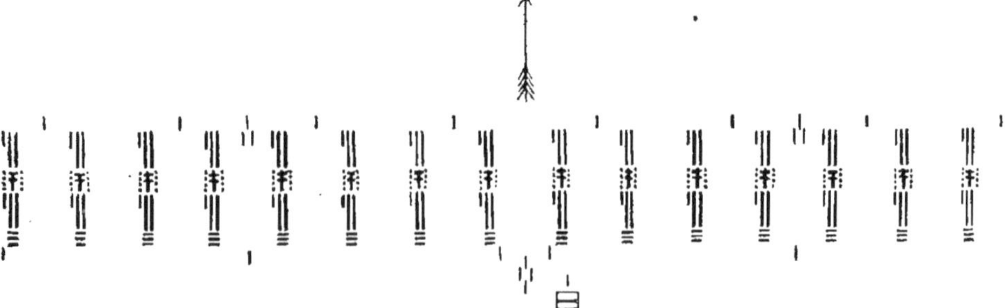

numéros, sans intervalle dans l'infanterie, avec des intervalles de 16 mètres dans la cavalerie et dans l'artillerie.

Le commandant se place à 30 mètres en arrière du centre de sa troupe, comptés du front du 1er rang.

L'adjudant-major et l'adjudant se tiennent à un pas derrière et un pas à côté du commandant, le premier à droite, le second à gauche. Ils sont à la disposition du commandant pour le seconder, porter et exécuter les ordres particuliers dont il les charge. Les tambours, clairons et trompettes, placés sur deux rangs, avec leur escouadier à 1 pas devant leur centre, se tiennent à 10 mètres en arrière et à 10 mètres à droite du commandant.

Dans les commandements et les explications, la désignation de 1re, 2e et 3e compagnie s'applique à la compagnie de droite, du centre ou de gauche de la ligne de bataille, dans sa position actuelle, quels que soient les numéros constitutifs des compagnies.

Le commandant doit avoir près de lui un tambour, clairon ou trompette, pour répéter, au besoin, les commandements qui peuvent se traduire par les instruments.

2° Alignement successif des compagnies.

Le commandant commande :

1. *Par compagnie* = *à droite* (ou *à gauche*) = ALIGNEMENT.
2. FIXE.

Avant de faire son 1er commandement, le commandant fait établir les guides généraux dans la direction qu'il veut donner à l'alignement, tous deux se faisant face et comprenant entre eux un intervalle égal au front du bataillon ou de l'escadron.

Au 1er commandement, le capitaine de la 1re (*ou* dernière) compagnie la porte en avant, l'arrête et l'aligne du côté désigné (en s'y plaçant de sa personne), d'après les principes prescrits, commandant FIXE quand elle est alignée. Pendant la marche de cette compagnie, le guide principal du côté opposé à l'alignement, se porte rapidement sur la ligne pour marquer l'extrémité de la compagnie. Les autres compagnies font successivement les mêmes mouvements, leurs guides de gauche (ou de droite) se portant d'avance sur la ligne où ils sont correctement établis par l'adjudant-major ou l'adjudant. Le 2e commandement est fait quand la dernière compagnie est alignée; chaque capitaine reprend alors sa place de bataille.

3° Alignement général du bataillon et de l'escadron.

Le commandant commande :

1. *Guides principaux de gauche* (ou *de droite*) *sur la ligne.*
2. *A droite* (ou *à gauche*) = ALIGNEMENT.
3. FIXE.

Avant de rien commander, le commandant établit le guide général de droite (ou de gauche) face à gauche (ou à droite) dans la direction qu'il veut donner à l'alignement, et au point où doit appuyer l'extrémité du bataillon ou de l'escadron.

Au 1er commandement, les guides désignés se portent devant le front de la troupe et font face au guide général déjà établi ; le commandant les assure sur la direction qu'ils doivent avoir ; chacun mesure la distance qui le sépare du précédent, de manière à bien marquer l'extrémité de sa compagnie respective. Au 2e commandement répété par les capitaines, les compagnies s'alignent. Au 3e commandement, les capitaines reprennent leur place de bataille, dès qu'il est prononcé ; ils ont au préalable commandé FIXE, chacun dans sa compagnie, lorsqu'elle a été alignée.

L'adjudant-major (ou l'adjudant) peut être chargé d'établir le guide général et ensuite les guides principaux sur la direction de l'alignement. Cette direction doit être rapprochée le plus possible du front de la troupe.

4° Ouvrir et serrer les rangs.

Mêmes commandements et mêmes principes qu'à l'École de la compagnie.

Les commandements ne sont pas répétés par les capitaines.

Quand on ouvre les rangs, le commandant aligne le rang des officiers, puis le 1er rang de la troupe et se place ensuite à 2 pas à la droite de ce rang. L'adjudant-major aligne le 2e rang et les serre-files et se place à 2 pas à droite du 2e rang L'adjudant se place derrière l'adjudant-major, sur le rang des serre-files.

5° Marcher en ligne en avant et en retraite.

Pour marcher en avant, le commandant commande :

1. *Compagnies en avant.*
2. *Guide à droite* (ou *à gauche*).
3. MARCHE.

Au 1er commandement, chaque capitaine commande : *Compagnie en avant*. Au 2e commandement répété par les capitaines, les guides principaux de droite (ou de gauche) se conforment à ce qui a été prescrit. Le guide de la compagnie de droite (ou de gauche) reçoit des points de direction du commandant, qui peut cependant charger l'adjudant-major (ou l'adjudant) de les donner. Au 3e commandement répété par les capitaines, les compagnies se mettent ensemble en mouvement; la compagnie de droite (ou de gauche) marche comme si elle était seule; les autres se règlent sur elle. L'adjudant-major (ou l'adjudant) surveille le guide chargé de la direction, en se plaçant de temps en temps derrière lui, et le maintient sur cette direction, en l'y faisant rentrer s'il s'en écarte. Les files et les intervalles ne doivent ni se serrer ni s'ouvrir.

On marche à toutes les allures comme à l'École de la compagnie.

Le 2e commandement peut quelquefois être supprimé; alors le guide se prend à droite.

Pour marcher en retraite, le commandant commande un demi-tour, soit par compagnie, soit par subdivision, soit individuel; les capitaines répètent les commandements qui sont les mêmes qu'à l'École de la compagnie; ensuite les compagnies marchent comme il vient d'être expliqué pour se porter en avant. Si le demi-tour a été individuel les officiers restent derrière la troupe et les serre-files restent devant elle, mais les guides principaux chargés de la direction passent toujours devant.

Les passages d'obstacles se font aux seuls commandements des capitaines. Si un obstacle s'étendait devant toute une compagnie, le capitaine la formerait en colonne vers l'un des flancs, et, changeant de direction, tournerait cet obstacle : après l'avoir dépassé, il ferait former sa compagnie en ligne à une allure assez allongée, pour pouvoir reprendre sa place.

On peut obliquer en marchant en ligne, comme à l'École de la compagnie; pour cela le commandant commande : *Oblique à droite* (ou *à gauche*); ce commandement est répété par les capitaines et exécuté d'après les principes prescrits. Les compagnies ont soin de bien conserver leurs intervalles et de ne point se dépasser.

6° Arrêter.

Le commandant commande :

1. *Compagnies.*
2. HALTE.

Au 1er commandement, les capitaines commandent : *Compagnie;* ils répètent le commandement HALTE, et toutes les compagnies arrêtent à la fois. Le 1er commandement peut quelquefois être supprimé.

7° Conversions et changement de direction en marchant.

Les conversions et les changements de direction en marchant s'exécutent d'après les principes prescrits à l'Ecole de la compagnie, et aux commandements : *Bataillon* (ou *escadron*) *à droite* (ou *à gauche*) ; DROITE (ou GAUCHE ou MARCHE) ; *Tournez* = (*à*) GAUCHE [ou (*à*) DROITE] ; *en* = AVANT ; mais ces commandements ne sont pas répétés par les capitaines.

Conversion d'un escadron de cavalerie.

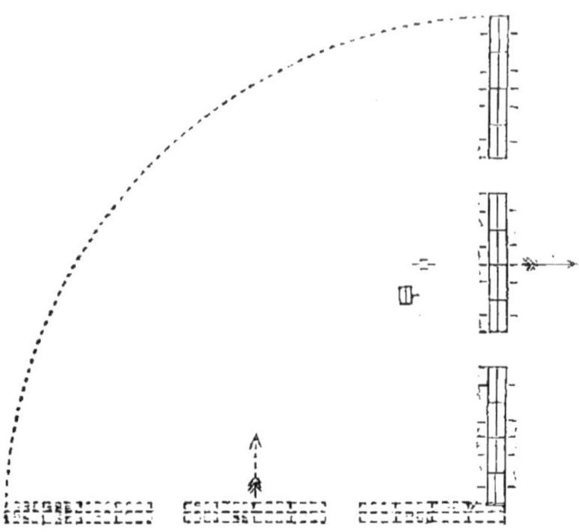

Changement de direction en marchant d'un escadron de cavalerie.

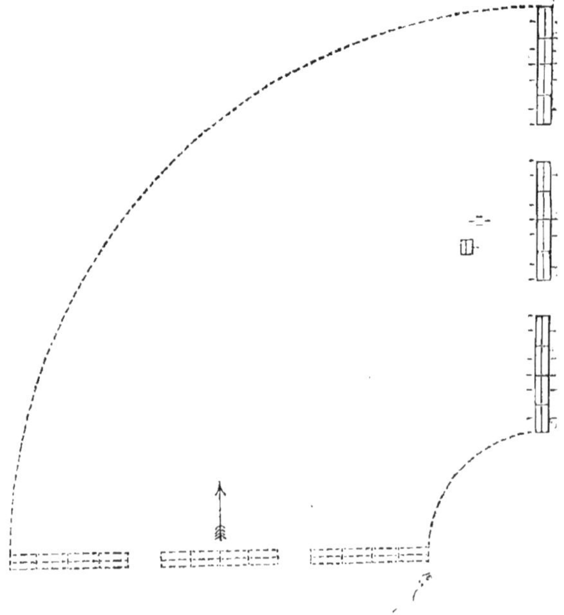

Dans les changements de direction en marchant, l'arc décrit par la file extrême du côté où on tourne doit être de 50 pas.

8° Échelons en avant.

Le commandant commande :

1. *Compagnies par la droite* (ou *par la gauche*) = *en avant en échelons.*
2. Marche.

Escadron de cavalerie formant les Échelons en avant.

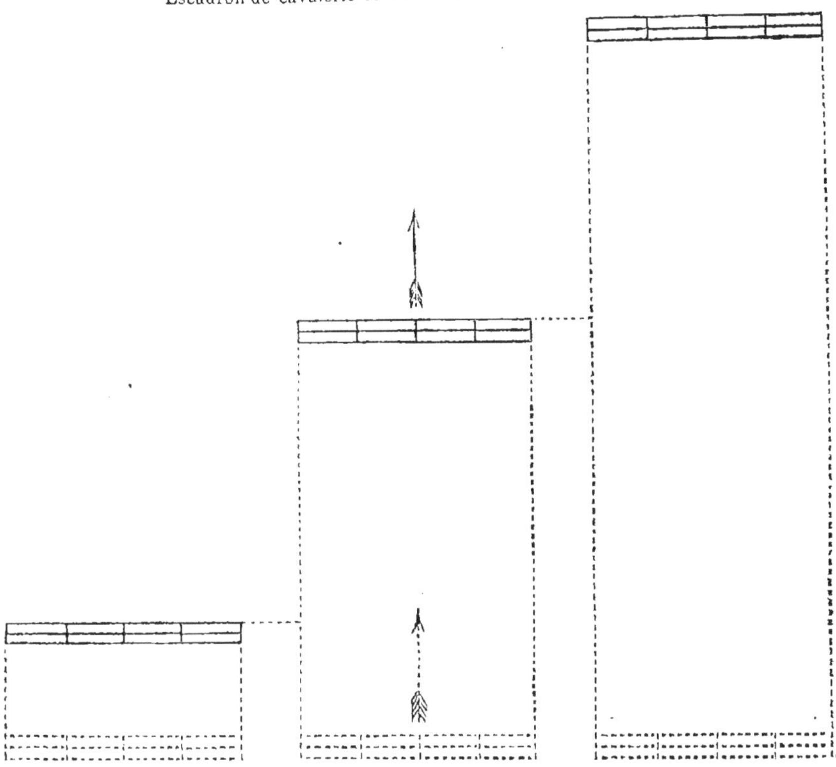

Au 1er commandement, le capitaine de la compagnie de droite (ou de gauche) commande : *Compagnie en avant;* au 2e commandement répété par son capitaine, cette compagnie se porte en avant. Les autres compagnies se portent successivement en avant, aux commandements de leurs capitaines, de manière à avoir, de l'une à l'autre, une distance égale à leur front plus leur intervalle.

Si on veut n'avoir que demi-distance ou que tant de pas de distance entre les échelons, le 1er commandement l'indique de cette manière : 1° *Compagnies par la droite* (ou *par la gauche*) = *à demi-distance* (ou *à tant de pas de distance*) = *en avant en échelons.*

9° Échelons en retraite.

Le commandant commande :

1. *Compagnies par la droite* (ou *par la gauche*) = *en retraite en échelons.*
2. Marche.

Escadron de cavalerie formant les échelons en retraite.

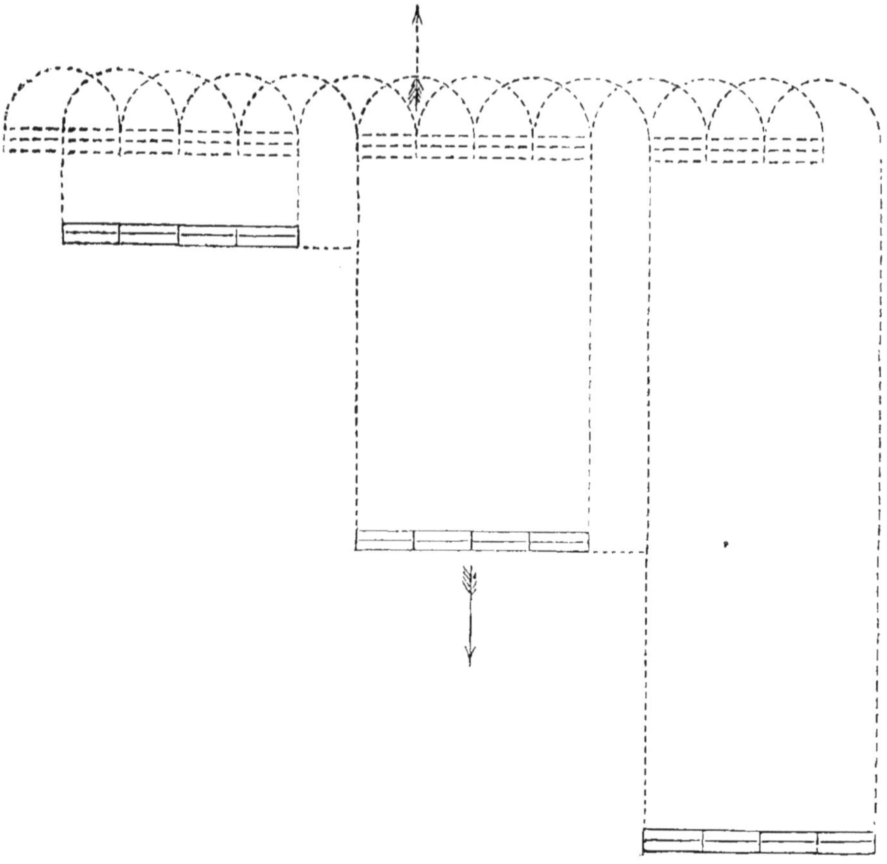

Au 1er commandement, le capitaine de la compagnie de droite (ou de gauche) commande : ***Pelotons demi-tour à droite*** (ou *à gauche*) ; au 2e commandement répété par cet officier, sa compagnie fait un demi-tour par peloton et se porte en arrière ; elle est successivement suivie par les autres compagnies, qui prennent entre elles la même distance que pour les échelons en avant.

On peut n'avoir que demi-distance ou que tant de pas de distance en l'indiquant dans le 1er commandement.

10° Changement de direction des échelons.

Le commandant commande :

1. *Échelons à droite* (ou *à gauche*).
2. **Marche.**

Au 1er commandement, chaque capitaine commande : *Échelon* (ou *com-*

pagnie) à droite (ou *à gauche*); au 2e commandement répété par tous les capitaines, le mouvement s'exécute d'après les principes prescrits.

Si le mouvement de conversion était arrêté par le commandant, au moment où les échelons ont exécuté seulement un demi à droite (ou à gauche), ils se trouveraient en bataille, mais avec des intervalles plus grands que les intervalles de l'ordre en bataille habituel.

Le commandant peut faire exécuter un changement de direction en marchant, dans chaque échelon, en commandant : 1° *Dans chaque échelon = tournez* = (*à*) DROITE [ou (*à*) GAUCHE] ; 2° *En* = AVANT. Les capitaines répètent immédiatement les deux dernières parties du 1er commandement et le 2e commandement.

11° Arrêter les échelons.

Le commandant commande :

1. *Échelons.*
2. HALTE.

Au 1er commandement, chaque capitaine commande : *Échelon* (ou *compagnie*) ; au 2e commandement répété par les capitaines, on arrête d'après les principes prescrits. On peut quelquefois supprimer le 1er commandement.

12° Étant en échelons, se former en bataille ou en ligne.

Le commandant commande :

1. *Échelons en bataille* (ou *en ligne*).
2. MARCHE.

Pour se former en bataille, si les échelons sont arrêtés, la compagnie la

Bataillon en échelons, se formant en bataille ou en ligne.

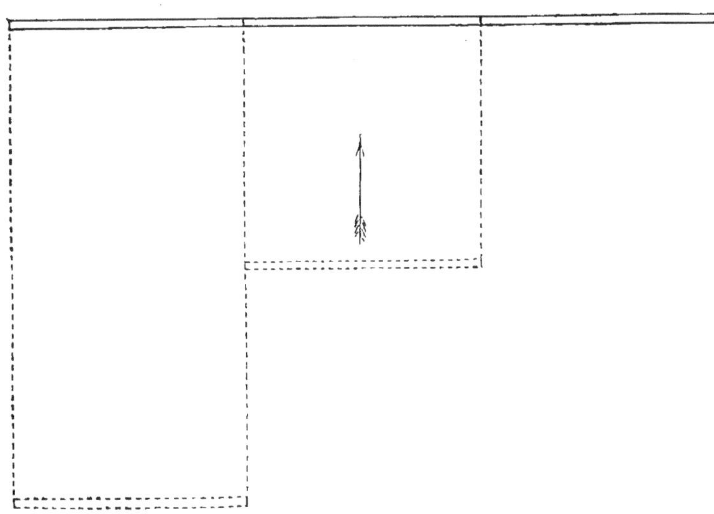

plus avancée ne bouge pas; les autres compagnies sont portées simultanément en avant, arrêtées à hauteur de la plus avancée et alignées de son côté.

Si les échelons sont en marche, le capitaine de la compagnie la plus avancée commande : HALTE, lorsque le commandant commande MARCHE; il aligne ensuite sa compagnie. Les autres capitaines continuent de marcher, s'arrêtent successivement à hauteur de la compagnie la plus avancée et alignent de son côté.

On pourrait se former en bataille sur un échelon autre que le plus avancé, en faisant exécuter un premier demi-tour aux subdivisons de l'échelon le plus avancé (ou des échelons les plus avancés), puis un nouveau demi-tour, afin de remettre celles-ci face en avant, et d'achever alors la formation en bataille.

Pour se former en ligne, les échelons étant en marche, l'échelon le plus avancé continue de marcher à la même allure; les autres échelons augmentent l'allure d'un degré, et, lorsqu'ils sont à hauteur de l'échelon extrême, ils baissent l'allure et se règlent sur lui.

ÉCOLE DU BATAILLON

ET DE L'ESCADRON.

DEUXIÈME PARTIE.

1° *Ordres divers en colonne.*

2° *Rompre en colonne par files.*

3° *Rompre en colonne par le flanc.*

4° *Rompre par subdivision, face vers l'une des ailes.*

5° *Rompre par une aile pour marcher en arrière vers l'aile opposée.*

6° *Marcher en colonne.*

7° *Changer de direction en marchant.*

8° *Arrêter et repartir.*

9° *Gagner du terrain vers le flanc et reprendre la direction primitive.*

10° *Rétrograder et reprendre la direction primitive.*

11° *Étant en colonne, diminuer le front de la colonne pour continuer à marcher dans la même direction.*

12° *Étant en colonne, augmenter le front de la colonne pour continuer à marcher dans la même direction.*

1° Ordres divers en colonne.

Dans les divers ordres en colonne, le commandant se place à 20 mètres sur le flanc, à hauteur du centre de la colonne et du côté du guide.

Escadron d'artillerie en colonne par pelotons avec distance entière.

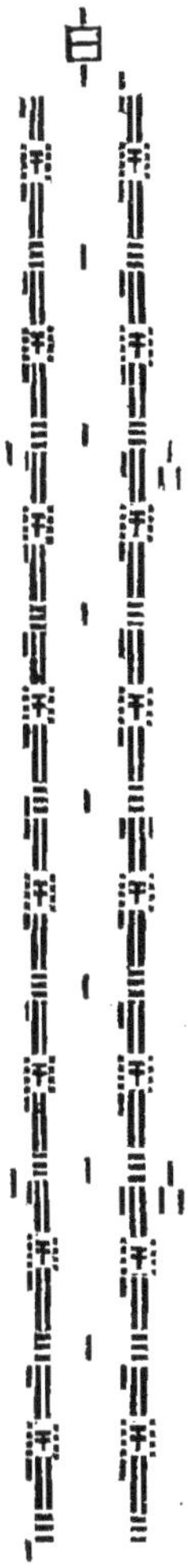

Bataillon en colonne par pelotons avec distance entière.

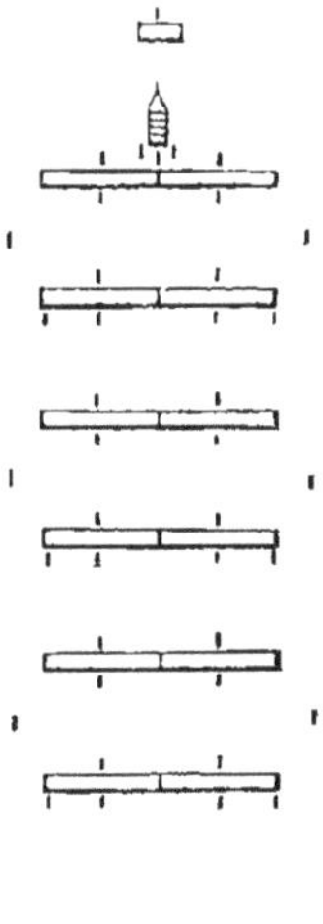

Escadron de cavalerie en colonne par pelotons avec distance entière.

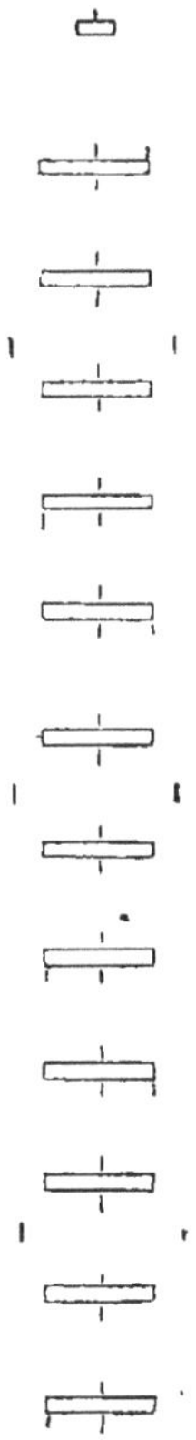

Bataillon en colonne double par pelotons.

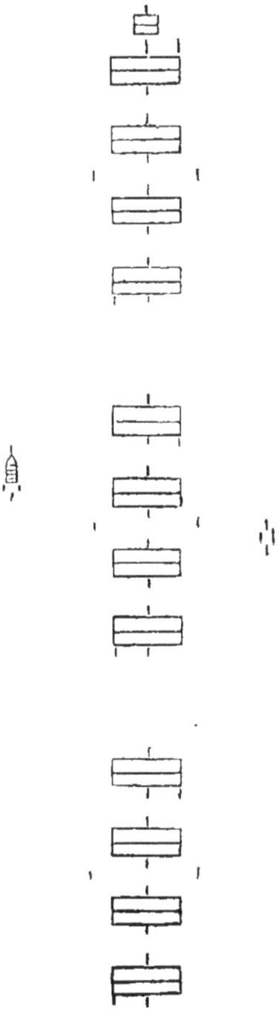

L'adjudant-major et l'adjudant suivent le commandant en se plaçant, par rapport à lui, comme dans l'ordre en bataille, et se tiennent prêts à porter ses ordres et à le seconder dans tous les détails auxquels il juge convenable de les employer. Ils surveillent les guides, les maintiennent sur la direction à suivre, et les établissent sur la ligne lorsqu'on se forme en bataille.

Le guide général de la compagnie tête de colonne se place en avant du guide de la 1re subdivision et dirige la marche.

En règle générale, le guide est à droite lorsque la droite de la ligne de bataille forme la tête de la colonne; il est à gauche dans le cas contraire; mais cependant on peut commander le guide d'un côté quelconque, suivant les circonstances.

Dans une colonne par files ou par le flanc, les compagnies ont entre elles une distance égale à l'intervalle qui les sépare dans l'ordre en bataille.

Dans une colonne avec distance entière, les compagnies ont entre elles une distance égale à l'intervalle de bataille plus le front de la subdivision qui forme la base de la colonne.

Dans une colonne à demi-distance ou serrée, les compagnies ont entre elles la même distance que celle prescrite entre les deux premières subdivisions de la colonne. Si l'on est en colonne par compagnie, la distance d'une compagnie à l'autre est donc égale au quart ou à la moitié de son front.

La colonne double est formée de deux colonnes simples qui sont ordinairement à distance entière, mais qui peuvent être à demi-distance ou serrées. Ces deux colonnes marchent à même hauteur. Quelquefois dans la colonne double on met le guide au centre; dans ce cas, le commandant se place à 5 mètres en avant de la colonne.

Dans tous les ordres en colonne, les tambours, clairons ou trompettes, ayant leur escouadier en tête, se placent à 10 mètres en avant de la colonne, sur deux rangs pour toute colonne par subdivisions, sur deux files pour les colonnes par files et par le flanc.

2° Rompre en colonne par files.

Le commandant commande :

1. *Files à droite* (ou *à gauche*).
2. **Marche.**

Ces commandements sont répétés immédiatement par le capitaine de la compagnie de droite (ou de gauche). Les autres capitaines font successivement les mêmes commandements, de manière que les compagnies se suivent avec les distances prescrites.

S'il faut se porter perpendiculairement à l'ancien front, en avant ou en arrière, le commandant l'indique à la fin du 1er commandement par l'addition des mots : *Tête de colonne à gauche* (ou *à droite*). Le capitaine de la compagnie de droite (ou de gauche) répète immédiatement ces mots, puis le second commandement. Les autres compagnies rompent successivement comme il a été indiqué, et viennent tourner sur le même terrain que la première.

3° Rompre en colonne par le flanc.

Le commandant commande :

1. *Soldats à droite* (ou *à gauche*).
2. MARCHE.

Ces commandements sont répétés par les capitaines, simultanément dans l'infanterie et l'artillerie, et successivement dans la cavalerie.

S'il faut se porter perpendiculairement à l'ancien front, en avant ou en arrière, le commandant l'indique à la fin du 1er commandement par l'addition des mots : *Tête de colonne à gauche* (ou *à droite*). Le capitaine de la compagnie de droite (ou de gauche) répète immédiatement ces mots, puis le second commandement. Les autres compagnies rompent comme il a été indiqué, et tous les éléments viennent tourner sur le même terrain que les premiers.

4° Rompre par subdivision, face vers l'une des ailes.

Le commandant commande :

1. *Compagnies* (*pelotons, divisions, sections*) *à droite* (ou *à gauche*).
2. DROITE (ou GAUCHE ou MARCHE).

Les capitaines répètent tous ensemble les commandements faits par le commandant. Les principes sont les mêmes qu'aux Écoles précédentes.

S'il faut se porter perpendiculairement à l'ancien front, en avant ou en arrière, le commandant l'indique à la fin du 1er commandement par les mots : *Tête de colonne à droite* (ou *à gauche*). Le capitaine de la 1re compagnie, si on rompt par subdivision de compagnie, répète ces mots, puis le commandement MARCHE. Les autres compagnies rompent comme il a été indiqué, et toutes les subdivisions viennent tourner successivement sur le même terrain que la première. Mais si on rompt par compagnie, les capitaines se conforment à ce qui a été prescrit pour les chefs de peloton, à l'École de la compagnie, lors de la rupture par peloton.

En règle générale, on rompra ordinairement par peloton ou division et rarement par compagnie ou section.

5° Rompre par une aile pour marcher en arrière vers l'aile opposée.

Le commandant commande :

1. *Successivement = Pelotons (divisions, compagnies, sections, files, soldats) à droite* (ou *à gauche*) = *tête de colonne demi-tour à droite* (ou *à gauche*).
2. MARCHE.

Si on rompt par compagnie, ce qui ne doit avoir lieu que rarement, les capitaines se conforment à ce qui a été prescrit pour les chefs de subdivision à la 2e partie de l'École de la compagnie. Si on rompt par subdivision de compagnie, les capitaines répètent successivement les commandements du commandant, de manière que chaque subdivision, en prenant rang dans la colonne, se trouve à sa distance.

Nous dirons, comme à l'École de la compagnie, qu'on pourrait diriger la colonne par devant le front, parallèlement à ce front, mais que c'est dangereux devant l'ennemi et qu'il faut éviter un pareil mouvement.

6° Marcher en colonne.

Les colonnes par files, par le flanc, à distance entière, à demi-distance ou serrées, marchent d'après les principes prescrits aux Écoles précédentes.

Le guide général de la compagnie qui se trouve la première, placé à quelques pas en avant de la tête de la colonne, dirige la marche; les autres guides suivent ses traces.

Dans une colonne en route, qu'elle soit par subdivisions, par le flanc ou par files, le commandant marche en tête de sa troupe, précédé seulement par les tambours, clairons ou trompettes. Chaque capitaine-commandant marche en tête, chaque capitaine en 2e marche en queue de sa compagnie.

En route, on marche en colonne par subdivisions à distance entière, ou, et plus ordinairement, par le flanc. Dans le dernier cas, les deux rangs, qui sont devenus deux files, s'écartent pour laisser le milieu de la route libre; dans le premier cas, qui ne s'emploie guère que si on se trouve dans une plaine nue sans chemin bien défini, les rangs de chaque subdivision prennent 3 pas de distance entre eux.

Dans toute colonne en route, les officiers autres que ceux désignés au 3e paragraphe de cet article, et les serre-files marchent à leur place de colonne. Le guide général de la compagnie tête de colonne se conforme à la direction donnée par un officier qui marche en avant de la colonne et choisit le terrain de manière à éviter à la troupe, autant que possible, les obstacles, les défilés et les mauvais pas. Les guides de toutes les subdivisions marchent exactement dans les traces du guide général de la tête.

Quand le terrain se rétrécit de plus en plus devant une colonne, on rétrécit successivement son front en faisant rompre les subdivisions. Quand il est nécessaire de marcher par files et que le sentier suivi est si étroit qu'il ne peut contenir qu'un seul élément, le capitaine en 1er marche en tête de sa compagnie; le capitaine en 2e marche en queue de sa compagnie; chaque chef de peloton s'intercalle en tête de son peloton; chaque chef de section s'intercalle en tête de sa section. Lorsqu'un serre-file se trouve, dans l'ordre en bataille, derrière une section sans la commander, il passe en queue de cette section, si, marchant en route, elle est obligée de se mettre par files, sans qu'il y ait de place à droite ni à gauche du sentier.

Lorsque le terrain s'élargit progressivement, on donne à la colonne un front de plus en plus large, par la formation des subdivisions Si, en marchant en colonne par subdivisions, le terrain se rétrécissait un peu, et si les files du côté opposé au guide ne pouvaient passer, elles obliqueraient d'elles-mêmes du côté du guide pour se mettre derrière leurs voisines, et se remettraient en ligne dès qu'elles auraient l'espace nécessaire à cet effet.

L'artillerie en route ne marche guère qu'en colonne par files.

Pour passer de l'ordre en *colonne de manœuvre* à l'ordre en *colonne de route*, le commandant fait l'avertissement : *Pas de route*, qui est répété par les capitaines, et après lequel on se conforme de suite aux principes qui viennent d'être prescrits. Pour reprendre le pas de manœuvre, le commandant commande : 1° *Au pas;* 2° MARCHE. A ce dernier commandement répété, comme le premier, par les capitaines, les éléments serrent à leur distance et chacun reprend sa place de colonne de manœuvre.

7° Changer de direction en marchant.

Le commandant commande :

1. *Tête de colonne à droite* (ou *à gauche*).
2. MARCHE.

Dans les colonnes avec distance entière et autres par subdivisions de compagnie, ces commandements sont répétés successivement par les capitaines de manière que chaque subdivision vienne tourner sur le même terrain que la précédente. Dans les colonnes par files, par le flanc et dans celles par compagnies, les capitaines, au lieu de répéter les commandements du commandant, font exécuter successivement le changement de direction indiqué, en employant les commandements prescrits aux Écoles précédentes. Celui des guides principaux de chaque compagnie, qui n'est pas chargé d'en diriger la marche, se porte d'avance au point qui marque le commencement du changement de direction, y reste pendant tout le temps que sa compagnie change de direction et retourne ensuite à sa place de colonne.

8° Arrêter et repartir.

Pour arrêter, le commandant commande :

1. *Colonne.*
2. HALTE.

Ces commandements sont répétés simultanément par tous les capitaines, si chaque compagnie se trouve elle-même en colonne. Mais si l'on est en colonne par compagnies, les capitaines, au lieu de répéter le commandement *Colonne*, commandent : *Compagnie;* ils répètent ensuite le commandement HALTE. On se conforme d'ailleurs pour arrêter aux principes prescrits aux Écoles précédentes. Le 1er commandement peut quelquefois être supprimé.

Pour repartir, le commandant commande :

1. *Colonne en avant.*
2. *Guide à droite* (ou *à gauche*).
3. MARCHE.

Ces commandements sont répétés simultanément par les capitaines, si la colonne est composée de fractions moindres chacune qu'une compagnie; ils substituent le mot *Compagnie* au mot *Colonne*, si l'on est en colonne par compagnies.

On ne commande pas toujours le guide; alors il est à droite si on a la droite en tête, à gauche dans le cas contraire.

Pour faire partir de pied ferme au trot ou au galop, l'allure est indiquée à la fin du 1er commandement.

Pour changer l'allure étant en marche, les commandements du commandant, les mêmes que ceux indiqués en pareil cas aux Écoles précédentes, sont répétés par les capitaines.

Si, étant en colonne par subdivisions, le commandant voulait porter la colonne en avant et la faire changer immédiatement de direction, il commanderait : 1° *Colonne en avant* = *tête de colonne à droite* (ou *à gauche*) [ou *demi à droite* (ou *à gauche*), ou *demi-tour à droite* (ou *à gauche*)]; 2° Marche. Le capitaine de la 1re compagnie répéterait de suite ces commandements, et le chef de la 1re subdivision la ferait immédiatement changer de direction d'après les principes prescrits. Les autres capitaines commanderaient ensemble : *Colonne en avant;* Marche; puis successivement : *Tête de colonne à droite* (ou *à gauche*, etc.....); Marche; de manière à tourner sur le même terrain que la subdivision tête de toute la colonne.

Si la colonne était par compagnies, les capitaines ne commanderaient pas : *Tête de colonne à droite* (ou *à gauche*), mais commanderaient successivement : *Tournez* = (à) Droite [ou (à) Gauche]; et ensuite : *En* = Avant.

9° Gagner du terrain vers le flanc et reprendre la direction primitive.

Les commandements sont les mêmes qu'à l'École de la compagnie ; ils sont immédiatement répétés par les capitaines et s'exécutent simultanément dans toutes les subdivisions, d'après les principes prescrits à cette école.

10° Rétrograder et reprendre la direction primitive.

Les commandements sont les mêmes qu'à l'École de la compagnie ; ils sont immédiatement répétés par les capitaines et s'exécutent simultanément dans toutes les subdivisions, d'après les principes prescrits à cette école.

11° Etant en colonne, diminuer le front de la colonne pour continuer à marcher dans la même direction.

Le commandant commande :

1. *Divisions* (*pelotons*, etc., *files*) *à droite* (ou *à gauche*) = *tête de colonne à gauche* (ou *à droite*).
2. Marche.

Ces commandements sont répétés par les capitaines, tous à la fois si la colonne à front rétréci ne doit pas occuper plus de profondeur que précédemment. Dans le cas contraire, on se conforme, dans chaque compagnie, à ce qui a été prescrit pour la rupture d'une compagnie, à l'École de la compagnie.

Quand la colonne se trouve par le flanc, s'il s'agit de la mettre par files, le commandant fait les mêmes commandements que ceux prescrits en pareil cas à l'École de la compagnie ; ils sont répétés par les capitaines, et s'exécutent d'après les principes prescrits aux Écoles précédentes.

12° Étant en colonne, augmenter le front de la colonne pour continuer à marcher dans la même direction.

Si la colonne est par files et s'il s'agit simplement de passer à l'ordre par le flanc, le commandant fait les commandements indiqués en pareil cas à l'École de la compagnie; ils sont répétés successivement par les capitaines, et s'exécutent d'après les principes prescrits à cette école.

Si la colonne est par files, par le flanc ou par subdivisions, le commandant commande :

1° *Dans chaque peloton* (ou *division*, ou *compagnie*) = *oblique à gauche* (ou *à droite*) = *et en avant en bataille* (ou *en ligne*).

2° MARCHE.

Ces commandements sont répétés par les capitaines, si l'on doit se former en bataille (ou en ligne) dans chaque peloton (ou division), et les chefs de peloton (ou de division) répètent les deux dernières parties du 1er commandement et le 2e commandement. Le mouvement s'exécute dans chaque subdivision indiquée par le 1er commandement, d'après les principes prescrits aux Écoles précédentes, et de telle sorte que la colonne se trouve régulièrement formée quant aux nouvelles distances. Il a lieu simultanément au cas où la colonne se trouve par sections, pelotons ou divisions à distance entière; il a lieu successivement si la colonne est par files, par le flanc ou par divisions en masse ou à demi-distance.

Si l'on doit former la colonne par compagnies, les capitaines ne répètent du 1er commandement que ses deux dernières parties.

ÉCOLE DU BATAILLON
ET DE L'ESCADRON.

TROISIÈME PARTIE.

1° *Changer le côté du guide dans l'ordre en colonne.*
2° *Rectifier la position des guides et aligner la colonne.*
3° *Étant en colonne avec distance, serrer à demi-distance ou en masse sur la tête de la colonne.*
4° *Étant en colonne avec distance, serrer à demi-distance ou en masse sur la queue de la colonne.*
5° *Étant en colonne avec distance, serrer à demi-distance ou en masse sur une subdivision du centre de la colonne.*
6° *Étant en colonne serrée ou à demi-distance, prendre les distances sur la queue de la colonné.*
7° *Étant en colonne serrée ou à demi-distance, prendre les distances sur la tête de la colonne.*
8° *Étant en colonne serrée ou à demi-distance, prendre les distances sur une subdivision du centre de la colonne.*
9° *Étant en colonne serrée ou à demi-distance, prendre les distances par la tête de la colonne.*
10° *Étant en colonne, changer de direction par le flanc sur la tête ou sur la queue.*

1° Changer le côté du guide dans l'ordre en colonne.

Le commandant commande :

1. *Guide à gauche* (ou *à droite*.)

A ce commandement, répété par les capitaines, le guide général de la tête se porte rapidement du côté indiqué et choisit des points de direction, ou suit l'officier chargé de la direction supérieure, s'il y en a un. Les guides de chaque subdivision, devant lesquels vient de se placer le guide général de la tête, se règlent de suite sur lui et marchent dans ses traces. Les officiers et sous-officiers qui doivent se trouver dans l'ordre en colonne du même côté que le guide, changent de place en même temps que le guide général de la tête.

2° Rectifier la position des guides et aligner la colonne.

Le commandant commande :

1. *Guides à vos chefs de file.*
2. *A droite* (ou *à gauche*) = ALIGNEMENT.
3. FIXE.

Le commandant établit d'abord le guide général de la tête et le guide de la 1re subdivision dans la direction sur laquelle il veut établir le flanc de la colonne, ensuite il fait son 1er commandement, qui est aussitôt répété par tous les capitaines; à ce commandement, les guides principaux de tête et les guides de chaque subdivision se placent dans la direction du guide général et du 1er guide; ils sont assurés par l'adjudant-major et l'adjudant.

Au 2e commandement répété aussi par les capitaines, chaque subdivision est alignée par son chef, perpendiculairement à la direction des guides, et, au 3e commandement, tous les chefs de subdivision rentrent à leur place de colonne.

3° Étant en colonne avec distance, serrer à demi-distance ou en masse sur la tête de la colonne.

La colonne étant arrêtée, le commandant commande :

1. *A demi-distance* (ou *en masse*) = *serrez la colonne.*
2. *Guide à droite* (ou *à gauche*).
3. MARCHE.

Ces commandements sont répétés par les capitaines. Au 2e commandement tous les chefs de subdivision commandent : 1° *Subdivision en avant* (*guide à droite* ou *à gauche*). Au 3e commandement répété par les chefs de subdivision, toutes les subdivisions, excepté celle de la tête, se mettent en marche; elles sont arrêtées, chacune par son chef, à la distance prescrite, et alignées du côté désigné pour le guide. Les chefs de subdivision reprennent leur place de colonne aussitôt après l'alignement.

Les guides des subdivisions sont assurés sur la direction, et à la distance indiquée, par l'adjudant-major et l'adjudant.

Si la colonne est en marche, pour serrer à la même allure, le commandant fait toujours les mêmes commandements, moins le 2e; le chef de la 1re subdivision commande HALTE, au commandement MARCHE, et aligne du côté où est le guide. Si on veut serrer sans arrêter, le commandant indique une nouvelle allure à la fin de son 1er commandement : la 1re subdivision continue seule de marcher à la même allure; les autres doublent l'allure jusqu'à ce qu'elles aient serré; alors elles reprennent l'allure primitive.

4° Étant en colonne avec distance, serrer à demi-distance ou en masse sur la queue de la colonne.

Le commandant fait préalablement faire face en arrière, soit par un demi-tour individuel, soit par un demi-tour par section ou par peloton, après quoi il fait les commandements du numéro précédent, puis il fait remettre face en avant, par le demi-tour qui a servi à faire face en arrière.

5° Étant en colonne avec distance, serrer à demi-distance ou en masse sur une subdivision du centre de la colonne.

Le commandant commande :

1. *Sur telle compagnie* (ou *telle subdivision de telle compagnie*) = *à demi-distance* (ou *en masse*) = *serrez la colonne.*
2. *Guide à droite* (ou *à gauche*).
3. MARCHE.

Avant son 1er commandement, le commandant fait faire face en arrière aux subdivisions de la colonne qui précède celle sur laquelle il veut faire serrer. Cette subdivision ne bouge pas; celle qui la précédait immédiatement avant de faire face en arrière, serre sur elle, à distance telle qu'en faisant face en avant, elle se trouve à la distance prescrite; toutes les autres subdivisions serrent comme il a été expliqué. Le commandant fait ensuite remettre face en avant les subdivisions qui précèdent celle sur laquelle on a serré.

L'indication du guide est faite pour la subdivision base du mouvement; toutes les autres doivent être alignées du côté où elle a le guide.

6° Étant en colonne serrée ou à demi-distance, prendre les distances sur la queue de la colonne.

Le commandant commande :

1. *Sur le dernier peloton* (ou *la dernière division, compagnie*) = *Prenez les distances* (ou *demi-distance*).
2. *Guide à droite* (ou *à gauche*).
3. MARCHE.

Ces commandements sont répétés par les capitaines, si la colonne est par subdivisions moindres chacune qu'une compagnie. Au 2e commandement, les chefs de subdivision commandent : *Subdivision en avant*; *guide à droite* (ou *à gauche*). Au 3e commandement, toutes les subdivisions, excepté la dernière, sont mises en marche, puis arrêtées à la distance prescrite et alignées du côté du guide. Les guides sont assurés par l'adjudant-major et l'adjudant.

Lorsque les compagnies ne sont pas fractionnées dans la colonne, le capitaine de la dernière compagnie ne commande rien; ceux des deux premières commandent : *Compagnie en avant*; *Guide à droite* (ou *à gauche*), et répètent le commandement MARCHE.

Si la colonne est en marche, le chef de la dernière subdivision commande HALTE, au 3e commandement du commandant, et aligne sa subdivision; les autres chefs de subdivision, continuant à marcher à la même allure, arrêtent leurs subdivisions à la distance indiquée, et les alignent.

7° Étant en colonne serrée ou à demi-distance, prendre les distances sur la tête de la colonne.

Le commandant fait faire d'abord face en arrière; il fait ensuite exécuter le mouvement précédent, puis fait remettre face en avant, par le demi-tour qui a servi à faire face en arrière.

8° Étant en colonne serrée ou à demi-distance, prendre les distances sur une subdivision du centre.

Le commandant commande :

1. *Sur telle subdivision de telle compagnie* (ou *sur telle compagnie*) = *prenez les distances* (ou *demi-distance*).
2. *Guide à droite* (ou *à gauche*).
3. MARCHE.

Avant le 1er commandement, le commandant fait faire face en arrière à la portion de la colonne qui suit la subdivision désignée. Le mouvement s'exécute ensuite comme il a été prescrit aux deux numéros précédents. La subdivision qui suit celle qui sert de base prend une distance telle qu'elle ait la distance voulue, lorsqu'elle sera remise face en avant. Les distances étant prises, le commandant replace les dernières subdivisions dans le même sens que les premières. L'indication du guide est faite pour la subdivision qui sert de base.

9° Étant en colonne serrée ou à demi-distance, prendre les distances par la tête de la colonne.

1. *Par la tête de la colonne* = *prenez les distances* (*ou demi-distance*).
2. *Guide à droite* (ou *à gauche*).
3. MARCHE.

Ces commandements sont répétés successivement par les capitaines, si la colonne est par subdivisions moindres chacune qu'une compagnie. Le chef de la 1re subdivision commande : *Subdivision en avant; Guide à droite* (ou *à gauche*), et répète le 2e commandement. Chacun des autres chefs de subdivision porte sa subdivision en avant après la précédente, de manière qu'elle ait la distance voulue. Si la colonne est par compagnies, les capitaines ne répètent pas les commandements du commandant, et se conforment à ce qui vient d'être prescrit pour les chefs de subdivision.

10° Étant en colonne, changer de direction par le flanc sur la tête ou sur la queue.

Le commandant commande :

1. *Sur la* 1re (ou *dernière*) *compagnie* (*ou subdivision*) = *changement de direction par le flanc droit* (ou *gauche*).
2. MARCHE.
3. *A droite* (ou *à gauche*) = ALIGNEMENT.

Au 1er commandement répété par les capitaines, les guides principaux de la 1re (ou dernière) compagnie vont s'établir face l'un à l'autre sur la nouvelle direction que doit occuper leur compagnie (ou la subdivision de leur compagnie base du mouvement); ils sont assurés par l'adjudant-major ou l'adjudant. Au même commandement les capitaines commandent : *Sections* (ou *Soldats*) *à droite* (ou *à gauche*).

Au 2e commandement répété par les capitaines, les compagnies (ou subdivisions) exécutent le mouvement commandé, et sont conduites, chacune

Bataillon en colonne serrée par division exécutant un changement de direction par le flanc droit sur la première subdivision, ou par le flanc gauche sur la dernière.

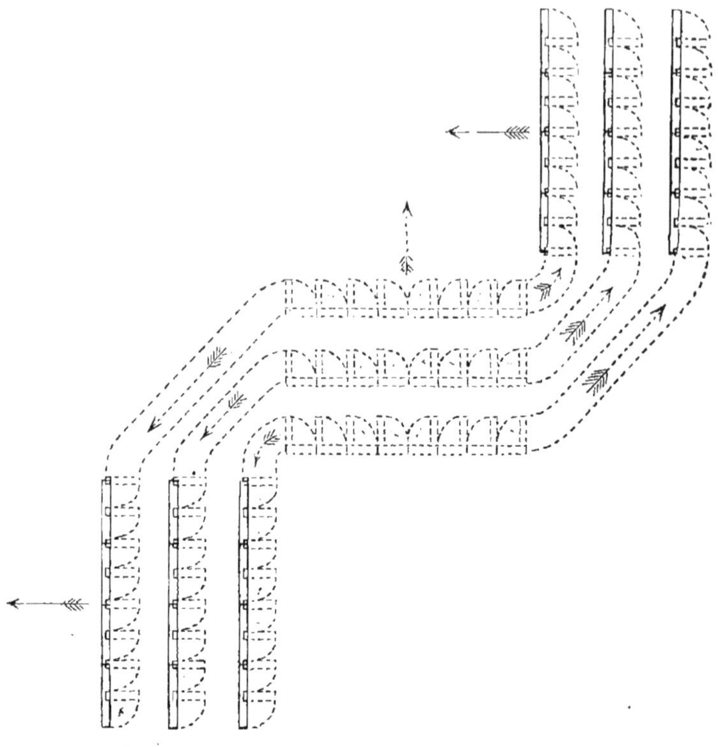

par son chef, parallèlement à la nouvelle direction qu'elles doivent occuper, et un peu en arrière. Dès qu'elles sont entièrement entrées dans la nouvelle direction, leurs chefs commandent : *Sections* (ou *Soldats*) *à gauche* (ou *à droite*); Marche; Halte; *à droite* (ou *à gauche*) = Alignement; Fixe. Les guides principaux de chaque compagnie vont successivement assurer d'avance l'alignement de leur compagnie.

L'alignement est ordinairement du côté par lequel s'exécute le changement de direction.

Le changement de direction peut se faire aussi bien quand la colonne est à distance entière, ou à demi-distance, que quand elle est serrée en masse. La nouvelle direction peut être établie obliquement ou perpendiculairement à l'ancienne; elle est déterminée par l'alignement que donne le commandant, ou, d'après ses ordres, l'adjudant-major, aux guides principaux, lorsqu'ils se portent sur le flanc désigné. Si la colonne est par subdivisions moindres chacune qu'une compagnie, l'alignement de la 1re (ou dernière) subdivision est seul tracé par les guides principaux; c'est, alors, aux chefs de subdivision à établir correctement leurs subdivisions, parallèlement à celle qui sert de base au mouvement.

ÉCOLE DU BATAILLON

ET DE L'ESCADRON.

QUATRIÈME PARTIE.

1° *Étant en colonne par files, par le flanc ou par subdivisions à distance entière, se former en bataille ou en ligne face en avant.*

2° *Étant en colonne par files, par le flanc ou par subdivisions à distance entière, se former en bataille ou en ligne face à l'un des flancs, en deçà de la tête de la colonne.*

3° *Étant en colonne par files, par le flanc ou par subdivisions à distance entière, se former en bataille ou en ligne face à l'un des flancs, au delà de la tête de la colonne.*

4° *Étant en colonne par files, par le flanc ou par subdivisions à distance entière, se former en bataille ou en ligne face en arrière.*

5° *Étant en colonne à demi-distance ou serrée, se former en bataille ou en ligne face en avant.*

6° *Étant en colonne à demi-distance ou serrée, se former en bataille ou en ligne face à l'un des flancs, au delà de la queue de la colonne.*

7° *Étant en colonne à demi-distance ou serrée, se former en bataille ou en ligne face à l'un des flancs, au delà de la tête de la colonne.*

8° *Étant en colonne à demi-distance ou serrée, se former en bataille face en arrière.*

1° Etant en colonne par files, par le flanc ou par subdivisions à distance entière, se former en bataille ou en ligne face en avant.

Pour se former en bataille, le commandant commande :

1. *Oblique à gauche* (ou *à droite*) = *et en avant en bataille.*
2. **Marche**
3. **Fixe.**

Au 1er commandement répété par le capitaine de la 1re compagnie, les deux guides principaux de cette compagnie se portent en avant pour tracer la ligne à 10 pas du front de la colonne; les capitaines des autres compagnies commandent : *Oblique à gauche* (ou *à droite*). Au 2e commandement répété par tous les capitaines, la compagnie de tête se forme comme il a été prescrit à l'École de la compagnie. Chacune des autres compagnies oblique du côté indiqué, et quand sa tête se trouve vis-à-vis la place de bataille, son capitaine commande : 1° *En avant en bataille;* 2° MARCHE. Le chef de la 1re subdivision, et chacun des autres chefs de subdivision successivement, redresse sa subdivision, l'arrête à trois pas de la ligne de bataille et commande l'alignement.

Bataillon en colonne par pelotons, à distance entière, se formant en bataille face en avant.

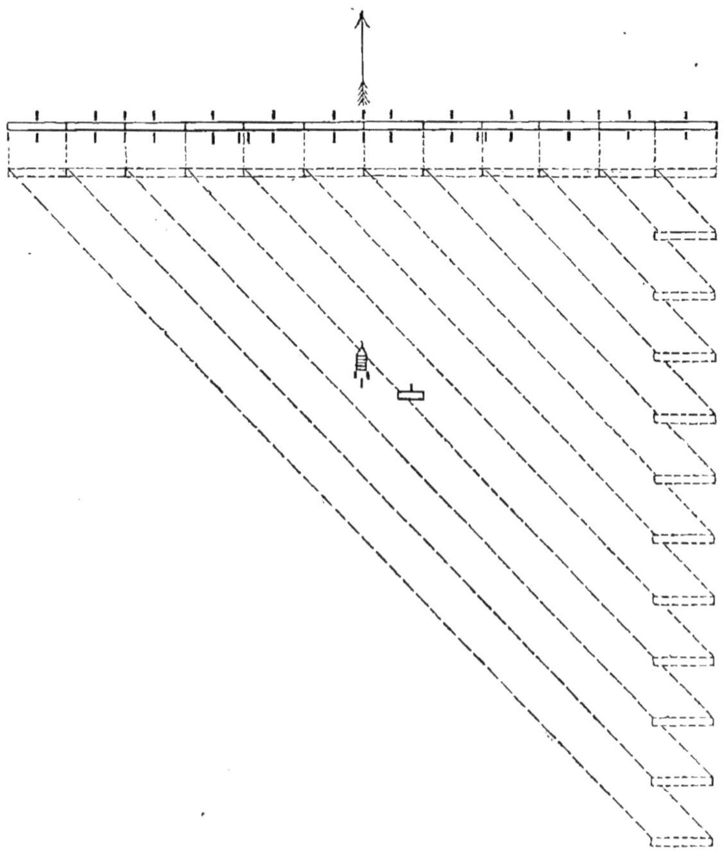

Les guides principaux de chaque compagnie se détachent d'avance pour tracer la ligne en bataille sur laquelle ils sont assurés par l'adjudant-major et l'adjudant, établis d'avance à ses deux extrémités, se faisant face. (Cette règle est générale pour toutes les formations et tous les déploiements.) Au commandement Fixe, les guides principaux et les capitaines, qui ont surveillé l'alignement, prennent leurs places de bataille.

Les explications précédentes s'appliquent aux colonnes par files, par le flanc, et par subdivisions de compagnie à distance entière. Dans les colonnes par compagnies à distance entière, les capitaines se conforment à ce qui a été prescrit pour les chefs de subdivision, à la 3e partie de l'École de la compagnie.

Pour se former en ligne, le commandant remplace, dans le 1er commandement, les mots *en bataille*, par les mots *en ligne*, et supprime le 3e commandement. La 1re compagnie se comporte comme si elle était seule; les autres compagnies augmentent l'allure pour obliquer, et chaque subdivision reprend l'allure primitive quand elle se trouve en ligne, à la hauteur des subdivisions déjà formées, se réglant alors sur celles-ci.

On peut se former en bataille ou en ligne sur une subdivision du centre de la colonne, en indiquant cette subdivision dans le 1er commandement. S'il s'agit d'une formation en bataille, la ligne est tracée en avant de la tête de colonne, à une distance égale à autant d'intervalles relatifs de subdivision qu'il y a de subdivisions devant celle qui sert de base, plus 10 pas. Pour se former en ligne, la subdivision qui sert de base, et les précédentes, restent à la même allure.

2° Étant en colonne par files, par le flanc ou par subdivisions à distance entière, se former en bataille ou en ligne face à l'un des flancs, en deçà de la tête de la colonne.

Pour se former en bataille, le commandant commande :

1. *A gauche* (ou *à droite*) *en bataille.*
2. Marche.
3. Fixe.

Les deux premiers commandements sont répétés par les capitaines simultanément pour les colonnes avec distance entière par subdivisions moindres chacune qu'une compagnie, et ainsi que pour les colonnes par le flanc d'infanterie et d'artillerie, et successivement pour les colonnes par le flanc de cavalerie et par files de toutes armes. Dans ces deux dernières espèces de colonnes, les capitaines des compagnies qui ne sont pas en tête de colonne mettent ces compagnies en marche avant de commander : *A gauche* (ou *à droite*) *en bataille.*

Au 3e commandement, les guides principaux et les capitaines prennent leurs places de bataille.

Si la colonne est par compagnies avec distance entière, les capitaines, au lieu de répéter le 1er commandement, commandent : *Compagnie à gauche* (ou *à droite*); et, au 2e commandement, ils commandent : MARCHE; HALTE; puis ils alignent leurs compagnies.

Pour se former en ligne, le commandant remplace dans le 1er commandement les mots *en bataille*, par les mots *en ligne*, et supprime le dernier commandement. On se conforme d'ailleurs à ce qui a été prescrit pour la formation en bataille.

On arriverait également à la même formation, dans le cas où la colonne serait par subdivisions à distance entière, en commandant : 1o *Pelotons (divisions, compagnies) à gauche* (ou *à droite*); 2o MARCHE.

3o Étant en colonne par files, par le flanc ou par subdivisions à distance entière, se former en bataille ou en ligne face à l'un des flancs, au delà de la tête de la colonne.

Pour se former en bataille, le commandant commande :

1. *Sur la droite* (ou *sur la gauche*) *en bataille.*
2. MARCHE.
3. FIXE.

Si la colonne est par subdivisions moindres chacune qu'une compagnie, les deux premiers commandements sont répétés successivement par les capitaines, de manière que chaque compagnie s'étant formée d'après les principes prescrits à l'École de la compagnie, se trouve alignée sur la précédente et ait son intervalle.

Si la colonne est par compagnies, les capitaines, au lieu de répéter les deux premiers commandements, font successivement changer leurs compagnies de direction, et se conforment à ce qui a été prescrit pour les chefs de subdivision, à la 3e partie de l'École de la compagnie.

Pour se former en ligne, le commandant remplace, dans le 1er commandement, les mots *en bataille*, par les mots *en ligne*, et supprime le 3e commandement. La 1re compagnie exécute ce qui a été prescrit à l'École de la compagnie; les autres compagnies augmentent l'allure, se forment en ligne d'après les principes prescrits, chaque subdivision baissant l'allure en arrivant à la hauteur de la précédente.

Si la colonne est par compagnies, les capitaines se conforment à ce qui a été prescrit pour les chefs de subdivision, à l'École de la compagnie.

4° Étant en colonne par files, par le flanc ou par subdivisions à distance entière, se former en bataille ou en ligne face en arrière.

On se formerait en bataille ou en ligne comme en avant, et ensuite on ferait faire un demi-tour par chaque subdivision. Le commandant pourrait indiquer que le mouvement final serait fait successivement, alors chaque subdivision l'exécuterait dès que la suivante serait à sa hauteur, et l'alignement ne serait commandé qu'après ce mouvement final.

On pourrait aussi faire faire d'abord un demi-tour à chaque subdivision de la colonne, et terminer par la formation en avant en bataille ou en ligne.

5° Etant en colonne à demi-distance ou serrée, se former en bataille ou en ligne face en avant.

Les commandements et les principes sont les mêmes que pour une colonne à distance entière.

S'il s'agit de se former en bataille, la ligne est tracée, en avant de la tête de la colonne, à la distance de 10 pas, augmentée d'autant d'intervalles de subdivision plus un, qu'il y a de subdivisions devant celle qui sert de base à la formation.

6° Etant en colonne à demi-distance ou serrée, se former en bataille ou en ligne face à l'un des flancs, au delà de la queue de la colonne

Pour se former en bataille, le commandant commande :

1. *Successivement = par la dernière subdivision = à gauche* (ou *à droite*) *en bataille.*
2. Marche.
3. Fixe.

Les capitaines, en commençant par celui de la dernière compagnie, répètent successivement ces deux 1ers commandements, si la colonne est formée de subdivisions moindres chacune qu'une compagnie, et les chefs de subdivision, les uns après les autres, font converser leurs subdivisions.

Si la colonne est par compagnies, les capitaines ne répètent pas les commandements du commandant, mais se conforment successivement à ce qui vient d'être indiqué pour les chefs de subdivision.

La ligne est tracée à 10 pas pour l'infanterie et la cavalerie, et à 30 pas pour l'artillerie; les chefs de subdivision arrêtent leurs subdivisions à 3 pas de la ligne de bataille, et les alignent du côté vers lequel s'est faite la conversion.

Pour se former en ligne, le commandant remplace dans le 1er commandement les mots *en bataille* par les mots *en ligne* et supprime le 3e commandement.

Les chefs de subdivision, excepté le dernier, commandent la conversion à une allure plus allongée que celle à laquelle on marchait précédemment, et ne reprennent cette allure qu'en arrivant à hauteur de la subdivision base du mouvement.

7° Etant en colonne à demi-distance ou serrée, se former en bataille ou en ligne face à l'un des flancs, au delà de la tête de la colonne.

Les commandements et les principes sont les mêmes que pour une colonne à distance entière.

8° Etant en colonne à demi-distance ou serrée, se former en bataille face en arrière.

On se forme d'abord comme en avant et ensuite on fait exécuter un demi-tour à chaque subdivision. Ce demi-tour peut être simultané ou successif. S'il est successif, le commandant envoie l'adjudant-major ou l'adjudant prévenir chaque chef de subdivision de commander le demi-tour dès que la subdivision suivante est arrivée à sa hauteur.

On peut aussi faire exécuter d'abord un demi-tour général à toutes les sections ou à tous les pelotons, et se former ensuite face en avant. Dans le 1er cas, la formation s'exécute sur la tête de la colonne ; dans le second cas, elle s'exécute sur la queue de la colonne.

ÉCOLE DU BATAILLON

ET DE L'ESCADRON.

CINQUIÈME PARTIE.

APPLICATION DES QUATRE PARTIES PRÉCÉDENTES DE L'ÉCOLE DE BATAILLON ET DE L'ESCADRON, A LA SOLUTION DE QUELQUES ÉVOLUTIONS.

Les mouvements différents qu'on peut être dans le cas d'employer à la guerre, sont en nombre non pas infini, mais très-considérable. Si l'on voulait créer autant de formules spéciales et réglementaires qu'il y a d'évolutions diverses à imaginer, il faudrait un livre très-volumineux pour les renfermer toutes, et une mémoire des plus heureuses pour les retenir. Si on se bornait à un certain choix, il y aurait des lacunes regrettables, et on tomberait dans l'inconvénient fâcheux de ne faire changer d'ordre ou de position à une troupe que par un seul moyen (celui qui serait indiqué dans l'ordonnance); et ce moyen, bon en général, peut être mauvais dans certaines circonstances particulières.

En se contentant, au contraire, des mouvements et des commandements contenus dans les quatre parties précédentes de l'École du bataillon et de l'escadron; en combinant ces mouvements simultanément ou successivement; en donnant, au besoin, des avertissements préalables brefs et indiquant le but final, on résout facilement tous les problèmes de la tactique élémentaire, par la voie la plus sûre, et sans avoir recours à des théories à part, comme celles qu'on connaît aujourd'hui sous les noms de *changements de front*, *passages de la ligne*, *passages de défilés*, etc., etc.

Il importe aussi de se bien persuader que les évolutions ne peuvent s'exécuter de même sur un champ de bataille et sur un terrain d'exercice. Ici la surface est ordinairement plane comme la feuille de papier où se trouve reproduite la figure de l'ordonnance. On aperçoit, sans obstacles, la direction à suivre, l'emplacement à occuper : le calme et le silence règnent dans les rangs; rien ne vient troubler l'ouïe ou le regard ; aucune émotion ne distrait les subalternes, ni les balles qui sifflent, ni les hommes qui tombent; il est élégant alors de voir concourir à une formation d'ensemble, d'après un commandement général, plusieurs subdivisions, ayant chacune son mouvement propre, déterminé par la voix de son chef particulier. D'ailleurs, s'il y a faute ou désordre, le mal n'est pas grand; on recommence et on tâche de faire mieux.

Sur le champ de bataille, au milieu de toutes les difficultés morales et physiques qu'on y rencontre, en face des conséquences funestes d'une évolution mal réussie, au lieu de lancer une formule concise, dans laquelle plusieurs officiers ont à démêler, celui-ci une interprétation, celui-là une autre, il est préférable de s'astreindre à des commandements qui se répètent mot à mot et qui indiquent nettement à chaque fraction de troupe ce qu'elle a à faire. Si on perd ainsi, quelquefois, en rapidité, on gagne en précision, et l'on arrive plus certainement en bon ordre au but qu'on se propose.

Dans les problèmes suivants, il faut distinguer trois sortes de commandements, savoir : les commandements explicatifs (1), les commandements préparatoires et ceux d'exécution. Les premiers n'ont rien d'absolu dans leur rédaction, et peuvent varier à la volonté de celui qui les emploie; ils servent à bien faire comprendre le résultat final à obtenir. Les deux autres espèces de commandement sont invariables dans leur forme, et sont empruntés aux parties précédentes de l'École du bataillon et de l'escadron.

On s'est attaché à conserver l'ordre primitif dans toutes les évolutions : c'est uniquement afin d'augmenter les difficultés à vaincre, et il reste bien entendu que dans la pratique on n'a égard à cet ordre qu'autant qu'il est le plus prompt et le plus avantageux.

1° *Étant en colonne serrée par compagnies, dans l'ordre primitif, faire face en arrière et conserver l'ordre primitif dans chaque compagnie.*

Le commandant commande :

1. Simultanément dans chaque compagnie.
2. *Sections à droite = tête de colonne demi-tour à droite.*
3. MARCHE.

Les deux dernières parties du 2e commandement sont répétées simulta-

(1) Les commandements explicatifs sont distingués des autres par un caractère d'imprimerie particulier.

nément par tous les capitaines, et s'exécutent d'après les principes prescrits. Lorsque toutes les compagnies se trouvent en colonnes parallèles, la dernière section ayant tourné, le commandant commande : *Sections à gauche*; MARCHE : ces commandements sont aussitôt répétés par les capitaines, et les sections ayant achevé la conversion à gauche, le but qu'on se proposait se trouve atteint.

Escadron de cavalerie en colonne serrée par compagnies, qui fait face en arrière en conservant l'ordre primitif des pelotons dans les compagnies.

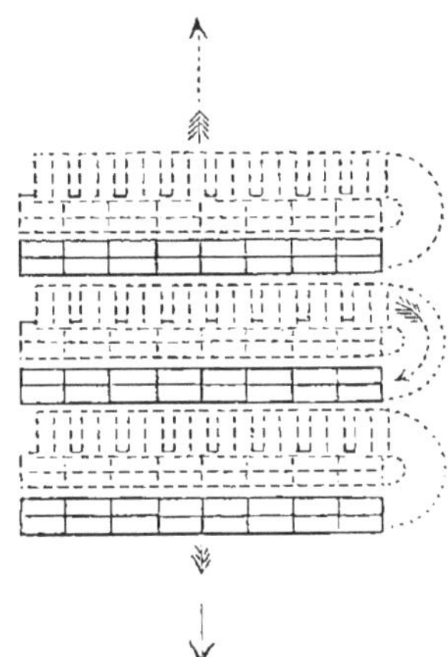

2° Étant en colonne avec distance entière (par pelotons), augmenter le front (se former par compagnies) et changer de direction tout en même temps.

Le commandant commande :

1. Successivement dans chaque compagnie = et sur le même terrain que la première.
2. *Pelotons à gauche* (ou *à droite*).
3. MARCHE.

Le 2e commandement est répété immédiatement par le capitaine de la compagnie de tête, et successivement par tous les autres capitaines, de manière que le mouvement commandé s'exécute sur le même terrain pour toutes les compagnies, et qu'elles prennent, de l'une à l'autre, la distance qui doit régulièrement les séparer, dans l'ordre en colonne par compagnies.

Le commandant ou, d'après ses ordres, l'adjudant-major, surveille l'exécution correcte du mouvement, en se plaçant au point convenable pour indiquer, si cela est nécessaire, à chaque capitaine, l'instant précis auquel il doit commander MARCHE.

Bataillon d'infanterie en colonne par pelotons, qui passe à l'ordre en colonne par compagnies et change de direction tout en même temps.

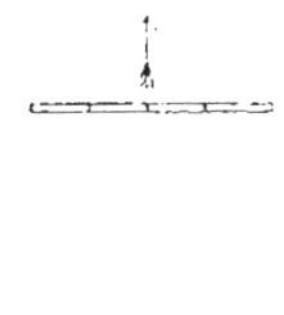

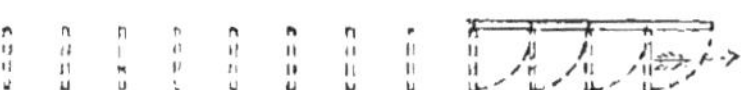

On pourrait changer les mots : *Pelotons à gauche* (ou *à droite*), en ceux-ci : *Sur la droite* (ou *sur la gauche*) = *en ligne*.

3° *Etant en colonne (par compagnies), diminuer le front (se former par pelotons) et changer de direction tout en même temps*.

Le commandant commande :

1. Successivement dans chaque compagnie = et sur le même terrain que la première.
2. *Pelotons à droite* (ou *à gauche*).
3. MARCHE.

Le 2e commandement est répété immédiatement par le capitaine de la compagnie de tête, et successivement par tous les autres capitaines, de manière que le mouvement commandé s'exécute sur le même terrain pour toutes les compagnies, et qu'elles prennent, de l'une à l'autre, la distance qui doit les séparer régulièrement dans l'ordre en colonne par pelotons.

Bataillon d'infanterie en colonne par compagnies, qui passe à l'ordre en colonne par pelotons et change de direction tout en même temps.

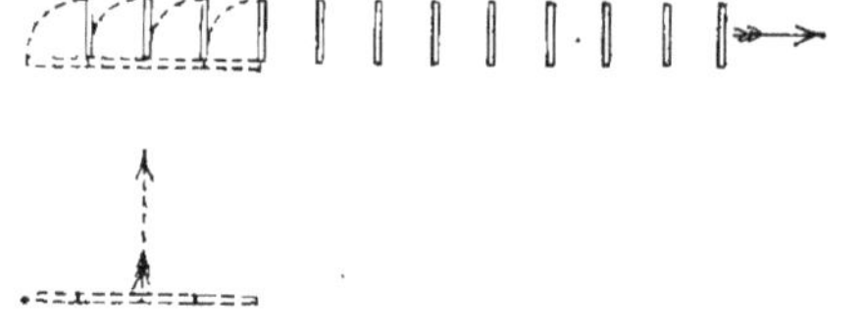

Le commandant, ou, d'après ses ordres, l'adjudant-major, surveille l'exécution correcte du mouvement, en se plaçant au point convenable pour indiquer, si cela est nécessaire, à chaque capitaine, l'instant précis auquel il doit commander MARCHE.

4° *Etant en bataille, former la colonne double par le centre, pour marcher en avant*.

On suppose quatre compagnies et on veut que chaque colonne simple soit par pelotons.

Le commandant commande :

1. Pour former la colonne double en avant par le centre.
2. { *2e et 1re compagnies* = *pelotons à gauche* = *tête de colonne à droite*.
   { *3e et 4e compagnies* = *pelotons à droite* = *tête de colonne à gauche*.
3. MARCHE.

Au 2ᵉ commandement, le capitaine de la 1ʳᵉ compagnie commande : *Pelotons à gauche*; celui de la 2ᵉ commande : *Pelotons à gauche = tête de colonne à droite*; celui de la 3ᵉ commande : *Pelotons à droite = tête de colonne à gauche*; enfin, celui de la 4ᵉ commande : *Pelotons à droite*. Au 3ᵉ commandement répété par tous les capitaines, le mouvement s'exécute d'après les principes prescrits.

S'il n'y avait que trois compagnies, on substituerait dans le 2ᵉ commandement les mots 3ᵉ, 2ᵉ *et* 1ʳᵉ *divisions*, 4ᵉ, 5ᵉ *et* 6ᵉ *divisions*, aux mots 2ᵉ *et* 1ʳᵉ *compagnies*, 3ᵉ *et* 4ᵉ *compagnies*.

Bataillon d'infanterie de quatre compagnies qui passe de l'ordre en bataille à l'ordre en colonne double, par le centre, pour marcher en avant.

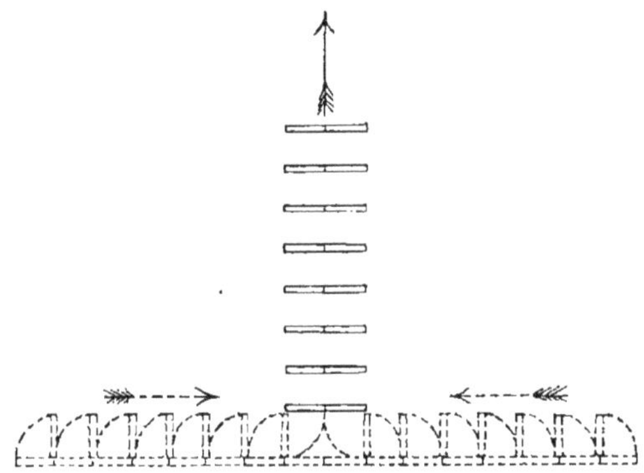

5° Etant en bataille, former la colonne double par les ailes, pour marcher en arrière.

On suppose quatre compagnies et on veut que chaque colonne simple soit par pelotons.

Le commandant commande :

1. Pour former la colonne double en arrière par les ailes.

2. { *1ʳᵉ et 2ᵉ compagnies = successivement = pelotons à droite = tête de colonne demi-tour à droite.*
4ᵉ et 3ᵉ compagnies = successivemement = pelotons à gauche = tête de colonne demi-tour à gauche.

3. Marche.

Les capitaines des 1ʳᵉ et 4ᵉ compagnies répètent immédiatement, chacun en ce qui le concerne, les trois dernières parties du 2ᵉ commandement et le 3ᵉ commandement. Les capitaines des 2ᵉ et 3ᵉ compagnies répètent à leur tour ces mêmes parties, et le mouvement s'exécute par la droite et par la gauche d'après les principes prescrits. Les deux colonnes, marchant à la rencontre l'une de l'autre et n'ayant plus entre elles que le terrain nécessaire pour tourner, changent simultanément de direction en sens opposé, et se règlent l'une sur l'autre.

S'il n'y avait que trois compagnies, on substituerait dans le 2e commandement les mots 1re, 2e *et* 3e *divisions*, 6e, 5e *et* 4e *divisions*, aux mots 1re *et* 2e *compagnies*, 4e *et* 3e *compagnies*.

Bataillon d'infanterie de quatre compagnies qui passe de l'ordre en bataille à l'ordre en colonne double, par les ailes, pour marcher en arrière.

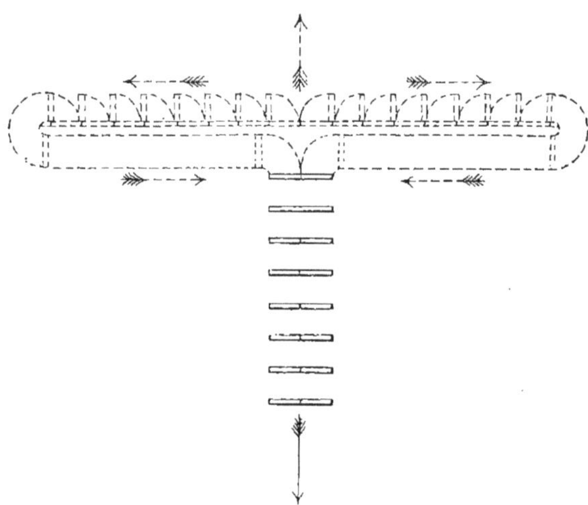

6° *Une colonne double ayant été formée par le centre d'une ligne de bataille, qui se trouvait dans l'ordre primitif, remettre cette colonne en bataille, face en avant, et dans l'ordre primitif.*

Le commandant commande :

1. *Colonne de droite = oblique à droite =* / *Colonne de gauche = oblique à gauche =* } *et en avant en bataille.*
2. MARCHE.
3. FIXE.

La colonne de droite se forme *oblique à droite = et en avant en bataille*; la colonne de gauche se forme *oblique à gauche = et en avant en bataille*, l'une et l'autre se conformant aux principes prescrits.

7° *Une colonne double ayant été formée par le centre d'une ligne de bataille, qui se trouvait dans l'ordre primitif, remettre cette colonne en bataille, face à l'un des flancs, et dans l'ordre primitif.*

Le commandant commande :

1. { *Colonne de droite* = *à droite* (ou *sur la gauche*) *en bataille.*
   Colonne de gauche = *sur la droite* (ou *à gauche*) *en bataille.*
2. Marche.
3. Fixe.

La colonne de droite et la colonne de gauche se conforment chacune aux commandements qui lui sont faits, en se conformant aux principes prescrits. On suppose que la colonne double est en mouvement.

8° *Une colonne double ayant été formée par le centre d'une ligne de bataille, qui se trouvait dans l'ordre primitif, remettre cette colonne en bataille, face en arrière, et dans l'ordre primitif.*

Le commandant fait d'abord exécuter un changement de direction par le flanc, sur la subdivision de tête, à toute la colonne double; ensuite il la forme en bataille face au flanc, du côté opposé à celui par lequel a eu lieu le changement de direction.

Le commandant peut aussi faire exécuter préalablement, *dans chaque double subdivision*, le mouvement expliqué au n° 1 de la présente partie, et ensuite former chaque colonne, l'une *oblique à droite*, l'autre *oblique à gauche* = *et sur la dernière subdivision en avant en bataille.*

9° *Une colonne double ayant été formée par les ailes d'une ligne de bataille, qui se trouvait dans l'ordre primitif, remettre cette colonne en bataille, face en arrière et dans l'ordre primitif.*

Le commandant fait d'abord exécuter un demi-tour à tous les pelotons simultanément, ensuite il commande : *Colonne de droite* = *oblique à droite* = *colonne de gauche* = *oblique à gauche* = *et en avant en bataille*; Marche, Fixe; ce qui s'exécute d'après les principes prescrits. Il peut aussi faire faire aux deux colonnes un changement de direction en sens opposé, les arrêter, mettre l'une dans le même sens que l'autre par le mouvement expliqué au nº 1, et terminer par *à gauche* (ou *à droite*) *en bataille*.

10° *Une colonne ayant été formée par les ailes d'une ligne de bataille, qui se trouvait dans l'ordre primitif, remettre cette colonne en bataille, face à l'un des flancs, et dans l'ordre primitif.*

Le commandant commande :

1. *Colonne de droite* = *à droite en bataille* (ou *pelotons demi-tour à droite et sur la droite en bataille*).
   Colonne de gauche = *pelotons demi-tour à gauche et sur la gauche en bataille* (ou *à gauche en bataille*)
2. MARCHE.
3. FIXE.

Chaque colonne exécute ce qui lui est commandé, et se conforme, pour cela, aux principes prescrits. Les deux lignes de bataille sont tracées sur le prolongement l'une de l'autre.

Bataillon d'infanterie en colonne double, qui se forme en bataille face au flanc droit.

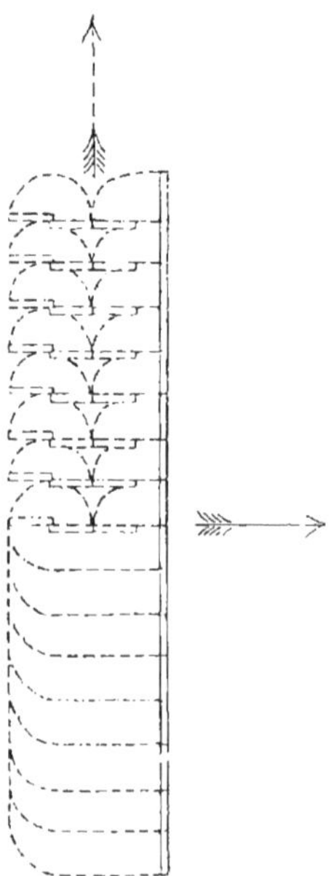

11° *Une colonne ayant été formée par les ailes d'une ligne de bataille, qui se trouvait dans l'ordre primitif, remettre cette colonne en bataille, face en avant et dans l'ordre primitif.*

Le commandant fait exécuter d'abord un changement de direction par le flanc droit ou gauche, ensuite il forme la colonne en bataille face au flanc par lequel s'est exécuté le changement de direction, en se conformant, pour cela, à ce qui vient d'être prescrit au n° précédent.

12° *Etant en colonne par pelotons, dans l'ordre primitif, former les échelons déployés face en avant, au delà de la queue de la colonne, sur le flanc droit, et dans l'ordre primitif.*

Le commandant commande :

1. Pour former les échelons.
2. Dans la première compagnie = et successivement dans chaque compagnie.
3. *Colonne en avant = tête de colonne à droite.*
4. Marche.

Chaque capitaine successivement commande : *Colonne en avant = tête de colonne à droite*; Marche : ce qui s'exécute conformément aux principes prescrits. Toutes les compagnies suivent des directions parallèles, en conservant de l'une à l'autre la même distance que si elles ne formaient qu'une

Bataillon d'infanterie en colonne par pelotons passant à l'ordre en échelons déployés au delà de la queue de la colonne, et dans l'ordre primitif.

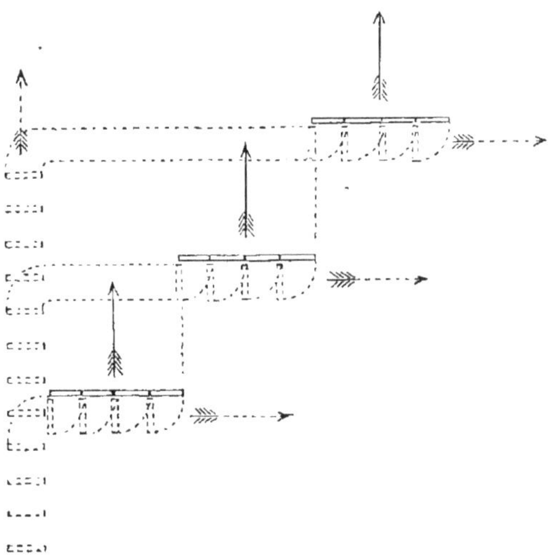

seule colonne. Lorsque la dernière compagnie achève d'entrer dans la nouvelle direction, le commandant commande : *Pelotons à gauche*; MARCHE. Ces commandements ayant été immédiatement répétés et exécutés, les compagnies se trouvent en échelons.

13° *Étant en colonne par pelotons, dans l'ordre primitif, former les échelons déployés, sur le flanc gauche, au delà de la queue de la colonne, face en avant, et dans l'ordre primitif.*

Le commandant commande :

1. Pour former les échelons.
2. Dans la dernière compagnie = et successivement dans chaque compagnie.
3. *Pelotons à gauche.*
4. MARCHE.

Chaque capitaine, en commençant par celui de la dernière compagnie, répète le 3e commandement et le 4e commandement. Chaque compagnie exécute le mouvement commandé de telle sorte qu'il y ait de l'une à l'autre une distance égale à l'intervalle relatif qui les sépare en bataille. Aussitôt que la 1re compagnie a fait *pelotons à gauche*, le commandant commande : *Compagnies à droite*; MARCHE. Ce qui s'exécute d'après les principes prescrits, et les échelons se trouvent formés face en avant.

Bataillon d'infanterie passant de l'ordre en colonne à l'ordre en échelons, sur le flanc gauche et face en avant.

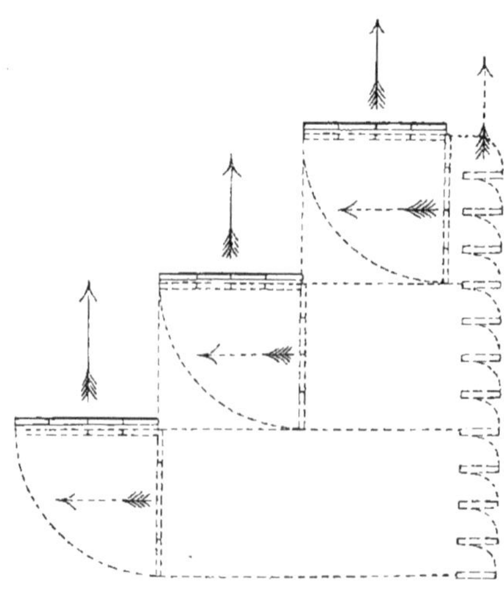

14° *Étant en colonne par pelotons, dans l'ordre primitif, former les échelons déployés, face à gauche, et dans l'ordre primitif.*

Le commandant commande :

1. Pour former les échelons.
2. Dans la première compagnie = et successivement dans chaque compagnie.
3. *Pelotons à gauche.*
4. MARCHE.

Le mouvement s'exécute comme au numéro précédent, à l'exception qu'il n'y a pas à faire converser les compagnies, lorsque la dernière se trouve formée face à gauche.

15° *Étant en colonne par pelotons, dans l'ordre primitif, former les échelons déployés, face à droite, et dans l'ordre primitif.*

Le commandant commande d'abord : *Colonne en avant = tête de colonne demi-tour à droite;* MARCHE ; et quand la colonne a pris une position inverse de celle qu'elle avait précédemment, il commande : HALTE, puis termine comme au numéro précédent.

Le commandant peut aussi former la colonne : *Sur la droite en bataille*, et ensuite porter les compagnies *par la droite = en avant en échelons.* De cette manière les échelons se forment au delà et non en deçà de la tête de la colonne.

16° *Une colonne de trois compagnies, dans l'ordre primitif, ayant, en partie, changé de direction à droite, la former en bataille face en avant par rapport à l'ancienne direction, et dans l'ordre primitif.*

Le commandant commande :

1. { *1re et 2e compagnies = à gauche en bataille.* / *3e compagnie = oblique à gauche = et en avant en bataille.* }
2. MARCHE.
3. FIXE.

Chaque capitaine répète la portion du 1er commandement qui concerne sa compagnie ; il répète aussi le 2e commandement, et le mouvement s'exécute dans chaque compagnie d'après les principes prescrits.

La ligne de bataille de la dernière compagnie est tracée sur le prolongement de celle des deux premières.

Escadron de cavalerie en colonne par pelotons, dans l'ordre primitif, qui, ayant en partie changé de direction à droite, se forme en bataille face en avant, par rapport à l'ancienne direction, et dans l'ordre primitif.

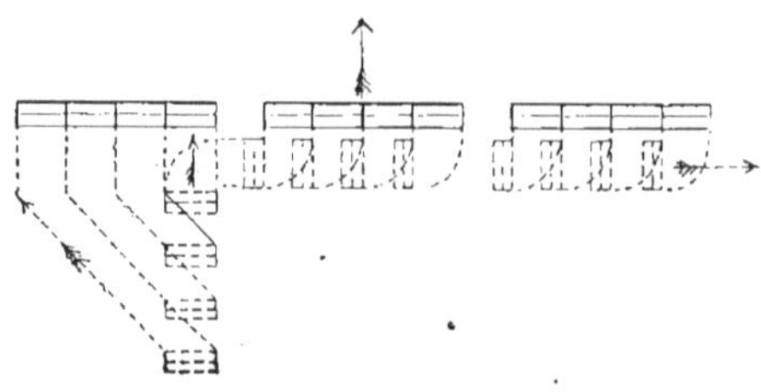

Le commandant peut aussi faire exécuter un changement de direction par le flanc, dans la dernière compagnie, et ensuite former les trois compagnies simultanément *à gauche en bataille.*

17° *Une colonne de quatre compagnies, dans l'ordre primitif, ayant en partie changé de direction à droite, la former en bataille face à gauche, par rapport à l'ancienne direction, et dans l'ordre primitif.*

Le commandant fait exécuter d'abord un changement de direction par

Bataillon d'infanterie en colonne par pelotons, qui, ayant en partie changé de direction à droite, est formé en bataille face à gauche, par rapport à l'ancienne direction, et dans l'ordre primitif.

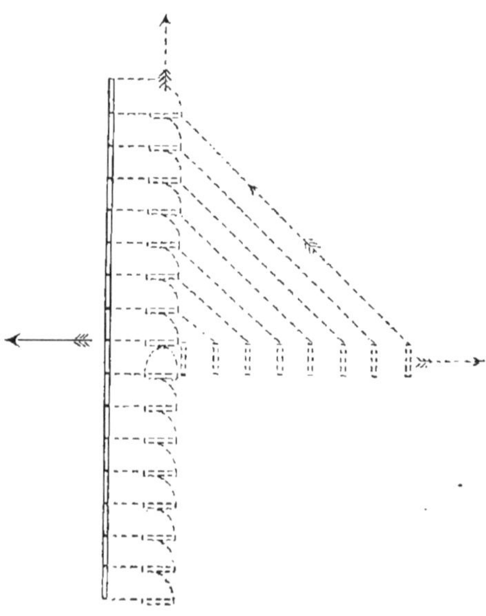

le flanc gauche, sur la dernière subdivision, dans les deux premières compagnies, ensuite il fait former toutes les compagnies *à gauche en bataille.*

18° *Une colonne de trois compagnies, dans l'ordre primitif, ayant en partie changé de direction à droite, la former en bataille, face à droite, par rapport à l'ancienne direction, et dans l'ordre primitif.*

Le commandant fait d'abord exécuter un changement de direction par le flanc droit, sur la dernière subdivision, dans les deux premières compagnies, et, pendant ce mouvement préparatoire, il ordonne à la dernière compagnie de se former *sur la droite en bataille*, en veillant à ce que sa ligne de bataille soit tracée un peu en dehors de la nouvelle direction du flanc gauche des compagnies qui changent de direction. Aussitôt que ces compagnies ont achevé leur changement de direction, le commandant les fait former *à gauche en bataille.*

Escadron de cavalerie en colonne par pelotons, qui, ayant en partie changé de direction à droite, est formé en bataille face à droite par rapport à l'ancienne direction, et dans l'ordre primitif.

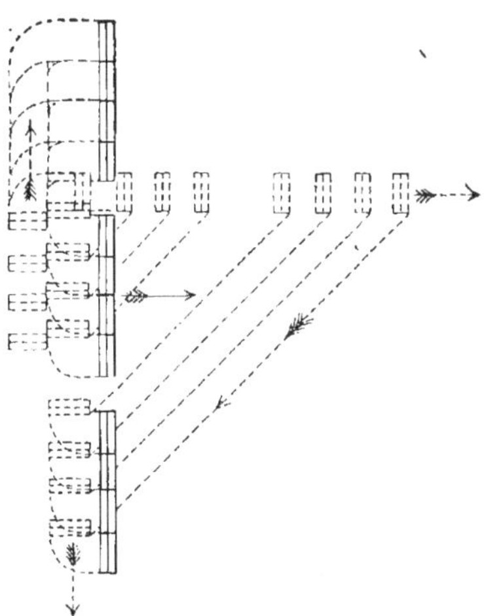

19° *Une colonne de quatre compagnies, dans l'ordre primitif, ayant en partie changé de direction à droite, la former en bataille, face en arrière, par rapport à l'ancien front, et dans l'ordre primitif.*

Le commandant, au lieu d'arrêter la colonne comme dans les cas précédents, commande : *Tête de colonne demi-tour à gauche;* MARCHE. Lorsque la queue, se conformant aux mouvements des subdivisions précédentes, se retrouve dans la même direction que les premières compagnies, le commandant fait exécuter le mouvement général *à gauche en bataille*, et le but proposé se trouve atteint.

Bataillon d'infanterie en colonne par pelotons, qui, ayant en partie changé de direction à droite, est formé en bataille face en arrière, par rapport à l'ancienne direction, et dans l'ordre primitif.

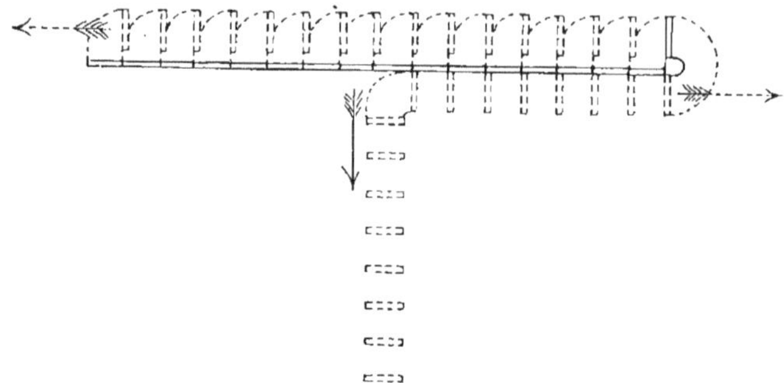

20° *Une colonne serrée par compagnies, se trouvant dans l'ordre primitif, la déployer face en avant, au delà de la tête de la colonne, et dans l'ordre primitif.*

Le commandant commande :

1. Pour former les échelons.
2. Dans la dernière compagnie = et successivement dans chaque compagnie.
3. *Pelotons à gauche.*
4. MARCHE.

Chaque compagnie successivement, en commençant par la compagnie désignée, exécute le mouvement commandé; toutes les compagnies suivent des directions parallèles en observant entre elles les mêmes distances que si elles ne formaient qu'une seule colonne par pelotons, et au moment où la 1re achève de rompre face au flanc, le commandant commande : *Pelotons à droite*; MARCHE; et ensuite : *Échelons en bataille* (ou *en ligne*); MARCHE.

Le commandant peut aussi commencer comme au n° 3, et quand tous les pelotons sont entrés dans la nouvelle direction, commander : *Pelotons à gauche*; MARCHE; ou *à gauche en bataille* (ou *en ligne*); MARCHE.

Escadron de cavalerie se déployant face en avant par la dernière compagnie.

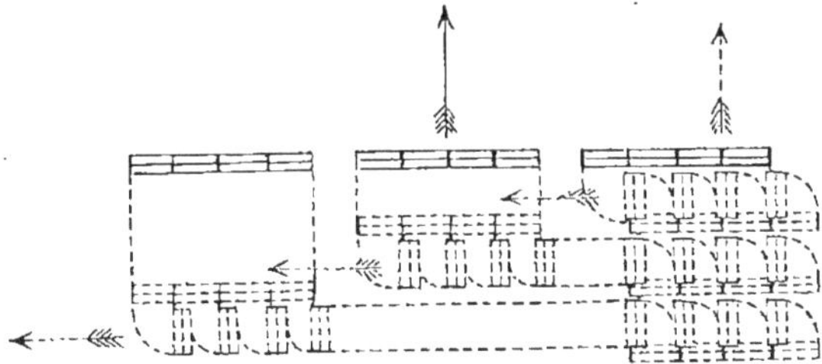

21° *Une colonne serrée, par compagnie, se trouvant dans l'ordre primitif, la déployer face en arrière, sur la queue de la colonne et dans l'ordre primitif.*

Le commandant commande d'abord :

1. *Pelotons à gauche.*
2. MARCHE.

Et ensuite :

1. Pour former les échelons.
2. Dans la compagnie de gauche = et successivement dans chaque compagnie.
3. *Sur la gauche en bataille.*
4. MARCHE.

Les compagnies, s'étant formées successivement *sur la gauche en bataille*, se trouvent en échelons, et le commandant commande : *Échelons en bataille* (ou *en ligne*) ; MARCHE.

Ce qui s'exécute d'après les principes prescrits.

Escadron de cavalerie en colonne serrée, dans l'ordre primitif, se déployant face en arrière sur la queue de la colonne et dans l'ordre primitif.

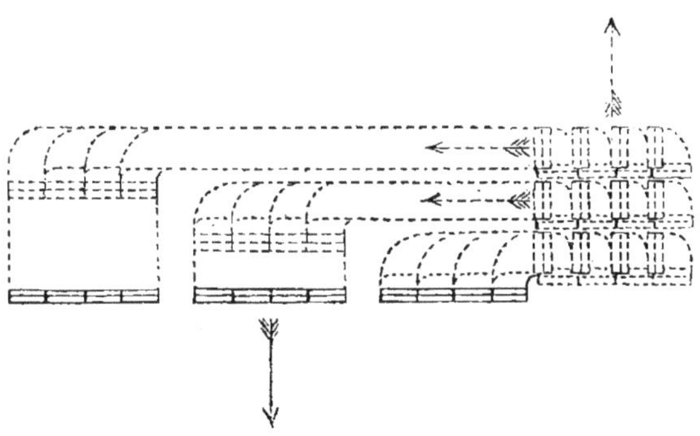

22° *Une colonne serrée, par compagnie, se trouvant dans l'ordre primitif, la déployer face en arrière, sur la tête de la colonne et dans l'ordre primitif.*

Le commandant commande :

1. Pour former la colonne par pelotons.
2. Successivement dans chaque compagnie = et sur le même terrain que la première.
3. *Pelotons à droite = tête de colonne demi-tour à gauche.*
4. MARCHE.

Toutes les compagnies exécutent successivement sur le même terrain que la première le mouvement *Pelotons à droite = tête de colonne demi-tour à gauche*, et quand la colonne par pelotons se trouve entièrement formée, le commandant commande : *Pelotons à gauche;* MARCHE.

Tous les pelotons ayant fait une conversion à gauche, le but qu'on se proposait est atteint.

Escadron de cavalerie en colonne serrée, dans l'ordre primitif, se déployant face en arrière sur la tête de la colonne.

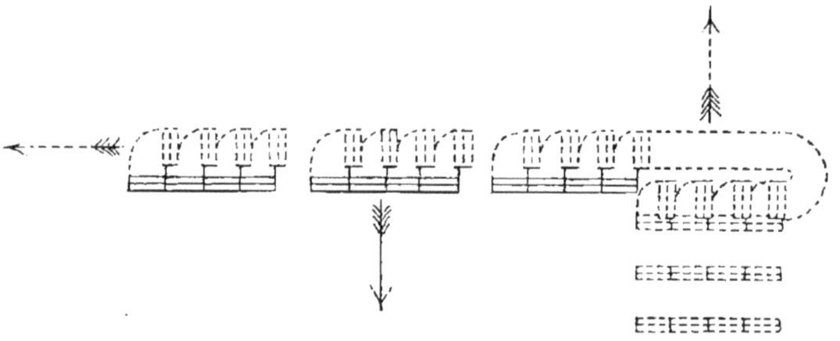

23° *Étant en bataille, dans l'ordre primitif, changer de front en avant droite, pour faire face à droite de l'ancien front, en conservant l'ordre primitif.*

Le commandant commande d'abord :

1. *Pelotons à droite.*
2. DROITE.

Ensuite il commande :

1. *Oblique à gauche = et en avant en bataille.*
2. MARCHE.
3. FIXE.

Ces commandements s'exécutent d'après les principes prescrits.

Bataillon d'infanterie exécutant un changement de front en avant sur l'aile droite, pour faire face à droite de l'ancien front.

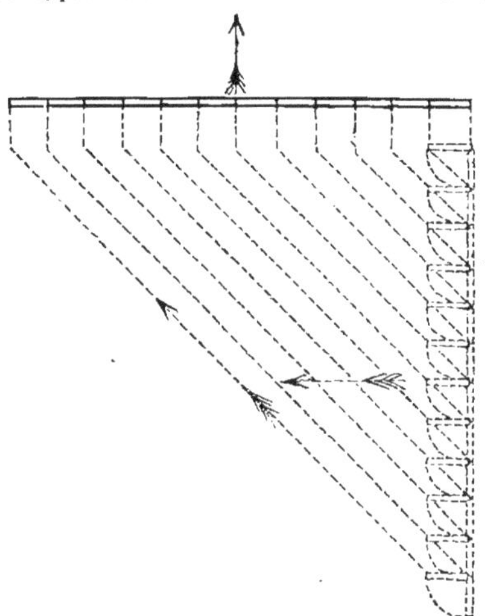

Le commandant peut aussi commander :

1. *Pelotons à droite = tête de colonne à gauche.*
2. **Marche.**

Et ensuite :

1. *Sur la droite en bataille.*
2. **Marche.**
3. **Fixe.**

24° *Étant en bataille, dans l'ordre primitif, changer de front en avant sur l'aile droite, pour faire face à gauche de l'ancien front, en conservant l'ordre primitif.*

Le commandant commande d'abord :

1. *Pelotons à droite = tête de colonne à gauche.*
2. **Marche.**

Et quand tous les pelotons se trouvent dans la nouvelle direction :

1. *A gauche en bataille.*
2. **Marche.**
3. **Fixe.**

Ces commandements ayant été exécutés, le but qu'on se proposait se trouve atteint.

Escadron de cavalerie exécutant un changement de front en avant sur l'aile droite, pour faire face à gauche de l'ancien front.

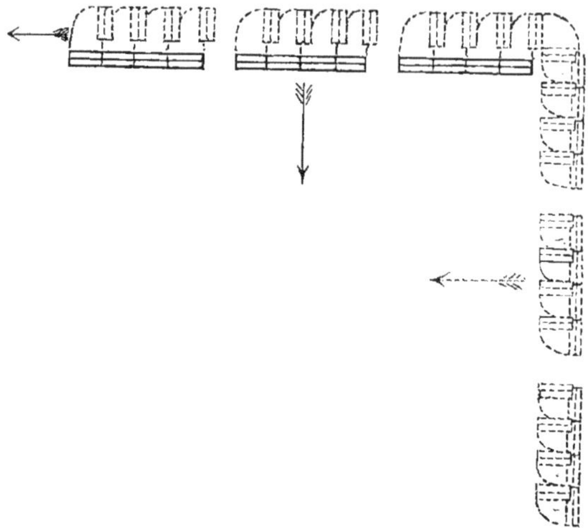

25° *Etant en bataille, dans l'ordre primitif, changer de front en arrière sur l'aile droite, pour faire face à droite de l'ancien front, en conservant l'ordre primitif.*

Le commandant commande d'abord :

1. *Pelotons à droite = tête de colonne à droite.*
2. Marche.

Et quand tous les pelotons sont entrés dans la nouvelle direction :

1. *A gauche en bataille.*
2. Marche.
3. Fixe.

Ces commandements ayant été exécutés, le but qu'on se proposait se trouve atteint.

Escadron de cavalerie exécutant un changement de front en arrière sur l'aile droite, pour faire face à droite de l'ancien front.

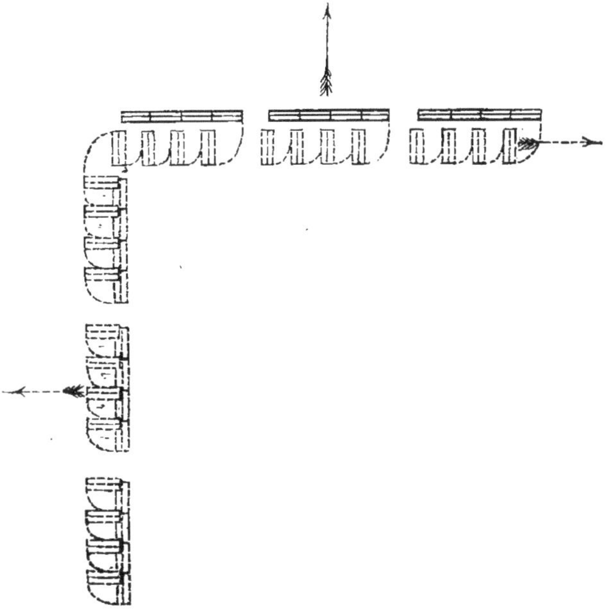

26° *Etant en bataille, dans l'ordre primitif, changer de front en arrière sur l'aile droite, pour faire face à gauche de l'ancien front, en conservant l'ordre primitif.*

Le commandant commande d'abord :

1. *Pelotons à droite = tête de colonne à droite.*
2. MARCHE.

Et dès que le 1er peloton est entré dans la nouvelle direction :

1. *Sur la droite en bataille.*
2. MARCHE.
3. FIXE.

Bataillon d'infanterie changeant de front en arrière sur l'aile droite, pour faire face à gauche de l'ancien front.

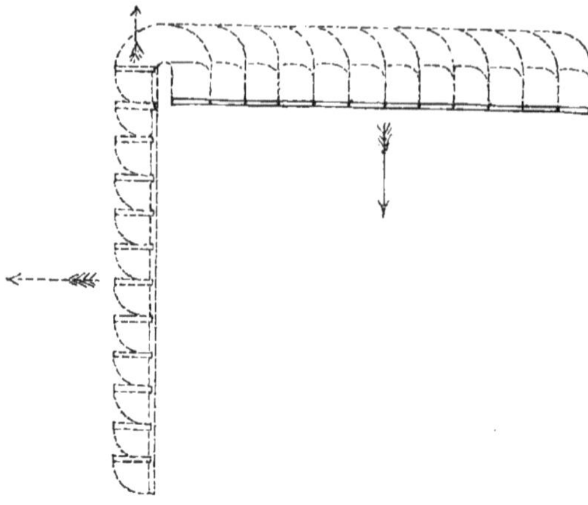

Le commandant peut aussi commander :

1. *Pelotons à droite.*
2. **Droite.**

Et ensuite :

1. *Oblique à droite = et en avant en bataille.*
2. **Marche.**
3. *Successivement = pelotons demi-tour à gauche.*
4. **Fixe.**

Ces commandements ayant été exécutés, le but qu'on se proposait se trouve atteint.

Au lieu de faire le 3e commandement, le commandant peut envoyer l'adjudant-major prévenir successivement chaque chef de peloton de faire faire demi-tour à gauche à son peloton, dès que le peloton suivant est à sa hauteur et de ne commander l'alignement qu'après ce demi-tour.

27° *Quatre compagnies étant en bataille dans l'ordre primitif, changer de front partie en avant, partie en arrière sur l'aile droite pour faire face à droite (ou à gauche) de l'ancien front, en conservant l'ordre primitif.*

Le commandant commande d'abord :

1. *Pelotons à droite = tête de colonne à droite* (ou *à gauche*).
2. **Marche.**
3. **Halte.**

La colonne est arrêtée lorsque la moitié des pelotons est entrée dans la nouvelle direction, et alors le commandant commande:

1. 1re *et* 2e *compagnies = à gauche en bataille =* 3e *et* 4e *compagnies = oblique à gauche* (ou *à droite*) *= et en avant en bataille.*
2. **Marche.**
3. **Fixe.**

Ces commandements ayant été exécutés, le but qu'on se proposait est atteint. Si les dernières compagnies se sont formées *oblique à droite = et en avant en bataille*, on est obligé de faire faire un demi-tour à chaque peloton pour le remettre face en arrière.

Bataillon d'infanterie changeant de front partie en avant, partie en arrière sur l'aile droite, pour faire face à droite de l'ancien front.

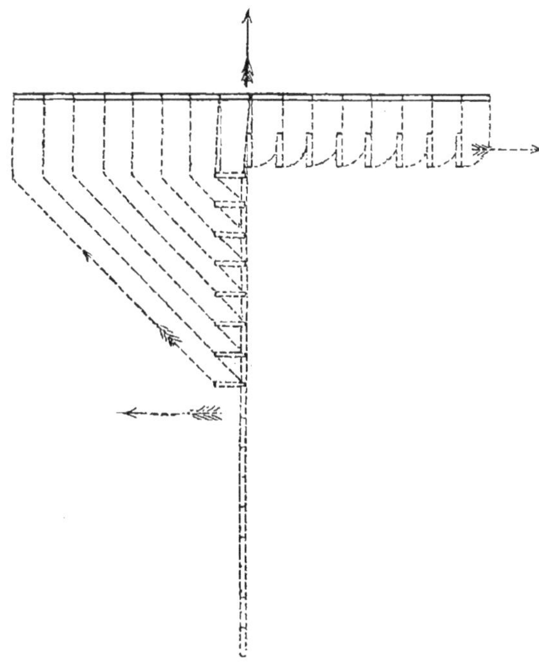

On changerait de front sur l'aile gauche, dans tous les sens, par des moyens analogues aux précédents, en faisant d'abord *Pelotons à gauche*.

28° Etant, en bataille, dans l'ordre primitif, changer de front sur le centre, pour faire face à droite (ou à gauche) de l'ancien front, en conservant l'ordre primitif.

Le commandant fait faire *pelotons à droite* (ou *à gauche*), puis il commande un changement de direction par le flanc gauche (ou droit) sur le dernier peloton de la compagnie qui se trouve au-dessus de la nouvelle ligne de bataille, et un changement de direction par le flanc droit (ou gauche) sur le premier peloton de la compagnie qui se trouve au-dessous de cette nouvelle ligne. Ce double mouvement étant exécuté, il commande : *à gauche en bataille*; MARCHE ; FIXE.

Escadron de cavalerie changeant de front sur le centre, pour faire face à gauche de l'ancien front.

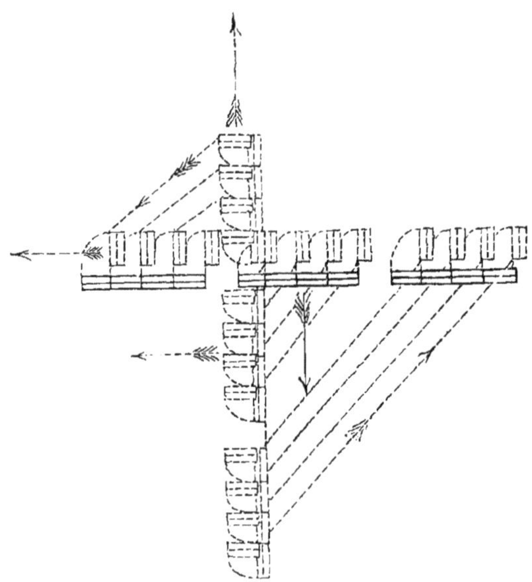

29° Etant en bataille, passer le défilé en avant.

Si le défilé se trouve devant l'aile droite, le commandant commande :

1. *Subdivisions à droite = tête de colonne à gauche.*
2. MARCHE.

Si le défilé se trouve devant l'aile gauche, le commandant commande :

1. *Subdivisions à gauche = tête de colonne à droite.*
2. MARCHE.

Si le défilé se trouve devant le centre, le commandant fait les commandements prescrits au n° 4 pour former la colonne double par le centre.

On cherche toujours à faire passer de l'autre côté du défilé, avant de le traverser, une avant-garde qui agit, selon les circonstances, en tirailleurs, en fourrageurs ou en position, afin de tenir l'ennemi éloigné.

On passe ensuite sur le plus grand front possible, en laissant cependant, le long de la colonne, un espace de 3 ou 4 mètres de large, au moins, afin de permettre aux officiers à cheval d'aller et venir, et de pouvoir rétrograder en rompant par le flanc.

En certain cas, on fait serrer la colonne en masse avant d'entrer dans le défilé, si cette disposition peut se prendre, sans qu'on craigne que le feu de l'ennemi n'occasionne alors trop de pertes ou de confusion.

30° *Etant en bataille, passer le défilé en arrière.*

Si le défilé se trouve derrière l'aile droite, le commandant commande :

1. *Subdivisions à droite = tête de colonne à droite.*
2. **Marche.**

Si le défilé se trouve derrière l'aile gauche, le commandant commande :

1. *Subdivisions à gauche = tête de colonne à gauche.*
2. **Marche.**

Si le défilé se trouve derrière le centre, le commandant fait les commandements prescrits au n° 5 pour former la colonne double par les ailes.

Avant de traverser le défilé on laisse ordinairement du côté de l'ennemi une troupe en tirailleurs ou en position, chargée de couvrir le défilé pendant qu'on le passe, et qui se retire ensuite rapidement.

On traverse le défilé sur le plus grand front possible, mais en laissant toujours un passage libre pour laisser circuler les officiers à cheval et pour permettre de rétrograder. Le désordre se mettant facilement dans une colonne serrée qui marche en retraite, il vaut mieux passer le défilé en arrière, avec distance entière qu'avec demi-distance ou qu'en masse.

ÉCOLE DU BATAILLON
ET DE L'ESCADRON.

SIXIÈME PARTIE.

THÉORIE DES CARRÉS.

1° *Étant en bataille, former le carré sur deux rangs sans réserve.*

2° *Étant en bataille, former le carré sur deux rangs avec deux pelotons (ou sections) en réserve.*

3° *Étant en bataille, former le carré sur quatre rangs.*

4° *Étant en colonne, former le carré sur deux rangs sans réserve.*

5° *Étant en colonne, former le carré sur deux rangs avec deux pelotons (ou sections) en réserve.*

6° *Étant en colonne, former le carré sur quatre rangs.*

7° *Faire marcher le carré.*

8° *Arrêter le carré.*

9° *Revenir de l'ordre en carré sur deux rangs à l'ordre en bataille.*

10° *Revenir de l'ordre en carré sur quatre rangs à l'ordre en bataille.*

11° *Revenir de l'ordre en carré sur deux rangs à l'ordre en colonne.*

12° *Revenir de l'ordre en carré sur quatre rangs à l'ordre en colonne.*

1° Étant en bataille, former le carré sur deux rangs sans réserve.

On suppose qu'il y a quatre compagnies.

Le commandant commande :

1. *Sur la 2e compagnie = formez le carré.*
2. **Marche.**

Au 1er commandement, le capitaine de la 2e compagnie commande : *Compagnie en avant;* celui de la 1re compagnie commande : *Soldats à gauche;* celui de la 3e compagnie commande : *Soldats à droite;* celui de la 4e compagnie commande également : *Soldats à droite.*

Bataillon déployé formant le carré sur 2 rangs sans réserve.

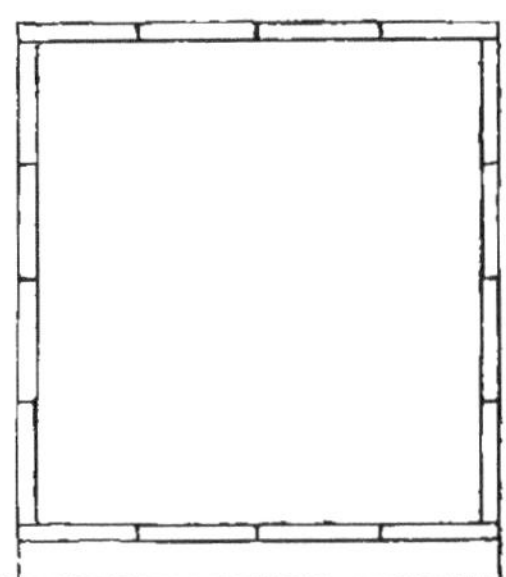

Au 2e commandement répété immédiatement par le capitaine de la 2e compagnie, et par les autres dès que la 2e compagnie a fait 4 pas en avant, chaque compagnie exécute ce qui lui a été commandé. La 2e compagnie est arrêtée et alignée quand elle a marché l'étendue de son front plus six pas. Les 1re et 3e compagnies changent de direction presque de suite, la 1re à droite, la 3e à gauche, et sont arrêtées lorsqu'elles arrivent contre les extrémités de la 2e compagnie, sur lesquelles elles ont eu soin de se diriger; on les met face en dehors et on les aligne perpendiculairement à cette compagnie, dont l'alignement a pu être tracé obliquement par rapport à l'ancienne ligne de bataille.

Lorsque la tête de la 4e compagnie arrive vis-à-vis la gauche de la 3e, son capitaine la fait former sur la gauche en bataille, et ensuite lui fait faire face en dehors par un demi-tour individuel (1).

Les guides principaux de chaque compagnie sont placés devant son front, pour servir à son alignement. L'adjudant-major établit les guides principaux de la compagnie base de formation et ceux de la compagnie ou des compagnies de droite; l'adjudant établit ceux des autres compagnies ou de l'autre compagnie.

(1) On pourrait se borner à diriger la 4e compagnie parallèlement à la 2e, puis à l'arrêter de manière à lui faire fermer le carré déjà déterminé par les autres compagnies ; enfin, on la mettrait face en dehors et on l'alignerait en arrière.

Chaque officier se place dans l'intérieur du carré, à un pas derrière le centre de sa troupe respective, dès qu'elle est arrêtée.

Les tambours, clairons et non combattants se portent à 10 pas derrière la compagnie base de formation, dès le 1er commandement.

Le commandant, l'adjudant-major et l'adjudant entrent dans le carré dès qu'il est formé.

On peut former le carré sur la 3e compagnie par des moyens analogues à ceux qui viennent d'être expliqués pour former le carré sur la 2e compagnie. S'il n'y avait que trois compagnies, le carré serait toujours formé sur la 2e; alors la face opposée serait formée de la 1re division de la 1re compagnie et de la 2e division de la 3e compagnie.

Dans un carré de quatre compagnies, une face est dénommée 1re, 2e, 3e, 4e *face*, suivant qu'elle est formée par la 1re, 2e, 3e, 4e compagnie. Dans un carré de trois compagnies, la 2e compagnie forme la 2e *face*, la face opposée est la 4e *face*, et les deux autres faces conservent les numéros des compagnies auxquelles elles appartiennent. La 4e face est commandée par l'officier le plus élevé en grade ou le plus ancien de ceux qui appartiennent à cette face.

Dans tout carré, les files extrêmes de la face base de formation et de la face opposée regardent du même côté que les faces voisines.

2° Étant en bataille, former le carré sur deux rangs avec deux pelotons (ou sections) en réserve.

Le commandant commande :

1. *Sur la 2e compagnie = formez le carré.*
2. *Deux pelotons* (ou *sections*) *en réserve.*
3. **Marche.**

Le mouvement s'exécute comme au numéro précédent, à l'exception que les pelotons (ou sections) des 1re et 3e compagnies, qui se trouvent le

Bataillon déployé formant le carré sur 2 rangs avec 2 pelotons en réserve.

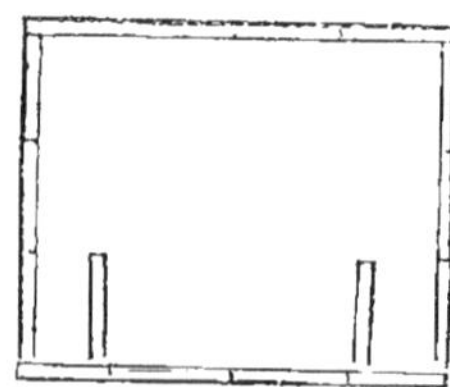

plus loin de la 2e face, au lieu de suivre le changement de direction de leurs compagnies respectives, changent de direction un peu au delà de ces compagnies, et entrent dans l'intérieur du carré, de manière à se trouver en colonne derrière les subdivisions de même dénomination, à côté desquelles elles se trouvaient en bataille.

3° Étant en bataille, former le carré sur quatre rangs.

Le commandant commande :

1. *Sur la 2e compagnie = sur quatre rangs = formez le carré.*
2. MARCHE.

Au 1er commandement, le capitaine de la 2e compagnie commande : *Compagnie en avant = pelotons extrêmes = en arrière en colonne*; le capitaine de la 1re compagnie commande : *Soldats à gauche*; les capitaines des 3e et 4e compagnies commandent : *Soldats à droite.*

Au commandement MARCHE répété par tous les capitaines, chaque compagnie exécute le mouvement ordonné. La 2e compagnie est arrêtée et alignée lorsqu'elle a parcouru l'étendue du front d'une division, plus dix pas : les pelotons extrêmes, par la marche oblique, se sont placés, tout en marchant, derrière les pelotons intérieurs. Le capitaine de la 1re compagnie la fait changer de direction, de manière qu'elle se dirige sur la 4e file de droite du 2e peloton de la 2e; il reste de sa personne au point où commence le changement de direction, de manière à faire passer son 3e peloton devant son 4e, son 2e à la suite de son 3e, et son 1er derrière son 2e, puis il fait faire face en dehors et aligne sa compagnie, ainsi formée sur quatre rangs, contre la 2e. Le capitaine de la 3e compagnie fait faire un changement de direction vis-à-vis la 4e avant-dernière file du 3e peloton de la 2e compagnie; il reste au point où a commencé son changement de direction, fait passer le 2e peloton devant le 1er, le 3e à la suite du 2e et le 4e derrière le 3e, ensuite il fait faire face en dehors et aligne contre la 2e compagnie. Le capitaine de la 4e compagnie fait former son 1er peloton sur la

Bataillon déployé formant le carré sur 4 rangs.

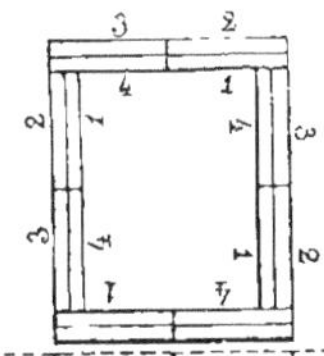

gauche en bataille, contre la gauche de la 3e compagnie; il fait former son 2e peloton derrière son 1er et le touchant; son 3e peloton suit le mouvement du 2e, et le 4e, parvenu à la droite de la 1re compagnie, change de direction deux fois de suite pour venir se placer devant le 3e; enfin il fait faire face en dehors à tous ses pelotons et les aligne en arrière à droite.

Les officiers et les serre-files des 2e et 3e pelotons se placent en arrière des 1er et 4e pelotons à côté des officiers et sous-officiers de ce peloton.

Les carrés sur quatre rangs n'ont jamais de réserve.

4° Étant en colonne, former le carré sur deux rangs sans réserve.

Le commandant commande :

1. *Formez le carré.*
2. **Marche.**

On fait d'abord prendre à la colonne demi-distance, si elle n'est déjà ainsi formée. Au 1er commandement, le capitaine de la 1re compagnie commande : *A droite :* = Alignement; les commandants des divisions impaires des 2e et 3e compagnies commandent : *A droite en bataille*; ceux des divisions paires commandent : *A gauche en bataille;* le capitaine de la 4e compagnie commande : *Compagnie en avant.* Au commandement Marche répété par les chefs de division des compagnies centrales et par le capitaine de la dernière, les mouvements commandés s'exécutent d'après les principes prescrits; les divisions qui ont fait à droite et à gauche en bataille sont

Colonne à demi-distance formant le carré sur 2 rangs sans réserve.

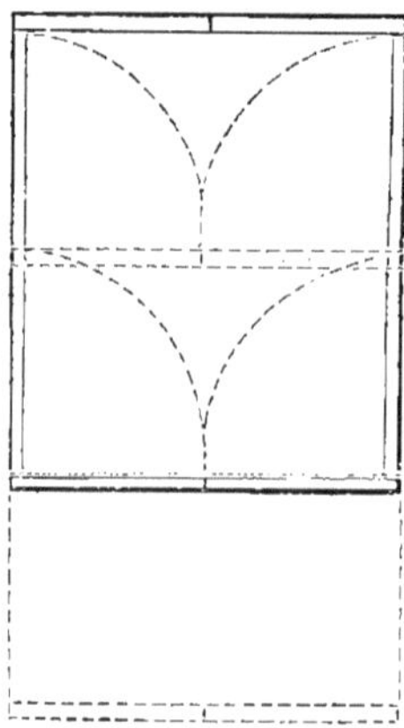

arrêtées et alignées perpendiculairement aux extrémités de la 1re compagnie qui s'est alignée dans la direction déterminée par le commandant; la 4e compagnie ayant serré contre les faces latérales du carré, son capitaine fait faire un demi-tour individuel, afin qu'on regarde en dehors.

La compagnie tête de colonne prend le nom de 1re *face*; la face formée des divisions de droite des 2e et 3e compagnies est appelée 2e *face*; la face opposée à la 2e *face* est la 3e *face*; la compagnie de la queue est la 4e *face*. Chaque face est commandée par l'officier le plus élevé en grade ou le plus ancien de cette face.

Les officiers entrent dans le carré quand leur troupe s'arrête.

5° Étant en colonne, former le carré sur deux rangs avec deux pelotons (ou sections) en réserve.

Le commandant commande :

1. *Formez le carré.*
2. *Deux pelotons* (ou *sections*) *en réserve.*
3. MARCHE.

La colonne est supposée, comme au numéro précédent, à demi-distance.

Les 1re, 2e et 4e compagnies se conforment exactement à ce qui a été prescrit pour le carré sur deux rangs sans réserve; mais dans la 3e compagnie, si on doit avoir deux pelotons en réserve, ce sont les chefs des pelotons extrêmes qui commandent : l'un *à droite* et l'autre *à gauche en bataille*; les chefs de pelotons du centre portent ces pelotons en avant, et les arrêtent à distance de division de la compagnie tête de colonne; les pelotons de la 3e compagnie, qui font à droite et à gauche en bataille, appuient avant de s'aligner, de manière à ne pas laisser d'ouverture dans le carré.

Colonne à demi-distance formant le carré sur 2 rangs avec 2 pelotons en réserve.

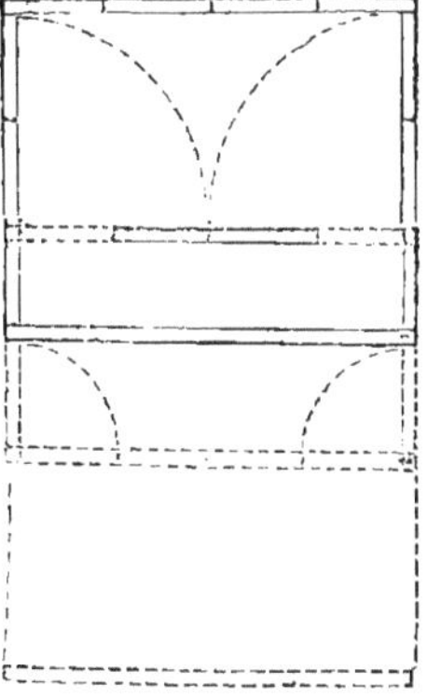

Si l'on met deux sections seulement en réserve, ce sont les chefs de division qui font les commandements nécessaires pour la formation à droite et à gauche en bataille, et les chefs des sections intérieures les portent en avant, comme il vient d'être indiqué pour les pelotons intérieurs.

Le capitaine en second de la 3e compagnie se tient à la réserve, et la commande, si elle est formée de deux pelotons.

6° Étant en colonne, former le carré sur quatre rangs.

Le commandant commande :

1. *Pour former le carré sur quatre rangs.*
2. *Doublez les pelotons.*
3. *Formez le carré.*
4. Marche.

Les compagnies sont supposées à quart de distance.

Au 2e commandement répété par les capitaines, les chefs des pelotons intérieurs font les commandements nécessaires pour porter leurs pelotons en avant de l'épaisseur des rangs, et les chefs des pelotons extérieurs font les commandements nécessaires pour les porter, par une marche de flanc,

Colonne serrée formant le carré sur 4 rangs.

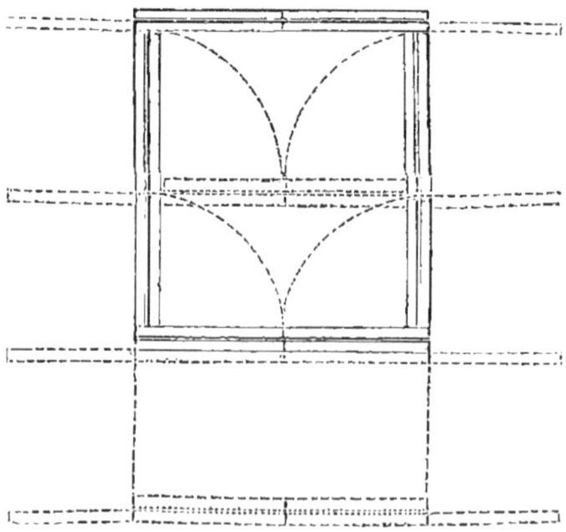

exactement derrière leurs voisins, de manière à avoir une formation sur quatre rangs.

Aux 3e et 4e commandements, le mouvement s'achève comme il a été expliqué pour le carré sans réserve.

7° Faire marcher le carré.

Le commandant commande :

1. *Par telle face = carré en avant.*
2. MARCHE.

Au 1er commandement, le chef de la face désignée commande : *Telle face en avant*; les chefs des faces voisines commandent, l'un : *Soldats à gauche*, l'autre : *Soldats à droite*; le chef de la face opposée à celle par laquelle on doit se mouvoir, commande : *Soldats demi-tour à droite* (ou *à gauche*). Au commandement MARCHE répété par tous les chefs de face, chaque face exécute le mouvement commandé et continue ensuite à marcher, en se réglant sur la face qui a été désignée pour se porter en avant.

8° Arrêter le carré.

Le commandant commande :

1. *Carré.*
2. HALTE.

Au 2e commandement répété par les chefs de face, le carré s'arrête.

Si le commandant, après avoir arrêté le carré, voulait faire face en dehors, il commanderait : *Face en dehors*; à ce commandement, chaque chef de face dont les hommes ne seraient pas tournés extérieurement au carré, leur ferait faire, soit un demi-tour, soit un à-droite, soit un à-gauche.

Le 1er commandement peut quelquefois être supprimé.

9° Revenir de l'ordre en carré sur deux rangs à l'ordre en bataille.

Le commandant commande :

1. *Sur telle face en bataille = rompez le carré.*
2. MARCHE.

Si la 2e face est la base de la formation, le capitaine de cette compagnie, au 1er commandement, fait sortir les guides principaux qui sont établis par l'adjudant-major dans la direction indiquée par le commandant, puis il commande : *A droite* = ALIGNEMENT, et aligne sa compagnie contre les deux guides; au même commandement, le capitaine de la 1re compagnie commande : *Compagnie à gauche*; celui de la 3e commande : *Compagnie à droite*; et le capitaine de la 4e compagnie commande : *Soldats à droite.*

Carré sur 2 rangs revenant à l'ordre en bataille.

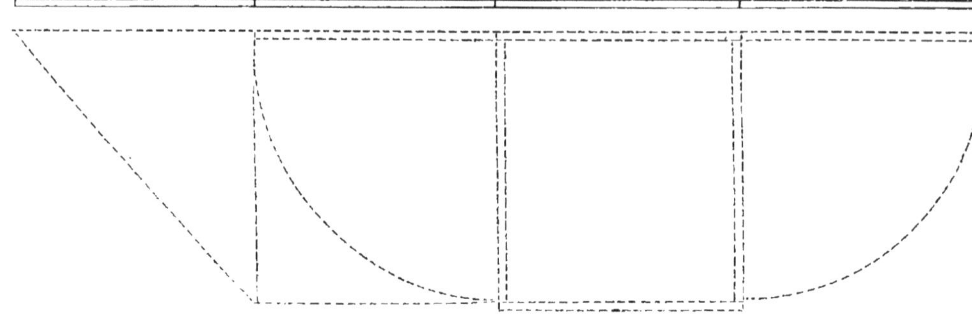

Au 2e commandement répété par le capitaine de la 4e compagnie, le capitaine de la 1re commande : GAUCHE; celui de la 3e commande : DROITE, et chaque compagnie exécute le mouvement qui lui a été commandé. Les compagnies voisines de la compagnie base de formation sont alignées sur elle. La 4e compagnie marche d'abord parallèlement à la ligne de bataille, change de direction vis-à-vis le point où doit appuyer sa droite, et, lorsque sa tête est parvenue près de ce point, elle se forme en avant en bataille. En règle générale, toute compagnie qui n'est pas immédiatement voisine de celle qui sert de base, est établie sur la ligne en se formant en avant en bataille; et toute autre compagnie est établie sur la ligne par un mouvement de conversion.

S'il y a deux pelotons (ou sections) en réserve, ces fractions sont mises en ligne, au moment où les compagnies auxquelles elles appartiennent sont alignées; elles suivent d'abord leurs compagnies respectives et sont ensuite conduites vis-à-vis leur place de bataille par une marche de flanc.

S'il n'y avait que trois compagnies dans le carré, il faudrait éviter de faire rompre le carré sur la 4e face.

10° Revenir de l'ordre en carré sur quatre rangs à l'ordre en bataille.

Le commandant commande .

1. *Compagnies en avant.*
2. Marche.
3. *Compagnies.*
4. Halte
5. *Dédoublez les pelotons*
6. *Sur telle face en bataille = rompez le carré.*
7. Marche.

Aux deux 1ers commandements répétés par les capitaines, les compagnies se portent en avant; aux 3e et 4e commandements répétés par les capitaines, et prononcés quand elles ont marché l'étendue du front d'un peloton, les compagnies s'arrêtent; au 5e commandement répété par les capitaines, les chefs des pelotons extrêmes de chaque compagnie commandent,

Carré sur 4 rangs revenant à l'ordre en bataille.

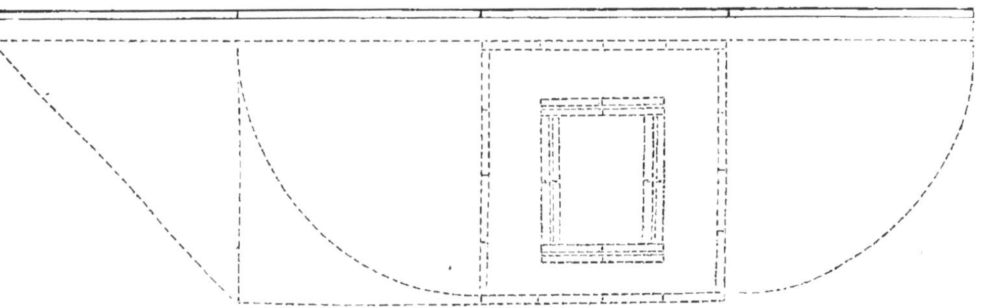

l'un : *Soldats à droite;* l'autre: *Soldats à gauche;* et tous les deux commandent ensuite Marche. Ces pelotons exécutent chacun le mouvement qui lui est commandé, puis sont arrêtés, mis face du même côté que les pelotons du centre, et alignés sur ceux-ci; ensuite le mouvement se termine comme il a été expliqué pour un carré sur deux rangs.

Le 3e commandement est quelquefois supprimé.

11o Revenir de l'ordre en carré sur deux rangs à l'ordre en colonne.

Le commandant commande :

1. *En avant en colonne = rompez le carré.*
2. Marche.

Au 1er commandement, le capitaine de la 1re compagnie (1re face) commande: *Compagnie en avant;* les chefs des divisions de la 2e face commandent : *Soldats à gauche = tête de colonne à gauche*; les chefs des divisions de la 3e face commandent : *Soldats à droite = tête de colonne à droite*; le capitaine de la dernière compagnie commande : *Soldats demi-tour à droite.*

Au commandement **Marche** répété par le capitaine de la 1re compagnie et les chefs des divisions des 2e et 3e faces, le capitaine de la 4e face commande : **Droite.** Chaque mouvement est exécuté d'après les principes prescrits. La 1re face est arrêtée et alignée quand elle a marché l'étendue du front d'une division, plus 4 pas. Les divisions de la 2e compagnie changent de suite de direction pour marcher à la rencontre l'une de l'autre et

Carré sur 2 rangs revenant à l'ordre en colonne à demi-distance.

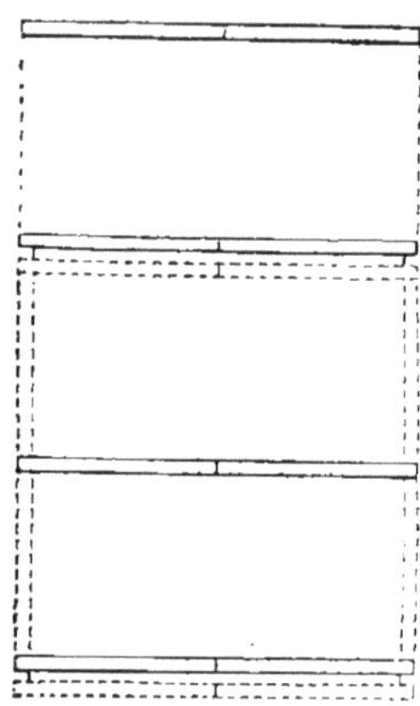

sont arrêtées quand elles se joignent; le capitaine les met ensuite face en avant et les aligne; il en est des divisions de la 3e compagnie comme de celles de la 2e. La 4e compagnie est alignée dès qu'elle a fait face en avant.

S'il se trouve deux pelotons (ou sections) en réserve, ces fractions ne bougent pas, et les fractions de la même compagnie, qui figuraient dans les faces du carré, viennent se mettre à leur hauteur; la 4e compagnie, en s'alignant, recule sa distance.

12° Revenir de l'ordre en carré sur quatre rangs à l'ordre en colonne.

Le commandant commande :

1. *En avant en colonne = rompez le carré.*
2. **Marche.**

Le mouvement s'exécute pour les pelotons intérieurs des compagnies comme il a été expliqué au numéro précédent, excepté que la 1re face ne marche que l'étendue du front d'un peloton, plus 4 pas. Dans les 2e et 3e

Carré sur 4 rangs revenant à l'ordre en colonne serrée.

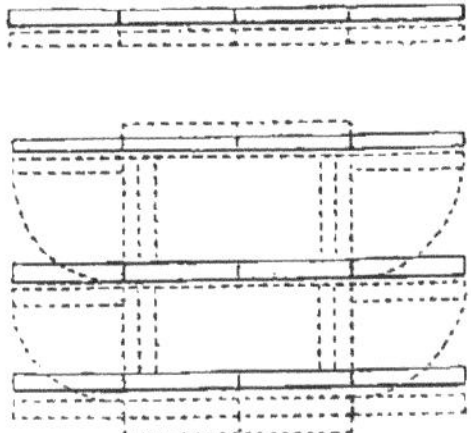

faces, les pelotons extérieurs ne bougent pas d'abord; ils sont mis en ligne, dans les 2e et 3e compagnies, par un mouvement de conversion, dès que les pelotons intérieurs se sont réunis. Dans les 1re et 4e faces, les pelotons extérieurs se conforment d'abord au mouvement des pelotons intérieurs et sont mis en ligne par une marche de flanc, pour la 1re dès qu'elle est arrêtée, pour la 4e dès qu'elle a fait face en avant.

ÉCOLE DE LA LÉGION.

PRÉLIMINAIRES.

Le commandant en chef peut faire précéder chaque mouvement des mots : ***Garde à vous***, qui sont alors répétés par les généraux en sous-ordre; mais cependant il vaut mieux ne faire ce commandement d'avertissement que s'il s'agit d'appeler spécialement l'attention des troupes sur une évolution importante, ou à la suite d'une faute ou d'un peu de désordre à réparer.

En principe, sans que ce soit une règle absolue, le commandant en chef, les généraux de légion, les généraux de brigade et les colonels font répéter par un trompette ou clairon placé près de chacun d'eux, les commandements MARCHE et HALTE; mais les commandants, excepté dans l'artillerie, ne se servent que de la voix pour ces mêmes commandements (1).

Un bataillon ou escadron non enrégimenté se comporte comme un régiment dans tous les cas où un mouvement particulier doit être fait par *chaque régiment*.

Si une portion seulement des troupes doit exécuter un mouvement, le commandant en chef envoie un officier (2) porter l'ordre au commandant de cette portion d'exécuter ce mouvement, ou bien il fait le commandement de vive voix, mais alors en le faisant précéder de l'indication de la troupe à laquelle il s'adresse : *Telle Légion*, *telle Brigade*, *tel Régiment*, *tel Bataillon* ou *Escadron de tel Régiment*, *de telle Brigade*, etc.

Si un mouvement se fait sur un corps ou une subdivision de corps, il faut indiquer clairement ce corps ou cette subdivision par *les noms et la place qui lui sont propres.*

Pour ne pas perdre un temps précieux, les généraux subordonnés et les colonels ne répètent pas les commandements du commandant en chef, quand les mouvements à exécuter sont identiques pour tous les bataillons et escadrons, et les commandants font immédiatement les commandements qui sont prescrits dans la présente École.

Lorsque le commandant en chef spécifie dans son premier commandement, ou envoie l'ordre par un officier, que telle brigade ou tel régiment va exécuter tel mouvement, le général ou le colonel répète l'indication de la brigade ou du régiment, fait les commandements nécessaires, et répète les commandements d'exécution. Aucun mouvement ne s'exécute que commandé d'abord par le commandant du bataillon ou de l'escadron, et ensuite par le capitaine de la compagnie.

Le commandement FIXE est fait par les commandants dans tous les cas où il est prescrit à l'École du bataillon et de l'escadron; il n'est jamais fait par les officiers d'un grade plus élevé.

(1) Les grades s'acquièrent par divers mérites; une voix de stentor n'est point nécessaire pour devenir général; les évolutions ne doivent donc pas être subordonnées à la condition que le commandant en chef pourra se faire entendre de toutes ses troupes à la fois.

(2) Lorsqu'une ligne est un peu étendue, que le vent est fort, que l'artillerie roule, que les armes retentissent, des officiers à cheval porteront plus vite et plus sûrement un commandement que la voix la plus éclatante.

ÉCOLE DE LA LÉGION.

PREMIÈRE PARTIE.

1° *Ordre en bataille sur une seule ligne et tracé des lignes.*
2° *Alignement général.*
3° *Ouvrir et serrer les rangs.*
4° *Marcher en ligne en avant et en retraite.*
5° *Arrêter.*
6° *Retraite en échiquier.*
7° *Échelons en avant et en retraite.*
8° *Changement de direction des échelons.*
9° *Arrêter les échelons et les porter de nouveau en avant.*
10° *Étant en échelons reformer la ligne, ou serrer et ouvrir les distances à tant de pas.*

1° Ordre en bataille sur une seule ligne et tracé des lignes.

Si un corps de toutes armes doit être formé en bataille sur une seule ligne, dans l'ordre primitif, on place en général l'infanterie à droite, l'artillerie au centre et la cavalerie à gauche.

Deux bataillons ou deux escadrons d'un même régiment prennent 16 mètres d'intervalle.

Deux régiments de même arme prennent 24 mètres d'intervalle.

Deux troupes d'armes différentes ou deux brigades de même arme prennent entre elles 32 mètres d'intervalle.

Dans la cavalerie les cavaliers du 1er rang, dans l'artillerie les conducteurs des chevaux de devant doivent être alignés sur les serre-files de l'infanterie

Les drapeaux et étendards sont placés au centre des régiments, au 1er rang, avec cinq hommes de garde choisis, deux de chaque côté et un derrière.

Chaque colonel, ayant à sa droite et un peu en arrière son lieutenant-colonel, à sa gauche et un peu en arrière un officier à cheval, se tient à 20 mètres en arrière des commandants, vis-à-vis le centre de son régiment; un clairon ou trompette est derrière lui.

Chaque général de brigade, ayant son aide de camp un peu en arrière à droite et son officier d'ordonnance un peu en arrière à gauche, se tient à 25 mètres en arrière des colonels, vis-à-vis le centre de sa brigade : un trompette est derrière lui.

Chaque général de légion, ayant derrière lui à droite, sur une file, les officiers de son état-major, et à gauche, sur une autre file, ses aides de camp et officiers d'ordonnance, se tient à 25 mètres en arrière des généraux de brigade, vis-à-vis le centre de sa légion : un trompette est derrière lui.

Le commandant en chef, ayant près de lui ses officiers rangés comme ceux des généraux de légion, se tient à portée de se faire entendre, habituellement derrière le centre de la ligne, mais aussi partout où il juge sa présence nécessaire.

Pendant l'exécution d'un mouvement, chaque chef se porte où sa présence est nécessaire.

Un bataillon ou un escadron peut quelquefois n'être pas enrégimenté; il est toujours embrigadé, et il est considéré comme un régiment, dans les mouvements par régiment. L'intervalle entre un bataillon ou escadron non enrégimenté et un régiment de même arme, est égal à l'intervalle entre deux régiments.

Dans chaque régiment, la musique, réunie en un peloton, est placée à 10 mètres en arrière et 10 mètres à droite du colonel. Dans un corps ayant des sapeurs, ils sont placés sur deux rangs, à 10 pas à droite du corps et sur son alignement.

Dans une ligne de bataille, les unités se numérotent toujours de la droite à la gauche par rapport au front actuel; par conséquent l'unité qui était *première* tout à l'heure peut être *dernière* un instant plus tard.

Le chef d'état-major et ses officiers tracent la ligne de bataille; ils ont à leur disposition un nombre suffisant de jalonneurs (1).

La direction générale étant choisie, et déterminée s'il est possible par deux points fixes, on place deux jalonneurs aux points où doivent appuyer les extrémités de la troupe qui arrive la première sur la ligne et sert de base à la formation; on place de plus un jalonneur à chaque extrémité de la ligne. Les jalonneurs extrêmes se font face, ainsi que les deux jalonneurs placés devant la troupe qui arrive la première pour servir de base.

(1) Les jalonneurs portent ordinairement un fanion qu'ils tiennent élevé, verticalement, la hampe entre les yeux.

La ligne étant visiblement tracée par ses deux extrémités et par sa base, chaque général subordonné, chaque colonel, chaque commandant fait successivement tracer la ligne que doit occuper le front de sa troupe particulière, au moyen des guides généraux extrêmes qui font face au côté de la formation (1).

Dans chaque compagnie, le guide principal du côté opposé à la formation se porte d'avance sur la ligne de bataille, fait face au côté de la formation et marque le point où doit arriver l'extrémité de la compagnie, après le mouvement terminé.

Les adjudants-majors et adjudants rectifient, au besoin, la position des guides généraux et particuliers de leurs bataillons ou escadrons respectifs, en se plaçant pour cela un peu en dehors des points extrêmes de l'emplacement de leur troupe, et se faisant face. Mais les guides doivent connaître assez bien leur métier pour se placer eux-mêmes correctement, et les adjudants-majors et adjudants peuvent être plus utilement employés par les commandants à surveiller ou diriger des subdivisions qui ont des mouvements particuliers à exécuter, qu'à aller d'un guide à l'autre pour voir s'ils se placent tous bien.

2° Alignement général.

Le commandant en chef commande :

1. *A droite* (ou *à gauche*) (ou *à droite et à gauche*) = ALIGNEMENT.

Ce commandement est répété, avec rapidité, par les commandants ; il s'exécute alors comme il a été prescrit à l'École du bataillon et de l'escadron, chaque commandant commandant FIXE quand sa troupe est alignée.

Si le commandant en chef le juge à propos, il donne, avant de faire les commandements ci-dessus, une base à l'alignement. Pour cela il établit, ou fait établir par son chef d'état-major, les deux guides généraux d'un escadron ou bataillon (plutôt central qu'extrême) dans la direction qui lui convient, mais de façon que personne ne soit obligé de reculer, puis il commande : *Guides généraux = sur la ligne*. A ce commandement, vivement répété par les commandants, tous les guides généraux se portent devant le front de leurs bataillons ou escadrons respectifs, et sont établis correctement par les adjudants-majors et les adjudants, sur la base d'alignement, comprenant entre eux le front de la troupe à laquelle ils appar-

(1) Les guides généraux en traçant une ligne doivent placer leur arme élevée entre les deux yeux, le fer bien visible de l'autre extrémité de la ligne ; toutes les armes des guides placés sur une même ligne doivent être cachées les unes par les autres.

tiennent, et marquant les intervalles d'un bataillon ou escadron à l'autre. Ces dispositions étant prises, les commandants commandent : *Guides principaux de gauche* (ou *de droite*) = *sur la ligne*. Les guides principaux de gauche pour les corps placés à la gauche de celui qui sert de base, de droite pour les autres corps, se portent sur la ligne, et y sont assurés par les adjudants-majors et adjudants; ce qui étant fait, le commandant en chef commande : *A droite* (ou *à gauche*) (ou *à droite et à gauche*) = ALIGNEMENT.

Si la ligne était composée de masses, le commandant en chef ferait établir, face l'un à l'autre, les deux guides principaux de la tête de l'une des masses, dans la direction qui lui conviendrait, puis il commanderait : *Guides principaux de la tête de chaque colonne* = *sur la ligne*. Chaque commandant de masse ferait assurer les guides principaux de tête sur la ligne, et les guides des subdivisions de la colonne perpendiculairement à cette ligne. Au commandement *à droite* (ou *à gauche*) (ou *à droite et à gauche*) = ALIGNEMENT, répété de grade en grade, on s'alignerait de front et de flanc en se portant contre les guides.

3° Ouvrir et serrer les rangs.

Le commandant en chef commande :

1. *En arrière ouvrez vos rangs.*
2. MARCHE.
3. *A droite* = ALIGNEMENT.

Ces commandements sont répétés par les commandants qui y ajoutent le commandement FIXE, chacun quand sa troupe est alignée.

Chaque colonel ayant près de lui, et un peu en arrière à droite et à gauche, son lieutenant-colonel et son officier d'état-major, se porte à quatre pas à droite et sur l'alignement de son 1er commandant. Chaque général de brigade ayant près de lui, et un peu en arrière à droite et à gauche, ses aide de camp et officier d'ordonnance, se place à quatre pas à droite et sur l'alignement de son 1er colonel.

Le commandant en chef se porte à la rencontre de la personne qui doit parcourir les rangs, et lui laisse le côté de la troupe.

Les généraux subordonnés, colonels et commandants, n'accompagnent cette personne, chacun pour sa troupe, que s'ils en reçoivent l'ordre.

4° Marcher en ligne en avant et en retraite.

Le commandant en chef commande :

1. *Compagnies en avant.*
2. { 1re *brigade* (ou *tels et tels corps*) *guide à gauche.*
   { 2e *brigade* (ou *tels et tels corps*) *guide à droite.*
3. **Marche.**

Au 2e commandement, le commandant en chef donne, ou fait donner par un de ses officiers, à l'adjudant-major de l'escadron ou du bataillon qui doit avoir la direction, le point sur lequel le guide de droite (ou de gauche) aura soin de se diriger pendant la marche. L'adjudant-major ayant indiqué ce point au guide, se place en arrière de celui-ci pour le maintenir sur la direction.

Au commandement **Marche**, toute la ligne s'ébranle à la fois d'après les principes prescrits à l'École du bataillon et de l'escadron.

Si la ligne était composée de masses et non de bataillons et escadrons déployés, on remplacerait, dans le 1er commandement, les mots *compagnies en avant* par les mots *colonnes en avant*. Toutes les masses se porteraient en avant d'après les principes de l'École du bataillon et de l'escadron, mais elles auraient grand soin de conserver les intervalles et de marcher toutes à même hauteur.

Si une troupe rencontrait devant elle un obstacle, elle l'éviterait et reprendrait ensuite son intervalle et son alignement avec les troupes voisines en augmentant l'allure.

Pour marcher en retraite, on fait d'abord faire face en arrière, par un demi-tour par subdivision, et le mouvement a lieu comme lorsqu'il s'agit de se porter en avant.

5° Arrêter.

Le commandant en chef commande :

1. *Compagnies.*
2. **Halte.**

Les commandements sont répétés avec la plus grande rapidité, et s'exécutent comme il a été prescrit à l'École du bataillon et de l'escadron.

Si la ligne était composée de masses, on substituerait dans le 1er commandement le mot *Colonnes* au mot *Compagnies*.

Le 1er commandement peut quelquefois être supprimé.

6° Retraite en échiquier.

Le commandant en chef commande :

1. *Retraite en échiquier = à tant de mètres.*
2. *Bataillons et escadrons pairs* (ou *impairs*) = *commencez le mouvement.*

Au 2e commandement, les commandants des bataillons et escadrons pairs (ou impairs) commandent : *Pelotons* (ou *Sections*) *demi-tour à droite*; MARCHE; et, lorsque leurs bataillons et escadrons ont parcouru le nombre de mètres indiqué, ils commandent : *Pelotons* (ou *Sections*) *demi-tour à droite*; DROITE; *à droite* = ALIGNEMENT; FIXE.

Dès que les bataillons et escadrons qui ont commencé le mouvement sont établis sur la nouvelle position, tracée d'avance par le chef d'état-major, les commandants des bataillons et escadrons restés près de l'ennemi les portent à leur tour en arrière des autres, à la distance prescrite, en passant par les intervalles soigneusement ménagés de la seconde ligne, et les établissent comme il a été indiqué pour cette seconde ligne maintenant devenue première. La retraite continue ainsi alternativement.

Si un bataillon (ou escadron) n'est pas enrégimenté et si on ne lui indique pas un mouvement spécial, il se considère comme impair et règle son mouvement en conséquence.

La retraite en échiquier peut s'effectuer par régiment. Le commandement général l'indique par la substitution du mot *Régiments* aux mots *Bataillons* et *Escadrons*. Dans ce cas, les colonels se conforment à ce qui a été indiqué ci-dessus pour les commandants.

Pour reformer la ligne, le commandant en chef fait arrêter les corps en mouvement de retraite, au moment où ils achèvent de dépasser les corps en position : ceux-là font de suite face à l'ennemi, et le commandant en chef fait prendre un alignement général, s'il le juge à propos.

On doit observer que les bataillons et escadrons ne sont numérotés que dans l'étendue du régiment, et se rappeler que le 1er bataillon ou escadron est le bataillon ou escadron de la droite actuelle du régiment.

7° Échelons en avant et en retraite.

Le commandant en chef commande :

1. *Compagnies par la droite* (ou *par la gauche*) = *en avant en échelons.*
2. MARCHE.

Ces commandements sont répétés immédiatement par le commandant du bataillon de droite, et successivement par tous les autres commandants, de manière que les distances se prennent régulièrement d'une compagnie à la suivante, en observant d'ailleurs les principes prescrits à l'École du bataillon et de l'escadron.

Lorsqu'on passe de l'ordre en bataille à l'ordre en échelons, la distance d'un échelon à l'autre, si elle n'est pas indiquée (ce qui est le cas ordinaire), est égale au front de l'échelon précédent plus l'intervalle de bataille. Les échelons peuvent être formés à demi-distance ou à tant de pas; alors on l'indique dans le commandement de cette manière : *Compagnies par la droite* = *à demi-distance* (ou *à tant de pas*) = *en avant par échelons*.

On peut former les échelons par fractions plus grandes chacune qu'une compagnie; alors le commandant en chef substitue au mot *Compagnies*, le nom des unités qu'il veut avoir en échelons, comme ***Bataillons et Escadrons***, ***Régiments*** ou ***Brigades***, et le 1er commandement est alors : ***Bataillons et escadrons*** (*régiments* ou *brigades*) *par la droite* (ou *par la gauche*) = *en avant en échelons*. Chaque chef d'échelon fait les commandements nécessaires pour porter sa troupe en avant, assez à temps afin d'avoir sa distance..

Si la ligne est composée de masses on fait marcher ces masses en échelons par les mêmes commandements de la part du commandant en chef, que si ces masses étaient déployées; mais chaque chef d'échelon commande : *Colonne en avant*, au lieu de : ***Bataillon*** (ou *escadron*, *régiment*, *brigade*) *en avant*.

S'il s'agit de marcher en retraite, le commandant en chef substitue les mots *en retraite* à ceux *en avant*; chaque chef d'échelon porte sa troupe en arrière par un demi-tour par peloton.

On peut refuser les ailes alternativement, en marchant alternativement *par la droite* et *par la gauche*. On peut refuser le centre, en marchant simultanément *par la droite et par la gauche*. On peut refuser les deux ailes à la fois, en marchant *par le centre*, c'est-à-dire *par la gauche de la 1re brigade et la droite de la 2e brigade*. Dans les deux derniers cas, les généraux de brigade commandent ensemble, mais l'un *par la gauche*, l'autre *par la droite*.

8° Changement de direction des échelons.

Le commandant en chef commande :

1. *Échelons à droite* (ou *à gauche*).
2. MARCHE.

Les commandants répètent ces commandements si les échelons sont formés chacun d'une compagnie; mais si les échelons sont composés chacun d'un bataillon ou d'un escadron, les commandants les font converser d'après les principes prescrits à l'École du bataillon et de l'escadron.

Le commandant en chef peut ne commander qu'un demi-à-droite.

Si les échelons sont composés d'unités plus fortes que des bataillons et escadrons, le commandant en chef commande : *Dans chaque échelon* = *pelotons à droite*; MARCHE; puis : *Dans chaque échelon* = *oblique à gauche* = *et en avant en bataille*; MARCHE.

Si les échelons sont composés de masses et arrêtés, et si on veut les faire changer de direction, le commandant en chef commande : *Dans chaque échelon* = *sur la 1re (ou la dernière) subdivision* = *changement de direction par le flanc droit* (ou *gauche*).

En calculant convenablement l'angle du changement de direction, les échelons peuvent se trouver en bataille sur une seule ligne droite, et, par un changement de direction inverse, on peut les remettre en échelons.

Quand des échelons ont exécuté un mouvement pour faire face à droite ou à gauche, les distances et les intervalles se trouvent ordinairement modifiés; on doit alors, tout en marchant, rétablir les intervalles et les distances, en se réglant sur l'échelon le plus avancé, de manière à pouvoir se reformer régulièrement en bataille ou en ligne dans la direction où l'on marche.

9° Arrêter les échelons et les porter de nouveau en avant.

Le commandant en chef commande :

1. *Échelons.*
2. HALTE.

Ces commandements sont répétés par les commandants si les échelons sont formés chacun d'une compagnie; si ces échelons sont formés d'unités plus fortes que des compagnies, les commandants d'échelons commandent : *Compagnies* ou *colonne*; HALTE, selon que les échelons sont déployés ou en colonne, et ces commandements s'exécutent d'après les principes prescrits à l'École du bataillon et de l'escadron.

Le 1er commandement peut quelquefois être supprimé.

Pour remettre les échelons en marche, on commande : *Échelons en avant;* MARCHE.

Dans un système échelonné, le guide est toujours du côté de l'échelon le plus avancé.

10° Étant en échelons reformer la ligne ou serrer et ouvrir les distances à tant de pas.

Pour se former en bataille en ligne ou pour serrer les distancs, le commandant en chef commande :

1. *Échelons en bataille* (ou *en ligne*) [ou *à tant de pas* = *serrez les distances*].
2. MARCHE.

Ces commandements sont répétés par les commandants si les échelons sont chacun d'une compagnie; mais si les échelons sont des unités plus fortes que des compagnies, ou des colonnes, leurs chefs, sauf celui du plus avancé, font les commandements nécessaires pour les porter en avant.

Si on est arrêté, le chef de l'échelon le plus avancé l'aligne; les chefs des autres échelons portent, tous à la fois, leurs échelons en avant et les arrêtent ensuite, soit à la hauteur de l'échelon le plus avancé, soit à la distance indiquée et les alignent. Si on est en marche, et si on doit se former en ligne ou serrer les distances, l'échelon le plus avancé continue de marcher à la même allure; les autres doublent l'allure jusqu'à ce qu'ils se trouvent, soit à la hauteur du plus avancé, soit à la distance indiquée; alors ils reprennent l'allure indiquée. Les distances se comptent toujours du front d'une troupe au front de la troupe voisine, en colonne comme en bataille.

S'il s'agissait d'ouvrir les distances, on substituerait le mot *ouvrez* au mot *serrez*; l'échelon le plus avancé s'arrêterait, s'il n'était déjà arrêté; les autres feraient un demi-tour par peloton, gagneraient du terrain en arrière, et, arrivés à la distance indiquée, feraient un nouveau demi-tour du même côté que le premier, et seraient alignés du côté de l'échelon le plus avancé.

ÉCOLE DE LA LÉGION.

DEUXIÈME PARTIE.

1° *Ordres divers en colonne.*
2° *Rompre en colonne par files ou par le flanc.*
3° *Rompre en colonne par subdivisions, face vers l'une des ailes.*
4° *Rompre par une aile pour marcher en arrière vers l'aile opposée.*
5° *Marcher en colonne.*
6° *Étant en colonne, changer de direction en marchant.*
7° *Étant en colonne, arrêter et repartir.*
8° *Gagner du terrain vers le flanc, perpendiculairement ou obliquement, ou rétrograder et reprendre la direction primitive.*
9° *Diminuer le front de la colonne pour continuer à marcher dans la même direction.*
10° *Augmenter le front de la colonne pour continuer à marcher dans la même direction.*

1° Ordres divers en colonne.

Tout ce qui a été dit à l'École du bataillon et de l'escadron pour les divers ordres en colonne, s'applique à un corps plus considérable.

Les colonels et les généraux se placent du même côté que les commandants, vis-à-vis le centre de leurs colonnes respectives, et espacés par grade, à 20 mètres d'intervalle.

Les tambours, clairons ou trompettes, suivis de la musique, marchent en tête de leurs régiments, à 20 pas en avant de la 1re subdivision. Si un corps a des sapeurs, ils marchent en tête du corps, à 10 pas en avant des tambours ou clairons.

Nous rappelons que dans toute la colonne, l'unité qui est en tête a le numéro *premier;* celle qui la suit a le numéro *deuxième*; et ainsi de suite. Le numérotage des unités dans une colonne est donc variable; la *dernière* unité est toujours celle de la queue.

2° Rompre en colonne par files ou par le flanc.

Le commandant en chef commande :

1. { *Files* / *Soldats* } *à droite* (ou *à gauche*).
2. Marche.

Les commandants répètent ces commandements successivement de la droite (ou de la gauche) à la gauche (ou à la droite), s'il s'agit de rompre par files; ils les répètent encore successivement, dans la cavalerie, s'il s'agit de rompre par le flanc; mais, pour ce dernier cas, ils les répètent tous ensemble, dans l'infanterie et l'artillerie.

S'il faut se porter de suite perpendiculairement à l'ancien front, soit en avant, soit en arrière, le commandant en chef l'indique en ajoutant à la fin de son 1er commandement les mots : *Tête de colonne à gauche* (ou *à droite*), qui sont répétés immédiatement par le commandant extrême du côté vers lequel se fait la rupture; les autres commandants répètent d'abord la 1re partie du 1er commandement et le 2e commandement, puis ils commandent successivement : *Tête de colonne à gauche* (ou *à droite*); Marche, de manière à faire tourner leur troupe sur le même terrain que la tête de toute la colonne.

3° Rompre en colonne par subdivisions, face vers l'une des ailes.

Le commandant en chef commande :

1. *Compagnies* (ou *pelotons*, *divisions*, *sections*) *à droite* (ou *à gauche*).
2. Droite (ou Gauche ou Marche).

Ces commandements sont répétés immédiatement par tous les commandants, et s'exécutent d'après les principes prescrits à l'École du bataillon et de l'escadron.

S'il faut se porter de suite perpendiculairement à l'ancien front, soit en avant, soit en arrière, le commandant en chef l'indique en ajoutant, à la fin de son 1er commandement, les mots : *Tête de colonne à gauche* (ou *à droite*) ; ces mots sont répétés immédiatement par le commandant extrême du côté vers lequel se fait la rupture ; les autres commandants répètent aussitôt la 1re partie du 1er commandement et le 2e commandement, puis ils commandent successivement : *Tête de colonne à gauche* (ou *à droite*) ; MARCHE, de manière à faire tourner leurs subdivisions sur le même terrain que la tête de toute la colonne.

4° Rompre par une aile pour marcher en arrière vers l'aile opposée.

Le commandant en chef commande :

1. *Successivement* = *pelotons* (ou *divisions, compagnies, sections, files, soldats*) *à droite* (ou *à gauche*) = *tête de colonne demi-tour à droite* (ou *à gauche*).
2. MARCHE.

Ces commandements sont répétés successivement par les commandants, mais assez à temps pour que la colonne se forme régulièrement, avec les distances qu'elle comporte d'une subdivision à l'autre.

5° Marcher en colonne.

Les principes de la marche en colonne, tels qu'ils ont été prescrits aux Écoles précédentes, sont applicables à une colonne d'une profondeur quelconque.

Les chefs des dernières subdivisions de la colonne doivent veiller attentivement à ce que les distances soient bien observées, afin qu'il n'y ait pas allongement.

On peut commander le guide de l'un ou de l'autre côté indifféremment ; lorsqu'il n'est pas commandé on se conforme à ce qui a été dit à cet égard à l'École du bataillon et de l'escadron.

Chaque chef d'unité ou de subdivision doit se conformer aux mouvements qu'il voit faire à l'unité ou à la subdivision précédente ou suivante, afin de les faire exécuter d'une manière semblable.

Dans une colonne en route, si on est loin de l'ennemi, on marche à l'aise en se relâchant de la rigueur des principes. L'essentiel est que chaque guide marche dans les traces de celui qui le précède et se conforme à toutes les sinuosités de la direction.

Dans les chemins tracés, la cavalerie et l'infanterie marchent ordinairement en colonne par le flanc, l'artillerie marche en colonne par files ; cependant, quand la largeur du terrain le permet, on peut marcher en colonne par subdivisions, en doublant toutefois la distance ordinaire entre les rangs; quant aux distances d'une subdivision à l'autre, on les observe autant que possible.

Lorsque la tête de colonne s'arrête, les autres subdivisions s'arrêtent aussi lorsqu'elles ont serré à la distance prescrite pour l'ordre en colonne dans lequel on se trouve; les rangs se serrent à la distance régulière. Si la tête de colonne diminue ou augmente son front, les subdivisions suivantes diminuent ou augmentent le leur, de la même manière et sur le même terrain.

Lorsqu'on suit une direction à travers un pays sans chemin tracé, un officier, placé en avant du guide général de la tête, doit choisir le terrain de façon à faire éviter à la colonne, autant que possible, les mauvais pas et les obstacles.

Les officiers généraux et supérieurs marchent en tête de leurs troupes respectives.

On met un tambour, clairon ou trompette, à la queue de chaque bataillon et escadron pour faire des signaux de ce côté, s'il en était besoin. Tous les signaux sont répétés de la tête à la queue de la colonne et réciproquement.

Dans les marches de nuit, il importe beaucoup de ne pas perdre les distances et de suivre exactement la direction; un écart de quelques pas suffit souvent, dans l'obscurité, pour égarer non-seulement des individus, mais des fractions entières de la colonne.

Proche de l'ennemi on doit reprendre exactement les distances et le pas de manœuvre.

6° Étant en colonne, changer de direction en marchant.

Le commandant en chef commande :

1. *Tête de colonne à droite* (ou *à gauche*).
2. MARCHE.

Les commandements du commandant en chef sont répétés successivement par les commandants, de telle sorte qu'en se conformant aux principes prescrits à l'École du bataillon et de l'escadron, chaque subdivision tourne sur le même terrain que la précédente.

L'adjudant (ou l'adjudant-major) de chaque bataillon ou escadron surveille le placement successif des guides principaux qui doivent marquer le point de conversion; il se place au point de conversion jusqu'à l'arrivée du premier guide principal; les autres guides principaux se détachen assez à temps pour se trouver derrière celui qu'il faut remplacer, avant que la compagnie de ce dernier n'ait entièrement achevé de tourner.

7° Étant en colonne, arrêter et repartir.

Pour arrêter le commandant en chef commande :

1. *Colonne.*
2. **Halte.**

Pour repartir le commandant en chef commande :

1. *Colonne en avant.*
2. *Guide à droite* (ou *à gauche*).
3. **Marche.**

Ces commandements sont répétés rapidement par les commandants, et s'exécutent en se conformant aux principes prescrits à l'École du bataillon et de l'escadron.

Quand il s'agit d'arrêter, le commandement *colonne* peut quelquefois être supprimé.

Quand la colonne étant arrêtée, il faut la porter en avant et changer immédiatement de direction, le commandant en chef l'indique dans son 1er commandement en ajoutant aux mots : *Colonne en avant*, ceux-ci : *Tête de colonne à droite* (ou *à gauche*) [ou *demi-tour* ou *demi à droite* (ou *à gauche*)] : tous les commandants répètent de suite la 1re partie du 1er commandement et le 2e commandement, mais ils ne répètent que successivement la 2e partie du 1er commandement.

8° Gagner du terrain vers le flanc, perpendiculairement ou obliquement, ou rétrograder et reprendre la direction primitive.

Le commandant en chef fait les mêmes commandements que ceux prescrits à l'École du bataillon et de l'escadron; ils sont répétés par les commandants et s'exécutent de la manière indiquée à cette École.

9° Diminuer le front de la colonne pour continuer à marcher dans la même direction.

Les commandements du commandant en chef sont les mêmes que ceux prescrits à l'École du bataillon et de l'escadron; ils sont répétés simultanément ou successivement par les commandants, suivant que la profondeur de la colonne doit rester la même ou qu'elle doit augmenter; on se conforme d'ailleurs aux mêmes principes qu'à l'École précitée.

10° Augmenter le front de la colonne pour continuer à marcher dans la même direction.

Le commandant en chef fait les commandements prescrits à l'École du bataillon et de l'escadron; ils sont répétés par les commandants, successivement si la colonne est par files ou par le flanc, simultanément si la colonne est par subdivisions, à distance entière.

On se conforme, d'ailleurs, aux principes prescrits dans les Écoles précédentes, de telle sorte que la nouvelle colonne se trouve régulièrement formée.

ÉCOLE DE LA LÉGION.

TROISIÈME PARTIE.

1° *Changer le côté du guide.*

2° *Rectifier la position des guides et aligner la colonne.*

3° *Étant en colonne avec distance, serrer à demi-distance ou en masse sur la tête de la colonne.*

4° *Étant en colonne serrée ou à demi-distance, prendre les distances ou demi-distance sur la queue de la colonne.*

5° *Étant en colonne serrée ou à demi-distance, prendre, par masse, les distances ou tant de pas de distance, sur la queue de la colonne.*

6° *Par la tête de la colonne, par subdivision, prendre les distances ou demi-distance.*

7° *Par la tête de la colonne, par masse, prendre les distances ou tant de pas de distance.*

8° *Étant en colonne, changer de direction par le flanc.*

1° Changer le côté du guide.

Le commandant en chef commande :

1. *Guide à gauche* (ou *à droite*).

Le commandement du commandant en chef est immédiatement répété par les commandants, et s'exécute comme il a été prescrit à l'École du bataillon et de l'escadron.

2° Rectifier la position des guides et aligner la colonne.

Le commandant en chef commande :

1. *Guides à vos chefs de file.*
2. *A droite* (ou *à gauche*) = ALIGNEMENT.

Les commandements du commandant en chef sont répétés immédiatement par les commandants, et exécutés comme il a été prescrit à l'École du bataillon et de l'escadron.

Avant son 1er commandement, le commandant en chef établit, ou fait établir par son chef d'état-major, le guide général de la tête de la colonne et le guide de la 1re subdivision dans la direction qu'il veut donner à tous les guides de la colonne. Il doit choisir cette direction en dehors du flanc, et de telle sorte qu'aucune subdivision n'ait beaucoup de chemin à faire pour s'aligner.

3° Étant en colonne avec distance serrer à demi-distance ou en masse sur la tête de la colonne.

Le commandant en chef commande :

1. *A demi-distance* (ou *en masse*) = *serrez la colonne.*
2. *Guide à droite* (ou *à gauche*).
3. MARCHE.

On suppose la colonne arrêtée : au 1er commandement, répété par le 1er commandant, les autres commandants commandent : *Colonne en avant*;

les 2e et 3e commandements ayant été répétés par tous les commandants, le mouvement s'exécute dans le 1er bataillon ou escadron, d'après les principes prescrits à l'École du bataillon et de l'escadron. Les autres commandants commandent ensuite successivement : *A demi-distance* (ou *en masse*) = *serrez la colonne*; MARCHE ; ce qui s'exécute d'après les principes prescrits.

Si la colonne est en marche, chaque commandant répète successivement les commandements du commandant en chef, sans que ces derniers commandent au préalable : *Colonne en avant* ; mais si le mouvement doit se faire en doublant l'allure, sans arrêter, ils commandent d'abord la nouvelle allure.

Si le commandant en chef veut faire serrer à demi-distance ou en masse sur la tête de chaque régiment (ou brigade), le commandant en chef commande : *Dans chaque régiment* (ou *brigade*) = *à demi-distance* (ou *en masse*) = *serrez la colonne*, etc., etc.

Chaque colonel (ou général de brigade) répète ces commandements qui s'exécutent simultanément dans chaque corps, d'après les principes ci-dessus prescrits pour la colonne entière.

On peut serrer *dans chaque bataillon et escadron* de la même manière.

Si le commandant en chef veut faire serrer sur la queue de la colonne, il fait faire, au préalable, face en arrière; il commande ensuite comme pour serrer sur la tête et remet la colonne face en avant.

Si le commandant en chef veut faire serrer sur une subdivision du centre, il fait, au préalable, exécuter un demi-tour par section aux subdivisions placées devant celle sur laquelle doit s'exécuter le mouvement; ensuite il fait serrer sur la subdivision qui sert de base, et, quand ce mouvement est achevé, il remet face en tête les subdivisions qui étaient face en arrière.

L'indication du guide est faite pour la portion de colonne qui reste face en avant; l'autre portion peut ne s'aligner qu'après son dernier demi-tour.

4° Étant en colonne serrée ou à demi-distance, prendre les distances ou demi-distance sur la queue de la colonne.

Le commandant en chef commande :

1. *Sur la dernière subdivision* = *prenez les distances* (ou *demi-distance*).
2. *Guide à droite* (ou *à gauche*).
3. MARCHE.

Avant son 1er commandement, le commandant en chef envoie deux jalonneurs se placer sur le prolongement de la ligne formée par les guides de la colonne, au delà du point où doit s'arrêter le guide de la tête.

Au 1er commandement, répété par le dernier commandant, les autres commandants commandent : *Colonne en avant*. Tous répètent simultanément les 2e et 3e commandements; ensuite chacun d'eux, à partir de l'avant-dernier, commande en temps utile : *Sur la dernière subdivision = prenez les distances* (ou *demi-distance*), de manière à commander MARCHE, assez à temps pour que la dernière subdivision de son escadron ou bataillon s'arrête à la distance convenable de la subdivision suivante.

Si le commandant en chef veut faire prendre les distances sur la tête de la colonne, il la met d'abord face en arrière, lui fait prendre ensuite les distances sur la queue, et la remet face en avant.

Si le commandant en chef veut faire prendre les distances sur une subdivision du centre, il fait faire face en arrière à la portion de la colonne qui se trouve derrière cette subdivision, commande alors à chaque colonne de prendre les distances sur la subdivision qui sert de base, et remet face en avant les subdivisions qui se trouvent face en arrière. La subdivision qui suit celle qui sert de base doit prendre sa distance sur celle-ci, et par conséquent marcher comme si elle n'était pas queue de colonne.

5° Étant en colonne serrée ou à demi-distance, prendre, par masse, les distances ou tant de pas de distance, sur la queue de la colonne.

Le commandant en chef commande :

1. *Par régiment* (ou *bataillon et escadron*) *en masse = sur le dernier régiment* (*bataillon ou escadron*) *= prenez les distances* (ou *tant de pas de distance*).
2. *Guide à droite* (ou *à gauche*).
3. MARCHE.

La dernière unité se conforme à ce qui a été prescrit au n° 6 de la troisième partie de l'École du bataillon et de l'escadron pour la dernière subdivision. Chacun des colonels (ou commandants), à commencer par l'avant-dernier, commande successivement : *Colonne en avant*; *guide à droite* (ou *à gauche*); MARCHE, et se conforme ensuite à ce qui a été prescrit pour les chefs de subdivision quand les distances se prennent par subdivision. On peut prendre les distances par masse sur la première masse, ou sur une masse centrale, en faisant, au préalable, faire face en arrière à toute la colonne ou à la seconde portion de la colonne, ordonnant le mouvement précédent, et remettant ensuite face en tête les unités qui sont face en arrière.

6° Par la tête de la colonne, par subdivision, prendre les distances ou demi-distance.

Le commandant en chef commande :

1. *Par la tête de la colonne* = *prenez les distances* (ou *demi-distance*).
2. *Guide à droite* (ou *à gauche*).
3. Marche.

Les commandements du commandant en chef sont répétés par chaque commandant, successivement, et assez à temps pour que les distances se prennent exactement et sans interruption, d'après les principes prescrits à l'École du bataillon et de l'escadron.

7° Par la tête de la colonne, par masse, prendre les distances ou tant de pas de distance.

Le commandant en chef commande :

1. *Par régiment* (ou *bataillon et escadron*) *en masse* = *par la tête de la colonne* = *prenez les distances* (ou *tant de pas de distance*).
2. *Guide à droite* (ou *à gauche*).
3. Marche.

Les chefs des unités désignées commandent successivement : *Colonne en avant; guide à gauche* (ou *à droite*); Marche, de manière que, successivement, leurs masses se suivent à la distance indiquée.

8° Étant en colonne, changer de direction par le flanc.

Le commandant en chef commande :

1. *Sur la 1re (ou la dernière) subdivision de la colonne = changement de direction par le flanc droit* (ou *gauche*).
2. Marche.
3. *A droite* (ou *à gauche*) = Alignement.

Chaque commandant répète les commandements du commandant en chef, lesquels s'exécutent d'après les principes prescrits à l'École du bataillon et de l'escadron, chaque subdivision devant conserver, avec celle qui la précède ou qui la suit, les mêmes relations de distance qu'avant le changement de direction.

Si le commandant en chef voulait faire exécuter le changement de direction sur une ligne centrale, il mettrait face en arrière la portion de la colonne postérieure à cette ligne, ensuite il commanderait : *Sur la dernière subdivision de chaque colonne = changement de direction par le flanc gauche* (ou *droit*), etc., et, le changement de direction étant achevé, les subdivisions mises face en arrière seraient replacées face en avant.

ÉCOLE DE LA LÉGION.

QUATRIÈME PARTIE.

1° *Étant en colonne par files, par le flanc ou par subdivisions, se former en bataille ou en ligne face en avant.*

2° *Étant en colonne par files, par le flanc ou par subdivisions, à distance entière, se former en bataille ou en ligne, face à l'un des flancs, en deçà de la tête de la colonne.*

3° *Étant en colonne par subdivisions à demi-distance ou en masse, se former en bataille ou en ligne, face à l'un des flancs, au delà de la queue de la colonne.*

4° *Étant en colonne, se former en bataille ou en ligne, face à l'un des flancs, au delà de la tête de la colonne.*

5° *Étant en colonne serrée, exécuter une formation en bataille ou en ligne, face en avant, par régiment (ou bataillon et escadron) en masse, sur la tête ou sur la queue de la colonne, à intervalle entier, demi-intervalle ou tant de pas d'intervalle.*

6° *Étant en colonne serrée, exécuter une formation en bataille ou en ligne, face au flanc, au delà de la queue de la colonne, par régiment (ou bataillon et escadron) en masse, à intervalle entier, demi-intervalle, ou tant de pas d'intervalle.*

7° *Étant en colonne serrée, exécuter une formation en bataille ou en ligne, face au flanc, au delà de la tête de la colonne, par régiment (ou bataillon et escadron) en masse, à intervalle entier, demi-intervalle, ou tant de pas d'intervalle.*

8° *Étant en colonne par files, par le flanc ou par subdivisions, à distance entière, à demi-distance ou en masse, exécuter une formation en bataille face en arrière.*

1° Étant en colonne par files, par le flanc ou par subdivisions, se former en bataille ou en ligne face en avant.

Pour former la colonne en bataille ou en ligne, face en avant, le commandant en chef commande :

1. *Oblique à gauche* (ou *à droite*) = *et en avant en bataille* (ou *en ligne*) [ou *et sur la dernière subdivision de la* 2e *brigade* = *en avant en bataille* (ou *en ligne*)].
2. MARCHE.

Ces commandements sont répétés par le commandant dont la troupe tient la tête (ou la queue) de toute la colonne, et cette troupe se forme d'après les principes prescrits à l'École du bataillon et de l'escadron. Les autres commandants ne répètent, immédiatement, que la 1re partie du 1er commandement et le 2e commandement; ensuite chacun d'eux commande : *En avant en bataille* (ou *sur la dernière subdivision en avant en bataille* (ou *en ligne*); MARCHE, quand la tête (ou la queue) de sa colonne particulière se trouve vis-à-vis la place qu'elle doit occuper dans la formation générale. Toutes les subdivisions obliquent jusqu'à ce qu'elles soient arrivées vis-à-vis la place qu'elles doivent occuper, et se conforment alors à ce qui a été prescrit à l'École du bataillon et de l'escadron. Pour le cas de l'ordre en bataille, la ligne est tracée en avant de la tête de colonne, à 10 pas, plus autant d'intervalles relatifs de subdivisions qu'il y a de subdivisions devant celle qui sert de base, si la colonne est par le flanc ou par subdivisions à distance entière; elle est tracée à un intervalle relatif de plus si elle est à demi-distance ou serrée en masse.

Si le commandant en chef veut une formation en avant, sur deux lignes, il commande : *Dans chaque brigade = oblique à gauche* (ou *à droite*) *= et en avant en bataille* (ou *en ligne*). Chaque brigade se forme comme si elle était seule.

Pour établir la ligne de bataille sur une subdivision du centre de la colonne, la tête de la 2e brigade par exemple, on ferait gagner à la 1re brigade du terrain en avant et sur le flanc droit; on ferait faire ensuite un demi-tour à chaque subdivision de cette brigade; puis on ferait former les deux brigades en avant en bataille oblique à gauche (ou à droite) simultanément; enfin on commanderait un nouveau demi-tour par subdivision, soit à la fois, soit successivement dans la 1re brigade, qui s'alignerait sur la seconde.

2° Étant en colonne par files, par le flanc ou par subdivisions à distance entière, se former en bataille ou en ligne, face à l'un des flancs, en deçà de la tête de la colonne.

Le commandant en chef commande :

1. *A gauche* (ou *à droite*) *en bataille* (ou *en ligne*).
2. MARCHE.

Ces commandements sont répétés immédiatement par les commandants, si la colonne est par subdivisions à distance entière, et par le flanc pour l'infanterie et l'artillerie; ils sont répétés successivement, dans les colonnes par le flanc pour la cavalerie, et dans les colonnes par files pour toutes les armes.

Chaque commandant commande : Fixe, lorsque le bataillon ou escadron voisin, du côté de la formation, est aligné.

Dans le cas d'une colonne par subdivision avec distance entière, le commandant en chef arriverait encore à la formation en ligne, face à l'un des flancs, en deçà de la tête, en commandant une conversion simultanée dans chaque subdivision, comme : *Pelotons à gauche*; Marche; seulement il aurait soin, préalablement, de faire prendre le guide du côté où devrait avoir lieu la formation, s'il ne s'y trouvait déjà.

3° Étant en colonne par subdivisions à demi-distance ou en masse, se former en bataille ou en ligne, face à l'un des flancs, au delà de la queue de la colonne.

Le commandant en chef commande :

1. *Successivement = par la dernière subdivision = à gauche* (ou *à droite*) *en bataille* (ou *en ligne*).
2. Marche.

Chaque commandant successivement, en commençant par le dernier, répète les commandements du commandant en chef, lesquels s'exécutent d'après les principes prescrits à l'École du bataillon et de l'escadron.

Le guide doit être pris, avant le mouvement, du côté de la formation, et, dans le cas de l'ordre en bataille, il faut éviter avec grand soin de se jeter sur la ligne, qu'on trace à 30 pas en dehors du flanc.

4° Étant en colonne, se former en bataille ou en ligne, face à l'un des flancs, au delà de la tête de la colonne.

Le commandant en chef commande :

1. *Sur la droite* (ou *sur la gauche*) *en bataille* (ou *en ligne*).
2. Marche.

Chaque commandant répète successivement ces commandements, de manière que la formation ait lieu avec les intervalles prescrits, et commande Fixe, s'il s'agit de l'ordre en bataille, quand le bataillon ou escadron suivant est établi sur l'alignement.

Ce mouvement s'exécute dans toute colonne, par files, par le flanc, et par subdivisions à distance entière, demi-distance ou en masse.

5° Etant en colonne serrée, exécuter une formation en bataille ou en ligne, face en avant, par régiment (ou bataillon et escadron) en masse, sur la tête ou sur la queue de la colonne, à intervalle entier, demi-intervalle ou tant de pas d'intervalle.

S'il s'agit de se former à intervalle entier, le commandant en chef commande :

1. *Oblique à gauche* (ou *à droite*) = *et par unité* (1) *en masse* = *en avant en bataille* (ou *en ligne*) [ou *sur la dernière unité en avant en bataille* (ou *en ligne*)].
2. MARCHE.

Chaque chef d'unité se conforme à ce qui a été prescrit, pour les capitaines, à l'École du bataillon et de l'escadron, dans la formation d'une colonne par compagnies, en avant en bataille ou en ligne.

Si le commandant en chef veut avoir demi-intervalle ou tant de pas d'intervalle, il commande :

1. *Oblique à gauche* (ou *à droite*) = *et par unité en masse* = *à demi-intervalle* (ou *à tant de pas d'intervalle*) = *en avant en bataille* (ou *en ligne*) [ou *sur la dernière unité en avant en bataille* (ou *en ligne*)].
2. MARCHE.

Dans le cas de la formation en bataille, la ligne est tracée en avant de la tête de colonne à 20 pas, plus autant d'intervalles entiers, de demi-intervalles, ou autant de fois tant de pas qu'il y a d'unités devant celle sur laquelle on se forme.

Dans l'ordre en bataille ou en ligne composé de masses, tout officier supérieur dont la troupe est en colonne, occupe sa place de colonne; mais un colonel ou un général dont le régiment ou la brigade se trouve en plu-

(1) On substitue, dans ce commandement, au mot *unité*, le nom de cette unité, comme *Brigade*, *Régiment*, *Bataillon* et *Escadron*.

sieurs colonnes alignées entre elles, se place vis-à-vis le centre de la ligne occupée par ses bataillons ou escadrons, savoir : le colonel à 20 pas, le général à 30 pas en arrière de la queue de sa masse la plus profonde.

6° Étant en colonne serrée, exécuter une formation en bataille ou en ligne, face au flanc, au delà de la queue de la colonne, par régiment (ou bataillon et escadron) en masse, à intervalle entier, demi-intervalle, ou tant de pas d'intervalle.

S'il s'agit de se former à intervalle entier, le commandant en chef commande :

1. *Successivement* = *par unité en masse et par la dernière unité* = *à gauche* (ou *à droite*) *en bataille* (ou *en ligne*).
2. MARCHE.

Les chefs d'unité se conforment à ce qui a été prescrit pour les capitaines à l'École du bataillon et de l'escadron, dans la formation face au flanc au delà de la queue, d'une colonne serrée par compagnies, excepté que les chefs d'unité au lieu de commander : *Telle unité* = *à gauche* (ou *à droite*), commandent : *Telle unité* = *tête de colonne à gauche* (ou *à droite*); MARCHE.

Dans le cas de la formation en bataille, la ligne est tracée à 20 pas du flanc, plus la profondeur de celle des unités en masse qui a le plus de profondeur.

Si le commandant en chef veut avoir demi-intervalle ou tant de pas d'intervalle, il commande :

1. *Successivement* = *par unité en masse et par la dernière unité* = *à demi-intervalle* (ou *tant de pas d'intervalle*) = *à gauche* (ou *à droite*) *en bataille* (ou *en ligne*).
2. MARCHE.

Chaque chef d'unité commande : *Tête de colonne à gauche* (ou *à droite*); MARCHE, au moment convenable pour avoir l'intervalle indiqué.

7° Étant en colonne serrée, exécuter une formation en bataille ou en ligne, face au flanc, au delà de la tête de la colonne, par régiment (ou bataillon et escadron) en masse, à intervalle entier, demi-intervalle, ou tant de pas d'intervalle.

S'il s'agit de se former à intervalle entier, le commandant en chef commande :

1. *Par unité en masse* = *sur la droite* (ou *sur la gauche*) *en bataille* (ou *en ligne*).
2. Marche.

Les chefs d'unité se conforment à ce qui a été prescrit, pour les capitaines, à l'École du bataillon et de l'escadron, dans la formation, face au flanc au delà de la tête, d'une colonne serrée par compagnies, excepté que les chefs d'unité au lieu de commander : *Tournez* (*à*) *droite* [ou (*à*) *gauche*], commandent successivement : *Tête de colonne à droite* (ou *à gauche*) ; Marche.

Dans le cas de la formation en bataille, la ligne est tracée à 20 pas du flanc, plus la profondeur de celle des unités en masse qui a le plus de profondeur.

Si le commandant en chef veut avoir demi-intervalle ou tant de pas d'intervalle, il commande :

1. *Par unité en masse* = *à demi-intervalle* (ou *tant de pas d'intervalle*) = *sur la droite* (ou *sur la gauche*) *en bataille* (ou *en ligne*).
2. Marche.

Chaque chef d'unité commande : *Tête de colonne à droite* (ou *à gauche*) ; Marche, au moment convenable pour avoir l'intervalle indiqué.

8° Étant en colonne par files, par le flanc ou par subdivisions à distance entière, à demi-distance ou en masse, exécuter une formation en bataille face en arrière.

On peut faire exécuter la formation face en avant, et ensuite chaque unité est mise face en arrière par un mouvement simultané ou successif, la ligne de bataille étant tracée après ce mouvement, de telle sorte qu'aucune unité ne soit forcée de reculer pour s'aligner : de cette manière la formation a lieu sur la tête de la colonne.

On peut aussi mettre d'abord la colonne face en arrière, et ensuite la faire former, comme il a été indiqué, face en avant : de cette manière la formation a lieu sur la queue de la colonne.

ÉCOLE DE LA LÉGION.

CINQUIÈME PARTIE.

SOLUTION DE QUELQUES PROBLÈMES AU MOYEN DES QUATRE PARTIES PRÉCÉDENTES DE LA PRÉSENTE ÉCOLE.

1° ***Étant en colonne serrée par compagnies, dans l'ordre primitif, faire face en arrière et conserver l'ordre primitif dans chaque compagnie*** (1).

Le commandant en chef commande :

(1) On s'astreint, dans ces exemples, à conserver l'ordre primitif, uniquement pour augmenter les difficultés à vaincre.

1. Simultanément dans chaque compagnie.
2. *Sections à droite = tête de colonne demi-tour à droite.*
3. Marche.

Ces commandements sont aussitôt répétés par les commandants et s'exécutent comme il a été expliqué à l'École du bataillon et de l'escadron. Lorsque toutes les compagnies se trouvent en colonnes parallèles, la dernière section ayant tourné, le commandant en chef commande : *Sections à gauche*; Marche. Les commandants répètent ces commandements, et les sections ayant achevé la conversion à gauche, le but qu'on se proposait se trouve atteint.

2° Etant en colonne avec distance entière (par pelotons), augmenter le front (se former par compagnies) et changer de direction tout en même temps.

Le commandant en chef commande :

1. Successivement dans chaque compagnie = et sur le même terrain que la première.
2. *Pelotons à gauche* (ou *à droite*).
3. Marche.

Chaque commandant, successivement, répète les commandements du commandant en chef, qui sont exécutés comme il a été prescrit à l'École du bataillon et de l'escadron, et sur le même terrain par toutes les compagnies.

On pourrait changer les mots : *Pelotons à gauche* (ou *à droite*) en ceux-ci : *Sur la droite* (ou *sur la gauche*) *en ligne*.

3° Etant en colonne par compagnies, diminuer le front (se former par pelotons), et changer de direction tout en même temps.

Le commandant en chef commande :

1. Successivement dans chaque compagnie = et sur le même terrain que la première.
2. *Pelotons à droite* (ou *à gauche*).
3. Marche.

Chaque commandant, successivement, répète les commandements du commandant en chef, qui sont exécutés comme il a été prescrit à l'École du bataillon et de l'escadron, et sur le même terrain par toutes les compagnies.

4° *Étant en bataille, former la colonne double par le centre, pour marcher en avant.*

On suppose une brigade de deux régiments, et on veut que chaque colonne simple soit par pelotons.

Le général de brigade commande :

1. Pour former la colonne double en avant par le centre.
2. { 1er *régiment = pelotons à gauche = tête de colonne à droite.*
   { 2e *régiment = pelotons à droite = tête de colonne à gauche.*
3. MARCHE.

Chacun des colonels répète la partie du 2e commandement qui le concerne. Les commandants du 1er régiment commandent : *Pelotons à gauche*; le dernier ajoute : *Tête de colonne à droite*; les commandants du 2e régiment commandent : *Pelotons à droite;* le premier ajoute : *Tête de colonne à gauche.* Au commandement MARCHE, répété par tous ces officiers supérieurs, chaque régiment se conforme aux commandements de son colonel, et la colonne double se forme de deux colonnes simples dont l'une est astreinte, par un avertissement du général de brigade, à se régler sur l'autre.

5° *Étant en bataille, former la colonne double par les ailes, pour marcher en arrière.*

On suppose une brigade de deux régiments, et on veut que chaque colonne simple soit par pelotons.

Le général de brigade commande :

1. Pour former la colonne double en arrière par les ailes.

2. { 1er *régiment = successivement = pelotons à droite = tête de colonne demi-tour à droite.*
2e *régiment = successivemement = pelotons à gauche = tête de colonne demi-tour à gauche.* }

3. Marche.

Chacun des colonels répète la partie du 2e commandement qui le concerne. Les commandants, successivement, répètent les trois dernières parties du 2e commandement, qui s'adressent à leur régiment respectif. Au commandement Marche, répété immédiatement par les colonels et les commandants extrêmes, et successivement par les autres commandants, chaque régiment rompt par l'aile extérieure, pour marcher en arrière vers l'aile opposée. Le général de brigade fait avertir que tel régiment se règlera sur l'autre. Les deux régiments marchant en sens opposé, changent simultanément de direction, de manière à former une colonne double se prolongeant en arrière de l'ancien front.

6o *Une colonne double ayant été formée par le centre d'une ligne de bataille, qui se trouvait dans l'ordre primitif, remettre cette colonne en bataille, face en avant, et dans l'ordre primitif.*

Le commandant en chef commande :

1. { *Colonne de droite = oblique à droite =*
Colonne de gauche = oblique à gauche = } *et en avant en bataille.*

2. Marche.

La colonne de droite fait le mouvement *oblique à droite = et en avant en bataille*; la colonne de gauche fait le mouvement *oblique à gauche = et en avant en bataille*; l'une et l'autre se conformant aux principes prescrits.

7o *Une colonne double ayant été formée par le centre d'une ligne de bataille, qui se trouvait dans l'ordre primitif, remettre cette colonne en bataille, face à l'un des flancs, et dans l'ordre primitif.*

On suppose que la colonne double est en mouvement.

Le commandant en chef commande :

1. { *Colonne de droite = à droite* (ou *sur la gauche*) *en bataille.*
   Colonne de gauche = sur la droite (ou *à gauche*) *en bataille.*

2. MARCHE.

Chaque colonne exécute, en se conformant aux principes prescrits, les mouvements qui lui sont commandés.

8° *Une colonne double ayant été formée par le centre d'une ligne de bataille, qui se trouvait dans l'ordre primitif, remettre cette colonne en bataille, face en arrière, et dans l'ordre primitif.*

Le commandant en chef fait d'abord exécuter un changement de direction par le flanc, sur la double subdivision de tête, à toute la colonne; ensuite il la forme en bataille, face au flanc, du côté opposé à celui par lequel a eu lieu le changement de direction.

Le commandant en chef peut aussi faire exécuter, préalablement, dans chaque double subdivision, le mouvement expliqué au n° 1 de la présente partie, et ensuite former chaque colonne, l'une *oblique à droite*; l'autre *oblique à gauche = et sur la dernière subdivision en avant en bataille.*

9° *Une colonne double ayant été formée par les ailes d'une ligne de bataille, qui se trouvait dans l'ordre primitif, remettre cette colonne en bataille, face en arrière et dans l'ordre primitif.*

Le commandant en chef fait d'abord exécuter un demi-tour à tous les pelotons simultanément, ensuite il commande : *Colonne de droite = oblique à droite = Colonne de gauche oblique à gauche = et en avant en bataille*; MARCHE : ce qui s'exécute d'après les principes prescrits. Il peut aussi faire faire aux deux colonnes un changement de direction, en sens opposé, les arrêter, mettre l'une dans le même sens que l'autre, et terminer par *à gauche* (ou *à droite*) *en bataille.*

10° *Une colonne double ayant été formée par les ailes d'une ligne de bataille, qui se trouvait dans l'ordre primitif, remettre cette colonne en bataille, face à l'un des flancs, et dans l'ordre primitif.*

Le commandant en chef commande :

2. { *Colonne de droite* = *à droite en bataille* (ou *pelotons demi-tour à droite et sur la droite en bataille*).
   Colonne de gauche = *pelotons demi-tour à gauche et sur la gauche en bataille* (ou *à gauche en bataille*)

2. MARCHE.

Chaque colonne exécute ce qui lui est commandé, en se conformant pour cela aux principes précédemment prescrits.

Le commandant en chef fait établir les deux lignes de bataille sur le prolongement l'une de l'autre.

11° *Une colonne double ayant été formée par les ailes d'une ligne de bataille, qui se trouvait dans l'ordre primitif, remettre cette colonne en bataille, face en avant, et dans l'ordre primitif.*

Le commandant en chef fait exécuter d'abord un changement de direction par le flanc droit ou gauche, sur la première double subdivision ; ensuite il forme la colonne en bataille, face au flanc, du côté vers lequel s'est exécuté le changement de direction, en se conformant pour cela à ce qui vient d'être prescrit au numéro précédent.

12° *Étant en colonne par pelotons, dans l'ordre primitif, former les échelons déployés par compagnies, sur le flanc droit, au-delà de la queue de la colonne, face en avant, et dans l'ordre primitif.*

Le commandant en chef commande :

1. Pour former les échelons.
2. Dans la première compagnie = et successivement dans chaque compagnie.
3. *Colonne en avant* = *tête de colonne à droite.*
4. MARCHE.

Chaque commandant, successivement, répète les commandements du commandant en chef, de manière que toutes les compagnies suivent des directions parallèles, en conservant de l'une à l'autre les mêmes distances que si elles ne formaient qu'une seule colonne. Lorsque la dernière compagnie achève d'entrer dans la nouvelle direction, le commandant en chef commande : *Pelotons à gauche;* MARCHE. Ces commandements ayant été immédiatement répétés et exécutés, les compagnies se trouvent en échelons comme on le désirait.

13° *Etant en colonne par pelotons, dans l'ordre primitif, former les échelons déployés par compagnies, sur le flanc gauche, au delà de la queue de la colonne, face en avant, et dans l'ordre primitif.*

Le commandant en chef commande :

1. Pour former les échelons.
2. Dans la dernière compagnie = et successivement dans chaque compagnie.
3. *Pelotons à gauche.*
4. MARCHE.

Chaque commandant, successivement, en commençant par celui de la queue, répète les commandements du commandant en chef assez à temps pour que toutes les compagnies se suivent parallèlement, en observant de l'une à l'autre une distance égale à l'intervalle qui les sépare en bataille. Aussitôt que la compagnie tête de toute la colonne a fait *pelotons à gauche*, le commandant en chef commande : *Compagnies à droite*; MARCHE. Ces commandements ayant été immédiatement répétés et exécutés, les compagnies se trouvent en échelons comme on le désirait.

14° *Etant en colonne par pelotons, dans l'ordre primitif, former les échelons déployés par compagnies, face à gauche, et dans l'ordre primitif.*

Le commandant en chef commande :

1. Pour former les échelons.
2. Dans la première compagnie = et successivement dans chaque compagnie.
3. *Pelotons à gauche.*
4. MARCHE.

Ces commandements sont répétés, successivement, par chaque commandant, en commençant par le premier. Lorsque la dernière compagnie a exécuté le mouvement *pelotons à gauche*, les échelons se trouvent formés comme on le désirait.

On pourrait former les échelons par bataillons et escadrons en modifiant le 2e commandement comme il suit : Dans le 1er bataillon = et successivement dans chaque bataillon et escadron.

15° *Etant en colonne par pelotons, dans l'ordre primitif, former les échelons déployés par compagnies, face à droite, et dans l'ordre primitif.*

Le commandant en chef commande d'abord : *Colonne en avant = Tête de colonne demi-tour à droite*; MARCHE ; et quand la colonne a pris une position inverse de celle qu'elle avait précédemment, il commande : HALTE, puis termine comme au numéro précédent.

Le commandant en chef peut aussi former la colonne *sur la droite en bataille*, et ensuite porter les compagnies *par la droite = en avant en échelons*. De cette manière les échelons se forment au delà de la tête de la colonne.

16° *Etant en colonne serrée, dans l'ordre primitif, former les échelons par bataillons et escadrons en masses, face en avant, au delà de la queue de la colonne, sur le flanc droit et dans l'ordre primitif.*

Le commandant en chef commande :

1. Pour former les échelons par bataillons et escadrons en masses = à tant de pas d'intervalle.
2. Successivement dans chaque bataillon et escadron = et sur son emplacement actuel.
3. *Pelotons à droite.*
4. MARCHE.

Chaque commandant, successivement, commande : *Pelotons à droite*; MARCHE; de manière que sa troupe prenne, entre elle et la troupe précédente, une distance égale au nombre de pas indiqué, Le dernier commandant ayant fait exécuter le mouvement *pelotons à droite*, le commandant en chef commande : *Pelotons à gauche;* MARCHE. Ces commandements sont immédiatement répétés par tous les commandants, et, après leur exécution, le système échelonné qu'on désirait se trouve formé.

17° *Une colonne de deux brigades, dans l'ordre primitif, ayant en partie changé de direction à droite, la former en bataille face en avant, par rapport à l'ancienne direction, et dans l'ordre primitif.*

On suppose dans ce cas et les trois suivants que la 1re brigade est entièrement dans la nouvelle direction, et que la 2e brigade est encore entièrement dans l'ancienne direction.

Le commandant en chef commande :

1. { 1re *brigade* = *à gauche en bataille.*
2e *brigade* = *oblique à gauche* = *et en avant en bataille.* }
2. MARCHE.

Chaque général de brigade répète les commandements qui concernent sa brigade, laquelle exécute conformément aux principes prescrits.

La ligne de bataille de la 2e brigade est tracée sur le prolongement de celle de la première.

Le commandant en chef peut aussi faire exécuter à la 2e brigade un changement de direction par le flanc gauche, sur la 1re subdivision, et ensuite former simultanément les deux brigades à gauche en bataille.

18° *Une colonne de deux brigades, dans l'ordre primitif, ayant en partie changé de direction à droite, la former en bataille face à gauche, par rapport à l'ancienne direction, et dans l'ordre primitif.*

Le commandant en chef fait d'abord exécuter à la 1re brigade un changement de direction par le flanc gauche, sur la dernière subdivision ; ensuite il fait former les deux brigades simultanément *à gauche en bataille.*

19° *Une colonne de deux brigades, dans l'ordre primitif, ayant en partie changé de direction à droite, la former en bataille face à droite, par rapport à l'ancienne direction et dans l'ordre primitif.*

Le commandant en chef ordonne à la 1re brigade de changer de direction par le flanc droit, sur la dernière subdivision, et à la 2e brigade de se former *sur la droite en bataille*, en faisant tracer la ligne de bataille de cette brigade un peu au delà du nouveau flanc gauche de la première; puis quand celle-ci a achevé son changement de direction elle est formée *à gauche à bataille.*

20° *Une colonne de deux brigades, dans l'ordre primitif, ayant en partie changé de direction à droite, la former en bataille face en arrière par rapport à l'ancienne direction, et dans l'ordre primitif.*

Le commandant en chef remet sa colonne en marche, si elle est déjà arrêtée, et lui fait faire *tête de colonne demi-tour à gauche* (ou *à droite*). La 2e brigade suit le mouvement de la première, et quand elles se trouvent toutes les deux sur la même direction, elles sont formées simultanément *à gauche en bataille.*

21° *Une colonne serrée par compagnie se trouvant dans l'ordre primitif, la déployer face en avant, et dans l'ordre primitif.*

Le commandant en chef commande :

1. Pour former les échelons par compagnies.
2. Dans la dernière compagnie = et successivement dans chaque compagnie.
3. *Pelotons à gauche.*
4. MARCHE.

Chaque commandant, en commençant par le dernier, répète successivement ces commandements qui sont exécutés dans chaque compagnie l'une après l'autre, en remontant de la queue à la tête. Lorsque la première compagnie achève le mouvement indiqué, le commandant en chef commande : *Pelotons à droite*; MARCHE ; puis, *Échelons en bataille* (ou *en ligne*); MARCHE; ce qui s'exécute d'après les principes prescrits.

Le commandant en chef peut commencer comme au n° 3, et quand tous les pelotons sont en colonne dans une même direction, il les forme en bataille ou en ligne par un mouvement simultané de conversion dans tous les pelotons.

22° *Une colonne serrée par compagnies, se trouvant dans l'ordre primitif, la déployer face en arrière, sur la queue de la colonne, et dans l'ordre primitif.*

Le commandant en chef commande :

1. *Pelotons à gauche.*
2. MARCHE.

Et ensuite :

1. Pour former les échelons face à gauche.
2. Dans la compagnie de gauche = et successivement dans chaque compagnie.
3. *Sur la gauche en bataille.*
4. MARCHE.

Chaque commandant successivement, de la gauche à la droite, répète les commandements ci-dessus, et quand, par leur exécution, les échelons se trouvent formés, le commandant en chef commande : *Échelons en bataille* (ou *en ligne*); MARCHE ; ce qui s'exécute d'après les principes prescrits.

23° *Une colonne serrée par compagnies, se trouvant dans l'ordre primitif, la déployer face en arrière, sur la tête de la colonne et dans l'ordre primitif.*

Le commandant en chef commande :

1. Pour former la colonne par pelotons
2. Successivement dans chaque compagnie = et sur le même terrain que la première.
3. *Pelotons à droite = tête de colonne demi-tour à gauche.*
4. MARCHE.

Chaque commandant, successivement, répète ces commandements, et quand la colonne par pelotons se trouve entièrement formée, le commandant en chef commande : *Pelotons à gauche;* MARCHE ; ou *à gauche en bataille* (ou *en ligne*); MARCHE, ce qui s'exécute d'après les principes prescrits.

24° Une colonne serrée se trouvant dans l'ordre primitif, la déployer face en avant, par bataillon et escadron en masse, et dans l'ordre primitif.

Le commandant en chef commande :

1. Pour prendre tant de pas d'intervalle entre les masses.
2. Successivement dans chaque bataillon et escadron = et sur son emplacement actuel.
3. *Pelotons à droite.*
4. MARCHE.

Les commandants, successivement, répètent les 3e et 4e commandements, assez à temps pour que leurs troupes marchant en colonnes parallèles observent du front de l'une au front de la suivante le nombre de pas indiqué. Lorsque le dernier commandant a répété à son tour les commandements : *Pelotons à droite*; MARCHE, le commandant en chef commande : *Pelotons à gauche*; MARCHE, et aussitôt que ces commandements sont répétés et exécutés, ce qui met les bataillons et escadrons en échelons, il commande : *Échelons en bataille* (ou *en ligne*); MARCHE.

25° Etant en bataille, dans l'ordre primitif, changer de front en avant sur l'aile droite, pour faire face à droite de l'ancien front, en conservant l'ordre primitif.

Le commandant en chef commande d'abord :

1. *Pelotons à droite.*
2. DROITE.

Ensuite il commande :

1. *Oblique à gauche = et en avant en bataille.*
2. MARCHE.

Ces commandements s'exécutent d'après les principes prescrits.

Tous les autres cas de changement de front pour deux brigades sur une seule ligne se résoudraient absolument de même qu'à la 5e partie de l'École du bataillon et de l'escadron.

Si les deux brigades sont l'une derrière l'autre et forment deux lignes à distance entière, elles se meuvent isolément d'après les ordres que leur fait donner le commandant en chef. La 1re ligne change de front comme si elle était seule, la seconde ligne rompt en colonne par subdivisions avec distance entière, change de direction pour se porter, par le chemin le plus court, le long de l'emplacement qu'elle doit occuper, et s'y forme *à droite ou à gauche en bataille.*

Si les deux lignes sont à demi-distance, la première ligne change toujours de front comme si elle était seule; la seconde rompt encore par subdivisions à distance entière, quelquefois en colonne double, le plus souvent en colonne simple, change en partie de direction, si cela est nécessaire, et se forme par un double mouvement parallèlement à la première ligne.

S'il y a trois lignes à distance entière ou à demi-distance, le plus court est de faire mouvoir la ligne du milieu comme si elle était seule, et de lui faire opérer des changements de front sur le centre. La 1re et la 3e ligne se meuvent en sens inverse, l'une par la droite, l'autre par la gauche, et se comportent de manière à conserver leurs relations avec la 2e ligne.

Il est dangereux d'avoir quatre lignes déployées à demi-distance ou à distance entière, les dernières souffrant des efforts de l'ennemi et pouvant participer au désordre des premières; cependant, si cette circonstance de quatre lignes se présente, les trois premières (ou les trois dernières) changent de front comme il a été dit ci-dessus, et la quatrième (ou la première) fait le mouvement qu'indiquent les circonstances.

ÉCOLE DE LA LÉGION.

SIXIÈME PARTIE.

1° *Carrés sur deux rangs, par brigade, lorsqu'on est en bataille. (Les brigades sont supposées de quatre bataillons.)*

2° *Carrés sur deux rangs, par régiment, lorsqu'on est en bataille.*

3° *Carrés sur quatre rangs, par brigade ou par régiment, lorsqu'on est en bataille.*

4° *Carrés sur deux rangs, par régiment, lorsqu'on est en colonne par compagnies ou divisions à demi-distance.*

5° *Carrés sur quatre rangs, par régiment, lorsqu'on est en colonne par compagnies ou divisions à quart de distance.*

6° *Faire marcher les carrés et les arrêter.*

7° *Les brigades ou les régiments en bataille ayant formé les carrés, les remettre en bataille.*

8° *Les régiments en colonne ayant formé les carrés, les remettre en colonne.*

1° Carrés sur deux rangs, par brigade, lorsqu'on est en bataille. (Les brigades sont supposées de quatre bataillons.)

Le commandant en chef ayant fait prévenir les généraux de brigade de former les carrés par brigade, dans chaque brigade d'infanterie, ces généraux commandent :

1. *Carré par brigade.*
2. *Sur tel bataillon de tel régiment = formez le carré.*
3. *Deux compagnies en réserve.*
4. MARCHE.

Chaque commandant se conforme à ce qui a été prescrit pour les capitaines, à l'École de bataillon.

Les bataillons qui doivent être perpendiculaires à celui qui sert de base au mouvement, se dirigent de manière à avoir, pendant la marche de flanc, leur flanc extérieur débordé de 6 pas par l'aile de ce bataillon de base lequel marche en avant l'étendue de son front, plus 10 pas. Les compagnies de réserve changent de direction au delà de celles qui les précèdent, de manière à se trouver derrière celles-ci, lorsqu'on vient à faire face en dehors.

Quand les compagnies sont en nombre égal dans chaque bataillon, les réserves sont les 1re et dernière compagnies des bataillons voisins de celui de base. Les commandants veillent à ce que ces compagnies se placent en réserve dans l'intérieur du carré.

Quand les bataillons d'un régiment ont quatre compagnies et que les bataillons d'un autre régiment n'en ont que trois, on forme le carré sur le bataillon intérieur du régiment le plus faible; et les réserves sont les compagnies extérieures des bataillons les plus forts.

Si dans le bataillon opposé à celui qui sert de base la compagnie extérieure doit être en réserve, elle entre dans le carré, après s'être formée à la suite des autres, et se place derrière celle qui était sa voisine.

Les guides généraux et principaux tracent d'avance les faces du carré sous la surveillance des adjudants-majors et des adjudants.

Une brigade d'un régiment de trois bataillons et d'un bataillon non enrégimenté, se forme en carré comme il vient d'être prescrit pour une brigade de deux régiments. Le bataillon non enrégimenté, placé à l'une des ailes de la ligne, ne fournit de réserve qu'autant qu'il a un nombre de compagnies égal ou supérieur à celui des autres bataillons. S'il avait quatre compagnies, et si les autres bataillons n'avaient que trois compagnies, il n'y aurait qu'une compagnie en réserve. Chaque face prend le numéro du bataillon qui l'a formée, les bataillons étant numérotés entre eux, de droite à gauche.

2° Carrés sur deux rangs, par régiment, lorsqu'on est en bataille.

Le commandant en chef ayant fait donner l'ordre aux colonels de former les carrés par régiment, ceux-ci commandent :

1. *Carré par régiment.*
2. *Sur tel bataillon* (ou *sur telles compagnies de tel bataillon* = *formez le carré.*
3. *Deux divisions* (ou *pelotons*) *en réserve.*
4. MARCHE.

Toutes les fois que les brigades ont plus de quatre bataillons, le commandant en chef, au lieu de faire former les carrés par brigade, les fait former par régiment ou par bataillon. Dans le cas des carrés par régiment, un bataillon non enrégimenté forme un seul carré.

Pour un régiment de deux bataillons de quatre compagnies chacun, les deux compagnies désignées pour servir de base au carré (qui sont supposées être les deux compagnies intérieures du 1er bataillon) se portent en avant de l'étendue du front pris de la droite de l'une à la gauche de l'autre, plus 10 pas ; les deux compagnies placées à leur droite se conforment exactement à ce qui a été prescrit pour la compagnie de droite, dans le cas de la formation d'un bataillon en carré sur la 2e compagnie avec réserve. Les deux premières compagnies du 2e bataillon se conforment à ce qui a été prescrit pour la 3e compagnie d'un bataillon se formant en carré sur la 2e compagnie avec réserve. Les deux dernières compagnies du 2e bataillon se conforment exactement à ce qui a été prescrit pour la 4e compagnie d'un bataillon se formant en carré sur sa 2e compagnie.

Si les bataillons n'avaient que trois compagnies, le mouvement aurait lieu de la même manière, mais on ne mettrait que deux pelotons en réserve au lieu de deux divisions.

Carré formé d'un régiment de 2 bataillons déployés.

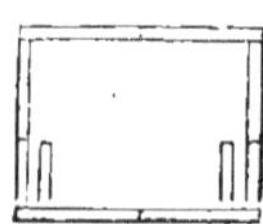

Pour un régiment de trois bataillons, chaque bataillon ayant trois compagnies, le 2ᵉ bataillon sert de base et se porte en avant l'étendue du front de deux compagnies, plus 10 pas. Les trois divisions de gauche du 1ᵉʳ bataillon se conforment exactement à ce qui a été prescrit pour la compagnie de droite d'un bataillon se formant en carré avec réserve sur sa 2ᵉ compagnie. Les trois divisions de droite du même bataillon se conforment exactement à ce qui est prescrit pour la compagnie de droite d'un bataillon se formant en carré sur la 3ᵉ compagnie. Le mouvement de chaque moitié du 3ᵉ bataillon est analogue au mouvement de la moitié du 1ᵉʳ bataillon symétriquement placée par rapport au 2ᵉ.

Dans un carré de régiment, la 1ʳᵉ face est toujours formée de la 1ʳᵉ partie du 1ᵉʳ bataillon du régiment.

Avant de former les carrés le commandant en chef doit faire former les échelons ou exécuter un changement de front à 50 grades, dans chaque régiment ou bataillon, de manière que les carrés puissent se protéger sans se nuire. L'artillerie est répartie dans les intervalles des carrés, sur les lignes qui unissent les angles les plus rapprochés des deux carrés voisins.

Régiments échelonnés à distance entière et formant chacun un carré.
(L'artillerie est répartie dans les intervalles des carrés.)

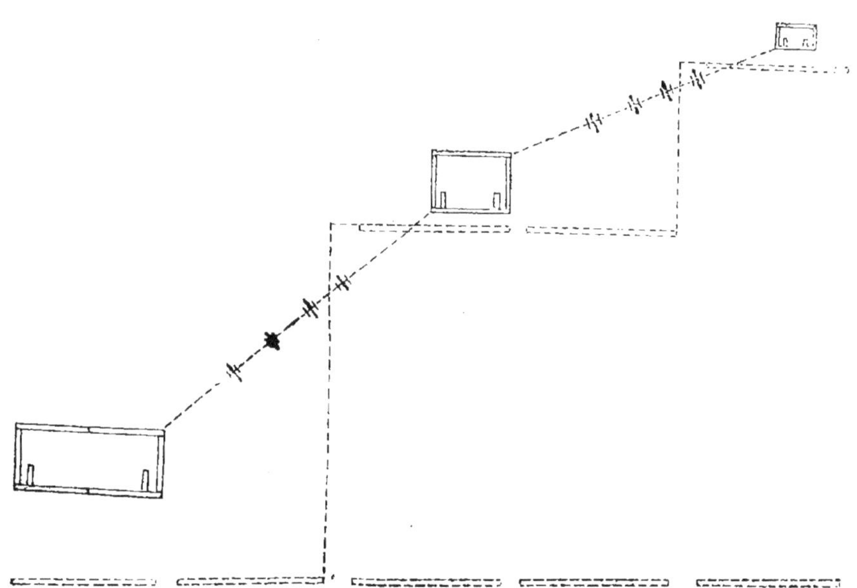

3° Carrés sur quatre rangs, par brigade ou par régiment, lorsqu'on est en bataille.

Chaque général de brigade (ou colonel) commande :

1. *Carré par brigade* (ou *par régiment*).
2. *Sur tel bataillon* (ou *telles compagnies de tel bataillon*) = *sur quatre rangs* = *formez le carré*.
3. **Marche.**

Les carrés sur quatre rangs n'ont jamais de réserve.

Le mouvement s'exécute d'une manière analogue à celle qui a été expliquée pour un seul bataillon.

Dans un carré sur quatre rangs par brigade, chaque bataillon étant supposé de quatre compagnies, les compagnies extérieures du bataillon de base obliquent d'abord et viennent se placer derrière les compagnies intérieures voisines. Pour les bataillons voisins de celui de formation, les commandants restent au point où commence le changement de direction, et font faire ce changement de direction un peu plus loin aux compagnies de tête et de queue, un peu plus près aux compagnies du centre, de manière que chaque colonne devienne double, et quand le carré est formé les compagnies du dedans serrent sur celles du dehors.

Dans le bataillon opposé à celui de base, la compagnie qui doit se former la seconde se place derrière celle qui était en tête pendant la marche de flanc, afin de se trouver devant après le demi-tour par section; et la compagnie de queue, après sa formation, entre dans le carré par une marche de flanc et deux changements de direction successifs, de manière à venir se placer sur l'alignement de celle qui était en tête.

Dans un carré sur quatre rangs par régiment, le mouvement s'exécute comme il a été expliqué pour le carré sur deux rangs. Les quarts extérieurs du bataillon ou de la portion de bataillon qui doit former une face passent en arrière des quarts intérieurs, par la marche oblique, dans la face qui sert de base au carré; par des changements de direction opérés comme il a été prescrit à l'École du bataillon, dans les faces voisines de celles de base; et enfin, dans la face opposée à celle de base, ainsi qu'il a été expliqué pour un seul bataillon.

Tous les serre-files et officiers passent derrière les compagnies du dedans, vis-à-vis leur place de bataille.

4° Carrés sur deux rangs, par régiment, lorsqu'on est en colonne par compagnies ou divisions à demi-distance.

Chaque colonel commande :

1. *Carré par régiment.*
2. *Formez le carré.*
3. **Marche.**

Ces commandements sont répétés par les commandants.

Un régiment étant en colonne se forme en carré de la même manière qu'un bataillon en colonne, excepté que c'est l'avant-dernière subdivision entière qui sert de réserve, et qu'il y a toujours une réserve.

La réserve se porte en avant de l'étendue de son front, en mettant en arrière, à droite et à gauche, le nombre de files nécessaire pour passer (cinq à six de chaque côté).

On ne doit jamais former en un seul carré une colonne qui a plus de trois bataillons.

Si une colonne très-profonde doit être formée en plusieurs carrés, on la déploie par masse, soit en bataille, soit en échelons; ou bien encore on fait prendre entre les masses tant de pas de distance (au moins 60 pas entre la queue d'une masse et la tête de la suivante). Dans les 1er et 3e cas, afin que les carrés ne puissent se nuire, il faut faire faire à chaque masse un changement de direction oblique par le flanc.

Si l'on a de l'artillerie, on la répartit par fractions plus ou moins fortes entre les carrés, sur les lignes qui unissent les angles les plus rapprochés de ces carrés.

Les faces sont désignées comme dans un seul bataillon.

Colonne par compagnies, à demi-distance, déployée d'abord par régiment en masse, à 150 mètres ; chaque masse a fait un changement de direction oblique par le flanc gauche, et ensuite a formé le carré.

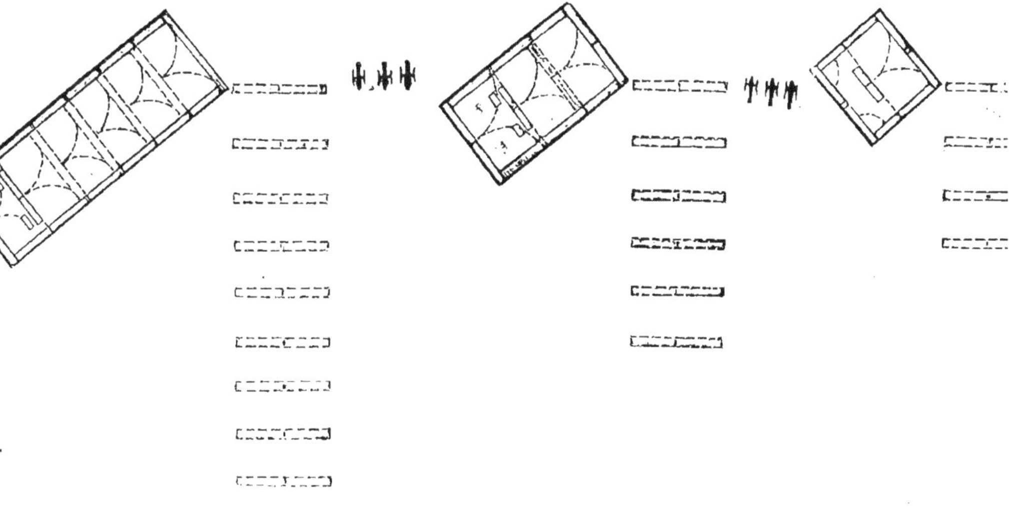

5° Carré sur quatre rangs, par régiment, lorsqu'on est en colonne par compagnies ou divisions à quart de distance.

Les colonels commandent :

1. *Carrés par régiment.*
2. *Pour former le carré sur quatre rangs.*
3. *Doublez les pelotons.*
4. *Formez le carré.*
5. **Marche.**

Aux commandements des colonels, répétés par les commandants, les carrés se forment dans chaque régiment d'après les principes prescrits pour un seul bataillon.

Avant de faire former les carrés, le commandant en chef doit avoir soin de déployer la colonne par régiment en masse, ou de faire prendre des distances suffisantes entre les masses, de faire serrer à quart de distance dans chaque masse, et enfin, si les masses ne sont pas en échelons, de faire exécuter dans chacune un changement de direction oblique par le flanc.

Les faces sont désignées comme dans un seul bataillon.

6° Faire marcher les carrés et les arrêter.

Le commandant en chef commande :

1. *Dans chaque carré = par telle face = carré en avant.*
2. **Marche.**

Au 1er commandement, chaque chef de carré commande : *Par telle face = carré en* Avant.

Le chef de la face désignée et ceux des autres faces se conforment exactement à ce qui a été prescrit à l'École du bataillon. Au 2e commandement, répété par chaque chef de carré, tous les carrés s'ébranlent.

Pour arrêter les carrés, le commandant en chef commande : *Carrés;* Halte.

Au 1er commandement, les chefs des carrés commandent : *Carré*; ils répètent le commandement HALTE, et l'on se conforme dans chaque carré à ce qui a été prescrit à l'École du bataillon.

Le carré de droite ou le carré de tête s'appelle *premier carré*; les autres prennent leur numéro d'après leur rang, en allant vers la gauche.

7° Les brigades ou les régiments en bataille ayant formé les carrés, les remettre en bataille.

Le commandant en chef commande :

1. *Dans chaque carré = sur telle face en bataille = rompez le carré.*
2. MARCHE.

Chaque chef de carré répète les deux dernières parties du 1er commandement et le dernier commandement. Les chefs de face se conforment à ce qui a été prescrit à l'École du bataillon en pareil cas.

Les commandants chefs de face ne répètent pas les commandements du chef du carré, mais se conforment à ce qui a été prescrit pour les capitaines dans le cas d'un seul bataillon.

8° Les régiments en colonne ayant formé les carrés, les remettre en colonne.

Le commandant en chef commande :

1. *Dans chaque carré = en avant en colonne = rompez le carré.*
2. MARCHE.

Chaque chef de carré répète les deux dernières parties du 1er commandement et le 2e commandement. Que le carré soit sur deux ou quatre rangs, le mouvement s'exécute dans chaque carré exactement comme à l'École du bataillon.

OBSERVATIONS SUR LES CARRÉS.

Dans la théorie des carrés, on a tacitement supposé que l'infanterie seule était appelée à les former. Cependant on comprend que dans certaines circonstances, par exemple dans une vaste plaine, en présence d'une nombreuse cavalerie irrégulière, la cavalerie et l'artillerie pourraient utilement former le carré. C'est à cette disposition que, dans les campagnes d'Égypte et de Syrie, le général en chef, accompagné d'une faible escorte, dut deux fois son salut. Les principes exposés pour l'infanterie sont applicables aux autres armes.

On peut faire exécuter à une réunion de carrés une grande partie des évolutions dont serait susceptible une réunion de plusieurs masses ordinaires, c'est-à-dire les faire marcher en avant et en retraite, à droite, à gauche, leur faire former les échelons, etc.; seulement il faut avoir l'attention que, dans toutes les positions, les carrés ne puissent se nuire, et, s'il est possible, qu'ils se protégent l'un l'autre.

THÉORIE DE L'USAGE DES ARMES.

CONSIDÉRATIONS PRÉLIMINAIRES.

DES ARMES EN GÉNÉRAL.

Les armes sont *défensives* ou *offensives*.

Depuis que le bouclier a disparu, les armes *défensives* sont purement passives; elles n'exigent aucune théorie pour être employées.

Les armes *offensives* actuellement en usage sont : la *baïonnette*, le *sabre*, la *lance*, le *fusil* plus ou moins long, le *pistolet* et les *bouches à feu* légèrement attelées.

De la baïonnette.

La baïonnette est à peu près uniquement affectée aux corps à pied; il serait à désirer que le modèle ancien fût réformé, et qu'on donnât à toute l'infanterie le modèle adopté pour les bataillons de chasseurs.

Du sabre.

Nos différents genres de sabres sont défectueux; ceux de la cavalerie sont lourds et pourraient être plus faciles à manier; celui de l'artillerie est détestable; enfin le sabre-poignard de l'infanterie ne peut servir pour combattre et gêne pour la marche; aussi, en Afrique, dispense-t-on souvent les soldats de le porter.

Dans les modèles réglementaires pour les troupes à cheval, la petite bellière seule porte le sabre, et, si elle vient à casser, la grande bellière, attachée à un bracelet placé beaucoup trop bas, fait basculer le fourreau; alors la lame, entraînée par le poids de la poignée, peut sortir du fourreau et blesser le cheval.

De la lance.

La lance a des avantages et des inconvénients longuement discutés dans plusieurs ouvrages et mémoires. La France a de beaux et bons régiments de lanciers que sans doute elle tient à conserver.

Du fusil.

Le fusil est une arme très-efficace, encore susceptible de quelques améliorations, auxquelles on travaille, et que le temps amènera : sa longueur peut varier; le soldat a confiance en lui. Dans plusieurs déroutes, notamment à la Macta, on vit nos cavaliers jeter la lance (deux escadrons par régiment de chasseurs d'Afrique avaient la lance) pour ramasser des fusils. Toute la cavalerie d'Afrique est armée du fusil; elle le porte toujours à la grenadière. Cette manière, simple et commode, n'est pas trop fatigante; une longue expérience est là pour le démontrer.

Du pistolet.

L'usage du pistolet devrait être restreint ; il ne faudrait le donner qu'aux officiers et aux soldats des corps de cavalerie déjà chargés d'armes embarrassantes. Son tir est incertain et son poids contribue à blesser le garrot du cheval, sur lequel porte un lourd paquetage.

Des bouches à feu de bataille.

L'artillerie a profité des perfectionnements que le temps et la science ont fait découvrir. Les bouches à feu de bataille laissent peu à désirer tant pour la mobilité que pour le tir. Cependant il serait très-avantageux de pouvoir les alléger encore.

DIVISION DE LA THÉORIE DE L'USAGE DES ARMES.

La théorie de l'usage des armes se divise naturellement en deux titres, savoir :

1. *L'usage isolé ou par individu.*
2. *L'usage en masse ou par troupe.*

L'usage par individu comprend :

1. *L'escrime du sabre, de la lance et de la baïonnette.*
2. *Le maniement du fusil.*
3. *Le service des bouches à feu de bataille.*

L'usage des armes par troupe comprend :

1. *Les dispositions pour faire des feux réguliers (par troupe, rang ou file).*
2. *Les dispositions pour faire les feux de tirailleurs ou irréguliers.*
3. *Les dispositions pour le choc.*

Les cavaliers ne font ordinairement usage des armes à feu qu'en tirailleurs; l'infanterie ne charge guère qu'en colonne ou en bataille; la cavalerie charge en fourrageurs, et alors elle utilise l'escrime du sabre et de la lance; l'infanterie en tirailleurs a souvent occasion de mettre à profit l'escrime de la baïonnette.

TITRE 1er.

ÉCOLE D'ESCRIME.

Escrime du sabre et de la lance, à pied et à cheval. (Comme dans l'ordonnance du 6 décembre 1829.)

Escrime de la baïonnette. (Comme dans l'ordonnance pour les chasseurs à pied, aujourd'hui infanterie légère).

ÉCOLE DU MANIEMENT DU FUSIL.

Maniement du fusil à cheval. (Comme il est dit pour les dragons dans l'ordonnance du 6 décembre 1829, mais en supposant que le fusil se porte toujours à la grenadière.)

Maniement du fusil à pied. (Comme dans l'ordonnance des chasseurs à pied, aujourd'hui infanterie légère.) (1)

ÉCOLE DES BOUCHES A FEU.

Service des bouches à feu de bataille. (Comme dans l'instruction sur le service de l'artillerie, mais en n'ayant égard qu'aux commandements et explications relatifs à l'usage et au service matériel, les mouvements des hommes devant se faire conformément à la *Théorie des mouvements*, expliquée dans ce livre.)

TITRE II.

ÉCOLE DES FEUX RÉGULIERS

(PAR TROUPE, RANG ou FILE).

1° *Feu par troupe.*
2° *Feu par rang.*
3° *Feu par file.*
4° *Observations générales pour tous les feux.*

(1) Le raisonnement et l'expérience prouvent que le maniement des armes, tel qu'il est pratiqué par les chasseurs à pied, est plus simple, plus facile à apprendre et beaucoup moins fatigant que l'autre. En 1842, la division d'infanterie dite *Hors Paris*, reçut ordre de faire des expériences comparatives sur les deux maniements d'armes ; elles furent tout à l'avantage de celui des chasseurs à pied ; les rapports des colonels furent unanimement favorables à ce dernier. Le général de brigade chargé de centraliser les rapports des colonels et de les transmettre, ne put faire autrement que de convenir de la justesse des conclusions de tous ; cependant il termina en disant : *Que*

1° Feu par troupe.

Le commandant en chef commande :

1. *Feu de Régiment* (*Bataillon, Escadron, Compagnie, Division*).
2. *Par la droite* (ou *par la gauche*) = *commencez le feu.*

Le 1er commandement est répété par les colonels si c'est un feu de régiment, par les commandants si c'est un feu de bataillon, escadron, compagnie; le commandant de l'unité qui doit faire feu commande aussitôt: *Apprêtez* = ARMES, pour l'infanterie; *En batterie*, pour l'artillerie.

Dans l'infanterie, on se conforme à ce qui est prescrit pour le mouvement *Apprêtez* = ARMES, dans la théorie du maniement du fusil; dans l'artillerie, les pièces obliquent à droite, marchent 17 mètres en obliquant, font demi-tour à gauche et s'arrêtent dans la direction des caissons; les avant-trains sont ôtés et conduits à 6 mètres en arrière des pièces; une distance de 10 mètres doit séparer les avant-trains des caissons.

Dès le 1er commandement, les officiers inférieurs passent en arrière du centre de leur troupe respective, à 2 pas du rang des serre-files, lequel ne fait pas feu. Dans l'infanterie, les deux files du centre de chaque compagnie s'ouvrent pour laisser passage aux officiers placés devant le front.

Aussitôt après avoir commandé : *Apprêtez* = ARMES ou *En batterie*, le commandant de l'unité extrême du côté désigné commande : *Régiments* (*Bataillon, Escadron, Compagnie, Divison*) = AJUSTEZ.

Chaque arme est tirée individuellement, après le dernier commandement, dès qu'elle est ajustée sur le but à atteindre, et immédiatement rechargée sans attendre de commandement pour cela.

Dans le feu par régiment, s'il y a deux régiments, le second attend pour tirer que l'autre ait presque fini de recharger, et ainsi de suite alternativement. S'il y a trois régiments, le 3e tire en même temps que le 1er; après le 1er feu, le 2e régiment se règle sur le 1er, et le 3e sur le 2e. Si un bataillon ou un escadron d'artillerie n'est pas enrégimenté, on le considère comme un régiment.

quoi qu'il en fût, il verrait avec peine supprimer l'ancien maniement d'armes auquel il était habitué et qui faisait bon effet en troupe, LORSQU'IL ÉTAIT BIEN EXÉCUTÉ. Le général commandant la division exprima le même avis au ministre de la guerre, et la masse de l'infanterie continua d'être privée d'un progrès qui venait d'être introduit dans une portion de l'armée.

S'il s'agit d'un feu de bataillon ou d'escadron, le feu commence dans chaque régiment par le bataillon ou escadron de droite (ou de gauche); le bataillon ou escadron suivant du même régiment ne tire que lorsque l'autre a presque fini de recharger; s'il y a trois bataillons ou escadrons dans le même régiment, les deux extrêmes tirent ensemble pour le 1er feu; ensuite le 1er et le 2e se règlent entre eux, et le 3e se règle sur le 2e. Si un bataillon ou un escadron d'artillerie n'est pas enrégimenté, il tire comme s'il était seul.

Dans le feu par compagnie, les compagnies d'un même bataillon ou escadron d'artillerie alternent entre elles, de manière que la ligne ne se trouve pas entièrement dégarnie de feu, la 2e ne tirant que quand la 1re est près d'avoir fini de recharger, et la 3e tirant en même temps que la 1re.

S'il n'y a qu'un seul régiment (bataillon, escadron, etc.), les commandements se réduisent à ceux-ci :

1. *Feu de Régiment* (*Bataillon, Escadron, etc.*).
2. *Apprêtez* = ARMES (ou *En batterie*).
3. AJUSTEZ.

Dans l'artillerie, le commandement : *En batterie* n'est fait que pour le 1re feu; il n'est pas répété pour les feux suivants.

Lorsqu'on est en carré, pour faire feu par une ou plusieurs faces, le commandant du carré commande :

1. *Feu de face.*
2. *Telle face* (ou *telles faces*) = *apprêtez* = ARMES.
3. AJUSTEZ.

Pour faire feu par les quatre faces, le commandant du carré commande :

1. *Feu partout.*
2. *Apprêtez* = ARMES.
3. AJUSTEZ.

2° Feu par rang.

On commande :

1. *Feu de rang.*
2. *Commencez le feu.*

Au 1er commandement répété par les commandants, ceux-ci commandent aussitôt : *Apprêtez* = ARMES.

Au 2e commandement, les commandants commandent :

2e *rang* = AJUSTEZ.

Aussitôt que le 2e rang ayant fait feu a presque achevé de recharger ses armes, les commandants, sans se régler entre eux, commandent : 1er *rang* = AJUSTEZ, et ainsi de suite alternativement.

S'il n'y a qu'un seul bataillon ou qu'une seule troupe inférieure au bataillon, le chef commande seulement :

1. *Feu de rang.*
2. *Apprêtez* = ARMES.
3. 2e *rang* = AJUSTEZ.
4. 1er *rang* = AJUSTEZ.

Dans le feu par rang, après le 1er feu, chaque homme apprête les armes dès qu'il a chargé, sans commandement, de telle sorte que le commandant n'ait plus à faire que le commandement : *Tel rang* = AJUSTEZ.

Le feu par rang peut s'employer avantageusement lorsqu'on se trouve en carré. Dans ce cas, si le carré est sur quatre rangs, on fait mettre genou en terre aux deux premiers rangs (crosse en terre près du genou, orifice du canon à hauteur de l'œil, canon incliné), pour conserver du feu en réserve, si la cavalerie arrivait à 20 pas du carré, et les deux derniers rangs tirent alternativement. Le chef du carré commande seulement : 1° *Feu de rang*; 2° *Apprêtez* = ARMES; ensuite chaque chef de face fait les autres commandements, savoir : 4e (ou 2e) *rang* = AJUSTEZ ; 3e (ou 1er) *rang* = AJUSTEZ.

Si on est sur quatre rangs, le feu des deux rangs en réserve s'exécute par les commandements 2e *rang* = AJUSTEZ et 1er *rang* = AJUSTEZ ; mais les soldats, pour ce feu, restent genou en terre. On peut faire tirer à la fois les premiers rangs ; pour cela le chef de face commande : 1er et 2e *rangs* = AJUSTEZ.

3° Feu par file.

Les feux par file doivent être continus; à cet effet, ils ont lieu à la fois dans chaque division. Lorsque la division d'infanterie a moins de 20 files et la division d'artillerie moins de 4 pièces, ces feux s'exécutent dans chaque compagnie.

On commande :

1. *Feu de file.*
2. *Apprêtez* = Armes (ou *En batterie*).
3. *Dans chaque division* (ou *compagnie*) = *commencez le feu.*

Ces commandements sont répétés d'abord par les commandants et ensuite par les capitaines. Au dernier commandement, la file de droite de chaque division (ou compagnie) tire; la file suivante, et successivement toutes les autres files, tirent aussitôt qu'elles ont entendu le feu de celle qui est à leur droite. Après le premier feu, chaque arme est immédiatement rechargée, et tirée dès qu'elle est prête.

4° Observations générales pour tous les feux.

Tout feu est continué jusqu'au commandement : *Cessez le feu,* qui est répété par les commandants; à ce commandement, on achève de recharger les armes et on reprend l'ordre en bataille. Dans l'artillerie, pour reprendre l'ordre en bataille, chaque chef de pièce commande : *Amenez l'avant-train.* L'avant-train amené est fixé à la pièce dont le chef commande de suite : *Oblique à droite*; Marche; et, *Soldats demi-tour à gauche*; Marche, de manière à se placer dans la direction du caisson; puis Halte, et *à droite* = Alignement. Chaque chef de caisson voyant la pièce qui lui correspond alignée, fait placer son caisson dans la direction de la pièce et à la distance prescrite.

Dans tous les feux, les officiers inférieurs se placent comme il a été indiqué pour les feux alternatifs par troupe.

On emploie souvent les signaux de tambour, clairon ou trompette, pour commencer ou cesser le feu.

ÉCOLE DES TIRAILLEURS.

1° *Déploiement.*
2° *Mouvements.*
3° *Troupe de soutien.*
4° *Défilés.*
5° *Feux.*
6° *Feu de pied ferme.*
7° *Feu en avançant, les tirailleurs se trouvant à côté les uns des autres (en ligne).*
8° *Feu en avançant, les tirailleurs se trouvant les uns derrière les autres (en file).*
9° *Feu en retraite, les tirailleurs se trouvant à côté les uns des autres (en ligne).*
10° *Observations relatives aux feux.*
11° *Ralliement.*
12° *Ralliement par sections.*
13° *Ralliement sur la réserve.*
14° *Ralliement au chef.*
15° *Ralliemenent par carrés.*
16° *Relever une troupe en tirailleurs.*

1° Déploiement.

Une troupe se déploie en tirailleurs de deux manières : *En avant*, si elle ne se trouve pas encore sur la ligne à occuper ; *par le flanc*, si elle est déjà sur cette ligne.

Dans le 1er cas, on commande :

1. *Oblique à gauche* (ou *à droite*) = *et en avant en tirailleurs.*
2. MARCHE.

Dans le second cas, après avoir mis la troupe en colonne par le flanc, si elle n'est déjà dans cet ordre, on commande :

1. *Face à gauche* (ou *à droite*) = *en tirailleurs.*
2. MARCHE.

Ces commandements sont faits par le chef immédiat de la troupe à former en tirailleurs, lequel est prévenu du mouvement à exécuter.

Lorsqu'on déploie *en avant*, la file de droite (ou de gauche) marche droit devant elle, ou sur le point qui lui a été indiqué; toutes les autres files obliquent, puis se redressent d'elles-mêmes, dès qu'elles ont gagné 10 pas d'intervalle; chaque homme du second rang se place à 5 pas à gauche de son chef de file.

Lorsqu'on déploie *par le flanc*, la dernière file fait face du côté indiqué et ne bouge plus; toutes les autres files se portent droit devant elles, s'arrêtent successivement lorsqu'elles se trouvent à 10 pas de la fille suivante, et font face du côté indiqué; les hommes du 2e rang se placent à 5 pas à gauche de leurs chefs de file.

Le commandant d'une troupe en tirailleurs se place derrière le centre de la ligne des tirailleurs, assez près pour avoir toute action sur elle et la bien diriger, assez loin pour en voir l'ensemble; la distance convenable est à peu près égale au quart de l'étendue de la ligne. Chaque officier ou serre-file se place d'une manière analogue relativement à la portion de tirailleurs confiée à sa surveillance.

Le commandant des tirailleurs a près de lui un tambour, clairon ou trompette; ses officiers subordonnés ont aussi près d'eux un tambour, clairon ou trompette, si la force et la composition de la troupe en tirailleurs permettent de leur en donner.

2° Mouvements.

Une troupe en tirailleurs marche en avant, à droite, à gauche, en retraite, par les seuls commandements : *En avant*; *à droite; à gauche; demi-tour à droite; demi-tour à gauche.* On arrête les tirailleurs par le commandement HALTE. Dès qu'on s'arrête on fait face à l'ennemi sans commandement. On doit toujours faire face à l'ennemi par un demi-tour à droite, et face en arrière par un demi-tour à gauche.

On fait ouvrir et serrer les intervalles d'un soldat à l'autre par les commandements : *Soldats à droite* (ou *à gauche*) = *à tant de pas* = *ouvrez* (ou *serrez*) *les intervalles*; MARCHE. Chaque soldat s'éloigne de son voisin ou s'en rapproche, de manière à avoir de l'un à l'autre le nombre de pas indiqué.

On change de front au commandement : *A droite* (ou *à gauche*); ALIGNEMENT. Chaque homme se porte promptement sur le nouveau front marqué, avant le commandement, par les quatre tirailleurs extrêmes de l'aile sur laquelle se fait le mouvement. Le chef des tirailleurs établit ou fait établir ces quatre tirailleurs sur la direction qu'il veut donner à la ligne; chaque subalterne veille à ce que ses hommes soient rapidement et correctement placés sur cette direction.

Tous les commandements pour les tirailleurs ont leur traduction en sons de tambour, clairon et trompette; c'est avec ces instruments qu'il faut habituellement indiquer les mouvements à exécuter. Tout signal parti de l'instrument placé près du chef des tirailleurs, est immédiatement répété par les instruments placés près des subalternes. Si le chef se sert de la voix, les subalternes répètent en se servant de la voix.

3° Troupe de soutien.

Lorsqu'une troupe est envoyée en tirailleurs, on lui donne habituellement une troupe de soutien, à moins que, par quelque circonstance particulière, les tirailleurs ne doivent rester très-près du corps à couvrir. La troupe de soutien est ordinairement celle qui, dans l'ordre en bataille, se trouve la plus voisine de la troupe en tirailleurs. On observe le plus souvent la proportionnalité suivante :

Une section de soutien pour une section en tirailleurs;
Un peloton de soutien pour un peloton ou une division de tirailleurs ;
Une division de soutien pour une compagnie ou une compagnie et demie en tirailleurs;
Une compagnie de soutien pour deux ou trois compagnies en tirailleurs.

La troupe de soutien est toujours subordonnée aux tirailleurs; l'officier le plus élevé en grade doit être avec ceux-ci. La troupe de soutien se place derrière le centre des tirailleurs, à demi-distance entre eux et le corps qu'ils sont chargés de couvrir ; elle occupe cependant toute position militaire qui offre des avantages au rôle qu'elle remplit, quand même cette position ne se trouverait pas exactement au point qui vient d'être indiqué. Elle marche en avant, à droite, à gauche, en retraite aux commandements de son chef particulier, mais celui-ci doit toujours se conformer aux mouvements des tirailleurs.

Lorsque la ligne des tirailleurs est très-étendue et que la troupe de soutien est forte, elle échelonne en avant d'elle deux fractions égales chacune au plus à son quart, et destinées à porter un premier secours aux ailes de la ligne des tirailleurs, si elles en avaient besoin.

Les tirailleurs se tiennent assez éloignés du corps principal, pour pouvoir le préserver du feu de l'ennemi; ils s'éloignent en plaine rase, ils se rapprochent en pays coupé et couvert.

4° Défilés.

Si un défilé se présente devant une troupe de tirailleurs marchant en avant, ceux auxquels il fait face s'y engagent les premiers; les autres font *à droite* et *à gauche*, viennent passer à la suite des précédents, sur deux files, et se remettent en ligne en doublant l'allure, dès que le défilé est franchi; la troupe de soutien passe la dernière.

Si on marche en retraite, la troupe de soutien passe la première et prend position; les tirailleurs des ailes s'engagent ensuite dans le défilé en doublant l'allure et, tournant à droite et à gauche, au sortir du défilé, vont reformer la ligne parallèlement à sa direction primitive. Les tirailleurs derrière lesquels se trouvent le défilé passent les derniers. On ne marche de nouveau en retraite que quand tous les tirailleurs sont hors du défilé.

Lorsque les tirailleurs marchent par le flanc, la troupe de soutien et le corps principal, s'il n'y a pas de débouchés sur des directions parallèles à celle des tirailleurs, passent par le même défilé qu'eux. Les tirailleurs s'engagent sur une seule file dans le défilé et s'étendent de suite au delà, de manière à bien couvrir le passage de la troupe de soutien et du corps principal.

5° Feux.

Les tirailleurs font feu, soit sur place, soit en marchant. Le feu commence au commandement : *Commencez le feu*; il cesse au commandement *Cessez le feu*; des signaux peuvent remplacer ces commandements.

6° Feu de pied ferme.

Les soldats du 1er rang font 5 pas du côté de l'ennemi, tirent et, tout en rechargeant, reviennent aussitôt en ligne; les soldats du 2e rang se tiennent prêts, se portent 5 pas en avant, au moment où leurs chefs de file se retrouvent sur la ligne, font feu, reviennent en arrière en rechargeant, et ainsi de suite alternativement pour chaque rang.

7° Feu en avançant, les tirailleurs se trouvant à côté les uns des autres (en ligne).

Les soldats du 1er rang s'arrêtent, font feu et rechargent sur place; les soldats du 2e rang, au lieu de s'arrêter en même temps que ceux du 1er, continuent de marcher encore 10 pas, s'arrêtent alors, font feu et rechargent sur place; les soldats du 1er rang, dès qu'ils voient ceux du 2e s'arrêter, se portent rapidement 10 pas en avant d'eux, s'arrêtent de nouveau et font feu une seconde fois; le mouvement continue ainsi alternativement.

8° Feu en avançant, les tirailleurs se trouvant les uns derrière les autres (en file).

Les hommes du 1er rang font 3 pas en dehors, s'arrêtent, tirent et se remettent en marche, parallèlement à la direction primitive, tout en rechargeant; les hommes du 2e rang continuent de marcher encore 10 pas et s'arrêtent. Les hommes du 1er rang vont s'intercaler entre les hommes du 2e, à 5 pas au delà de ceux dont ils sont les chefs de file, et s'arrêtent; les hommes du 2e rang se portent alors 3 pas vers l'ennemi, s'arrêtent, tirent, et vont rapidement, tout en rechargeant, se placer à 5 pas au delà de leurs chefs de file, sur la direction primitive. Le mouvement continue ainsi alternativement pour les deux rangs, chaque homme s'arrêtant de dix pas en dix pas.

9° Feu en retraite, les tirailleurs se trouvant les uns à côté des autres (en ligne).

Le 1er rang fait face à l'ennemi, se porte 5 pas en avant, fait feu et se retire en rechargeant; le 2e rang continue de marcher, s'arrête après 40 pas et fait face à l'ennemi. Lorque le 1er rang, en se retirant, traverse le 2e, celui-ci se porte 5 pas en avant, fait feu et se retire en rechargeant. Les deux rangs alternativement répètent ces mouvements, chacun s'arrêtant 40 pas plus loin que l'autre.

10° Observations relatives aux feux.

Dans tous les feux, les deux hommes d'une même file se règlent l'un sur l'autre plutôt que sur leur rang respectif; ils sont camarades de combat et se secourent mutuellement.

Que les tirailleurs fassent le feu de pied ferme ou en marchant, ils doivent avoir l'attention de rester le moins possible immobiles en rechargeant, et de profiter de tous les obstacles qui peuvent les mettre à couvert pour tirer.

Si, pendant le feu en avançant, le commandement HALTE se fait entendre, on reforme de suite la ligne. Le rang qui est en arrière se porte en avant, dans le feu en avançant étant en ligne; le rang le plus près de l'ennemi rentre dans l'autre, dans le feu en retraite; enfin les hommes du rang qui vient de faire feu se portent à leur place naturelle, si les tirailleurs sont en file les uns derrière les autres. Le feu continue ensuite comme il a été expliqué pour le feu de pied ferme.

Une ligne d'artillerie, avec ses larges intervalles, peut être considérée comme une ligne de tirailleurs; aussi peut-on lui faire exécuter des *feux en avançant* et des *feux en retraite*, d'après les règles précédentes et aux commandements :

1. { *Feu en avançant.* / *Feu en retraite.* }
2. *Commencez le feu.*

Les pièces impaires jouent le rôle du 1er rang d'une ligne de tirailleurs; et les pièces paires le rôle du 2e rang, mais les distances relatives entre les deux séries de pièces doivent être de 60 pas, soit en avançant, soit en retraite. Le caisson suit sa pièce en avançant; il la précède dans le feu en retraite.

Une colonne d'artillerie marchant par file peut aussi faire feu sans cesser de gagner du terrain dans la direction primitive; on fait usage pour cela des principes indiqués lorsque les tirailleurs, étant sur une longue file, font feu en marchant.

On commande :

1. *Feu à droite* (ou *à gauche*) *en marchant.*
2. *Commencez le feu.*

Au 2e commandement, les pièces impaires sortent du côté indiqué pour s'établir en batterie perpendiculairement à la direction primitive et à 30 pas en dehors, font feu et rechargent. Les pièces paires continuent de marcher droit devant elles, et quand elles ont fait 60 pas dans la direction de la colonne, elles changent de direction pour s'établir à leur tour en batterie, à 30 pas en dehors. Chaque pièce impaire, après avoir rechargé, va, suivie de son caisson, reprendre la direction primitive au point où la pièce paire, qui était sa voisine, a quitté cette direction pour se mettre en batterie, marche 30 pas dans cette direction, puis tourne pour se mettre en mesure de tirer. Les pièces paires tirent dès que les pièces impaires changent de direction pour s'établir en batterie, puis elles rechargent, vont reprendre la direction primitive en passant derrière les pièces impaires, marchent 30 pas encore et se remettent en batterie. Le mouvement continue ainsi alternativement entre les pièces paires et impaires.

11° Ralliements.

Il y a quatre sortes de ralliement, savoir :

Le ralliement par section (sur la ligne des tirailleurs);
Le ralliement sur la réserve (en arrière ou sur le flanc des tirailleurs);
Le ralliement au chef des tirailleurs (sur le point où se trouve ce chef);
Le ralliement par carrés (sur la ligne des tirailleurs, pour l'infanterie).

12° Ralliement par sections.

On commande :

1. *Ralliement par sections.*

A ce commandement, l'homme de droite ou de tête de chaque section (suivant que les tirailleurs sont en ligne ou en file) ne bouge pas s'il est arrêté, s'arrête s'il est en marche, et, dans tous les cas, fait face à l'ennemi; tous les autres hommes de la section courent se former sur deux rangs contre l'homme de droite ou de tête; le premier qui arrive se place derrière lui; le suivant à sa gauche, et ainsi de suite au 2e et au 1er rang alternativement. Dès qu'une section est formée, son chef la conduit vers la section voisine, pour se placer à sa gauche si les tirailleurs étaient à côté les uns des autres, en arrière d'elle si les tirailleurs étaient les uns derrière les autres. Le ralliement par section a toujours lieu vers la droite ou vers la tête (suivant que les tirailleurs sont en ligne ou en file).

13° Ralliement sur la réserve.

On commande :

1. *Ralliement sur la réserve.*

A ce commandement, s'il n'y a qu'une réserve, la moitié de la droite des tirailleurs court se former, sur deux rangs, à 10 pas en arrière de la droite de la réserve, et la moitié de gauche va se former, sur deux rangs, à 10 pas en arrière de la gauche de la réserve ; les tirailleurs, en courant se rallier, ont soin de démasquer de suite la réserve. L'officier le plus élevé en grade peut faire former le carré aux tirailleurs, sur les flancs de la réserve qui sert de base au carré ; les premiers arrivés forment les faces perpendiculaires à la réserve, et les derniers arrivés forment la face qui lui est parallèle. S'il y a deux petites réserves échelonnées en avant de la réserve principale, les 1er et 2e quarts des tirailleurs vont se rallier derrière la réserve de droite ; les 3e et 4e quarts des tirailleurs vont se rallier derrière la réserve de gauche. Les tirailleurs étant ralliés se portent, dès qu'ils le peuvent, en formant un tout avec la petite réserve qui les a ralliés, vers la réserve principale.

14° Ralliement au chef.

On commande :

1. *Ralliement au chef.*

A ce commandement, les tirailleurs et les réserves, s'il y en a, se portent, à l'allure la plus vive, au chef des tirailleurs, qui fait promptement reformer sa troupe en bataille, dans l'ordre primitif.

15° Ralliement par carrés.

On commande :

1. *Ralliement par carrés.*

A ce commandement, l'homme de droite ou de tête de chaque section ne bouge pas s'il est arrêté, s'arrête s'il marche, et, dans tous les cas, fait face à l'ennemi. Les trois hommes les premiers arrivés forment avec lui un rang du côté de l'ennemi; les quatre hommes suivants forment un rang perpendiculaire au premier, en s'appuyant à l'homme de droite ou de tête de la section, lequel est base du mouvement; les quatre hommes qui suivent s'établissent perpendiculairement en arrière de la 2e face formée, et les derniers hommes de la section ferment le carré; si la section a moins de seize hommes, les deux dernières faces se confondent en une seule, et le carré devient un triangle △ Les petits carrés ou triangles doivent prendre des directions telles que le feu des uns n'atteigne pas les autres. Les chefs placés en arrière des tirailleurs se réfugient chacun dans le carré le plus rapproché de soi. Le danger étant passé, on commande : *Rompez les carrés*; alors les tirailleurs se remettent dans l'ordre où ils étaient avant la formation des carrés.

16° Relever une troupe en tirailleurs.

Si une troupe de tirailleurs doit être relevée, on en fait prévenir l'officier qui la commande. Le chef des nouveaux tirailleurs les forme sur une ligne parallèle à celle des anciens, mais à 20 pas plus près du corps principal. On fait alors faire un demi-tour ou un mouvement de flanc aux anciens tirailleurs, selon leur position, pour les rapprocher du corps principal, puis quand ils se trouvent avoir dépassé de 20 pas les nouveaux, on les fait rallier sur leur réserve. Les nouveaux tirailleurs se portent sur l'emplacement des anciens dès qu'ils sont dépassés par ceux-ci.

DISPOSITIONS POUR LE CHOC.

1° *Choc en masse.*
2° *Charge en fourrageurs.*
3° *Réserve des fourrageurs.*
4° *Ralliement des fourrageurs.*

1° Choc en masse.

Une troupe qui doit en charger une autre peut se trouver en colonne ou en bataille; son chef commande :

1. *Pour charger.*

Il la met ensuite en mouvement, si elle n'y est déjà, et lui fait prendre successivement le trot et le galop, d'après les principes prescrits. Au moment d'aborder l'ennemi, il commande :

1. *Chargez.*

A ce commandement répété par tous les officiers à la fois, on se précipite en avant, baïonnette croisée pour l'infanterie, haut le sabre pour la cavalerie, lance croisée (1er rang) pour les lanciers.

La charge étant fournie, on commande : *Garde à vous*; à ce commandement répété par tous les officiers, la troupe se calme et se modère, puis on la fait passer au trot, ensuite au pas et arrêter. On peut, dans quelques circonstances, passer immédiatement du galop à l'arrêt.

Le chef juge de l'instant où il doit faire changer l'allure, l'important est que la troupe ait sa plus grande quantité de mouvement au moment où elle aborde l'ennemi, et qu'à ce moment elle ne soit encore ni essoufflée ni désunie.

Si la carrière à fournir n'est pas longue, on peut partir au galop, même de pied ferme.

Dans la charge en colonne, chaque chef de subdivision fait prendre, de sa subdivision à la précédente, distance double du front, afin que le désordre d'une subdivision repoussée ne se communique pas à la suivante.

2° Charge en fourrageurs.

Pour charger en fourrageurs, le chef de la troupe la forme en bataille, si elle ne se trouve déjà dans cet ordre, se place de sa personne devant le centre et commande :

1. *En fourrageurs.*
2. MARCHE.

Au 2e commandement, on prend le galop; le chef se dirige sur le point qu'il a choisi ; la file placée derrière lui le suit; les autres files obliquent à droite et à gauche en forçant l'allure, et gagnent environ 6 pas d'intervalle de l'une à l'autre, en se réglant sur les officiers qu'on ne doit pas dépasser; les hommes du 2e rang se portent à 3 pas à gauche de leurs chefs de file, dès qu'ils le peuvent. Chacun fait choix de l'ennemi placé devant soi, pour le poursuivre et le combattre. Les serre-files s'intercalent dans la troupe.

La charge étant fournie, le chef commande : *Garde à vous;* à ce commandement répété par tous les officiers, on se modère et on ralentit; les files de droite et de gauche obliquent sur le chef, qui fait passer au trot, puis au pas; on reforme les rangs dès que l'on passe au trot; à cet effet, les hommes du second rang ralentissent et se placent derrière leurs chefs de file, et on serre sur le centre.

Si on voulait faire charger une troupe déjà déployée en tirailleurs, on ferait cesser le feu, tirer le sabre (mettre la baïonnette au canon ou prendre la lance), et le chef commanderait :

1. *En fourrageurs.*
2. **Marche.**

Au 1er commandement, les officiers se porteraient en avant des tirailleurs; au 2e commandement, tout le monde prendrait le galop et chacun s'attacherait à l'ennemi placé devant lui.

On pourrait, avant la charge, faire serrer les intervalles, si on les trouvait trop ouverts.

3° Réserve des fourrageurs.

Si les fourrageurs doivent s'éloigner beaucoup du corps principal, on leur donne une troupe de soutien qui les suit à 150 ou 200 pas pour les recueillir et les rallier au besoin ; l'officier le plus élevé en grade se tient avec la réserve et dirige l'ensemble des mouvements.

4° Ralliement des fourrageurs.

Au signal du ralliement sur la réserve, les fourrageurs font demi-tour à gauche et viennent au galop se former derrière la réserve; celle-ci peut à son tour être lancée en fourrageurs, les premiers devenant réserve, et ainsi de suite alternativement.

ERRATA.

Page 24, — 1ᵉʳ commandement du nº 12, — au lieu de : *Tournez* = *(à) droite* (ou *(à) gauche*), lisez : *Tournez* = *(à)* DROITE [ou *(à)* GAUCHE].

Page 27, — ligne 23, — *au lieu de* : 3 hommes 1ᵉʳ rang, *lisez* : 3 hommes au 1ᵉʳ rang.

Page 114, — ligne 3, — *au lieu de* : une colonne ayant, *lisez* : une colonne double ayant.

Page 115, — ligne 1, — *au lieu de* : une colonne ayant, *lisez* : une colonne double ayant.

Page 115, — ligne 6, — *au lieu de* : flanc droit ou gauche, ensuite...., *lisez* : flanc droit ou gauche, sur la subdivision de tête, ensuite.....

TABLE DES MATIÈRES.

	Pag.
Avertissement	1
Avant-propos	3

THÉORIE DES MOUVEMENTS.

	Pag.
Force publique	5
Unité tactique normale	*Id.*
Subdivision de l'unité tactique normale	6
Unités élémentaires	*Id.*
Unités composées	*Id.*
Composition des différentes unités	7
Rang et file	8
Ordres divers	9
Chef de file	13
Serre-file	*Id.*
Guide	*Id.*
Guides principaux	*Id.*
Guides généraux	*Id.*

TITRE Ier.

ÉCOLE ÉLÉMENTAIRE.

	Pag.
1.— Position du soldat à pied sans armes	14
2.— Tête à droite; tête à gauche	15
3.— A droite, à gauche	*Id.*
4.— Demi à droite, demi à gauche	*Id.*
5.— Demi-tour à droite, demi-tour à gauche	16
6.— Marcher au pas	*Id.*
7.— Arrêter	17
8.— Marquer le pas	*Id.*
9.— Changer le pas	18
10.— Pas en arrière	*Id.*
11.— Pas gymnastique (trot et galop à pied)	*Id.*
12.— Changer d'allure étant en marche	19

ÉCOLE DU SOLDAT A PIED.

	Pag.
1.— A droite, à gauche, pour rester en place	20
2.— Demi à droite, demi à gauche, pour rester en place	21
3.— Demi-tour à droite, demi-tour à gauche, pour rester en place	22
4.— A droite, à gauche, demi à droite, demi à gauche, demi-tour à droite, demi-tour à gauche, et se porter en avant	*Id.*
5.— A droite, à gauche, demi à droite, demi à gauche, demi-tour à droite, demi-tour à gauche, et se porter en avant au trot (ou au galop)	23
6.— Marcher à une allure quelconque	*Id.*
7.— Arrêter	*Id.*
8.— Reculer	24
9.— Étant en marche, changer d'allure	

Pag.

10.— Étant en marche exécuter à la même allure les mouvements du nº 4. 24

11.— Étant en marche exécuter les mouvements du nº 4 en changeant d'allure 24

12.— Changer de direction en marchant. . . . . *Id.*

TITRE II.

ÉCOLE DU PELOTON.

PREMIÈRE PARTIE.

1.— Composition du peloton et sa formation en bataille. . . . 25

2.— Principes généraux d'alignement. 27

3.— Alignement successif des files dans le peloton . . . . *Id.*

4.— Alignement du peloton. . . . 28

5.— Ouvrir les rangs . . . . *Id.*

6.— Serrer les rangs. 29

7.— Marche du peloton en ligne. *Id.*

8.— Arrêter le peloton marchant en ligne. 30

9.— Faire reculer le peloton. . . 31

10.— Marche oblique individuelle, le peloton étant en bataille ou en ligne . . . . *Id.*

11.— Conversion du peloton en bataille ou en ligne. 32

12.— Changement de direction du peloton marchant en ligne. 34

DEUXIÈME PARTIE.

1.— Ordre en colonne par files. . 37

2.— Ordre en colonne par le flanc. 38

3.— Étant en bataille, rompre par files vers l'un des flancs. . . *Id.*

4.— Étant en bataille, rompre en colonne par le flanc. 39

5.— Porter la colonne en avant et marcher en colonne par files ou par le flanc. 40

6.— Étant en marche en colonne par files ou par le flanc, changer de direction 41

7.— Étant en marche, en colonne par files ou par le flanc, arrêter. 42

8.— Étant en colonne par files ou par le flanc, exécuter la marche oblique individuelle. . . 42

9.— Étant en colonne par files ou par le flanc, gagner du terrain vers l'un des flancs et reprendre la direction primitive. 43

10.— Étant en colonne par files ou par le flanc, rétrograder et reprendre la direction primitive. 44

TROISIÈME PARTIE.

1.— Étant en colonne par files, passer à l'ordre en colonne par le flanc. 45

2.— Étant en colonne par le flanc, passer à l'ordre en colonne par files. 46

3.— Étant en colonne par files, se former en bataille ou en ligne face en avant. . , . . 47

4. Étant en colonne par files, se former en bataille ou en ligne face à l'un des flancs en deçà de la tête de la colonne. 48

5.— Étant en colonne par files, se former en bataille ou en ligne face à l'un des flancs et au delà de la tête de colonne 49

6.— Étant en colonne par files, se former en bataille ou en ligne face en arrière. 51

7.— Étant en colonne par le flanc, se former en bataille ou en ligne face en avant. . . . . *Id.*

Pag.

8.— Étant en colonne par le flanc, se former en bataille ou en ligne face à l'un des flancs et en deçà de la tête de la colonne 52
9.— Étant en colonne par le flanc, se former en bataille ou en ligne face à l'un des flancs et au delà de la tête de la colonne 53
10.— Étant en colonne par le flanc, se former en bataille ou en ligne face en arrière. . . . . *Id.*

ÉCOLE DE LA COMPAGNIE.

PREMIÈRE PARTIE.

1.— Composition et formation de la compagnie en bataille. . . 54
2.— Alignement successif des pelotons dans la compagnie. . 56
3.— Alignement de la compagnie. 57
4.— Ouvrir et serrer les rangs. . *Id.*
5.— Marche de la compagnie en ligne. . . . . *Id.*
6.— Passage d'obstacle. 58
7.— Arrêter la compagnie marchant en ligne. 60
8.— Faire reculer la compagnie. . *Id.*
9.— Faire rétrograder la compagnie et la remettre face en tête . . . . *Id.*
10.— Marche oblique individuelle, la compagnie étant en bataille ou en ligne. . . . . . *Id.*
11.— Conversion de la compagnie en bataille ou en ligne. . . . 61
12.— Changement de direction de la compagnie marchant en ligne. . . . . *Id.*

DEUXIÈME PARTIE.

1.— Ordre divers de la compagnie en colonne. 62
2.— La compagnie étant en bataille, la rompre par subdivisions en colonne, face vers l'une des ailes, en avant de la ligne de bataille. 64
3.— Rompre par une aile pour marcher en arrière vers l'aile opposée. 65
4.— Marcher en colonne par subdivisions. 66
5.— Étant en colonne par subdivisions, changer de direction en marchant . . . . . . *Id.*
6.— Étant en colonne par subdivisions, arrêter et repartir. . 67
7.— Étant en colonne par subdivisions, gagner du terrain vers l'un des flancs et reprendre la direction primitive. . 68
8.— Étant en colonne par subdivisions, rétrograder et reprendre la direction primitive. . . . . *Id.*

TROISIÈME PARTIE.

1.— Étant en colonne par files, passer à l'ordre en colonne par le flanc, ou étant en colonne par le flanc, passer à l'ordre en colonne par files. 69
2.— Passer de l'ordre en colonne par pelotons à l'ordre en colonne par files ou par le flanc. 70
3.— Étant en colonne par files ou par le flanc, passer à l'ordre en colonne par pelotons. . . *Id.*
4.— La compagnie étant en colonne par files ou par le flanc, la former en bataille ou en ligne face en avant, face à l'un des flancs, ou face en arrière. 71
5.— La compagnie étant en colonne par pelotons, la former en bataille ou en ligne face en avant. . . . . *Id.*

Pag.

6.— La compagnie étant en colonne par pelotons, la former en bataille ou en ligne face à l'un des flancs, en deçà de la tête de la colonne. . 74
7.— La compagnie marchant en colonne par pelotons, la former en bataille ou en ligne face à l'un des flancs, au delà de la tête de la colonne. . 75
8.— La compagnie étant en colonne par pelotons, la former en bataille ou en ligne face en arrière 76

ÉCOLE DU BATAILLON ET DE L'ESCADRON.

PREMIÈRE PARTIE.

1.— Formation du bataillon et de l'escadron en bataille. . . . 78
2.— Alignement successif des compagnies. 79
3.— Alignement général du bataillon et de l'escadron. . . . 80
4.— Ouvrir et serrer les rangs. . *Id.*
5.— Marcher en ligne en avant et en retraite. . . . . *Id.*
6.— Arrêter. 81
7.— Conversions et changement de direction en marchant. . *Id.*
8.— Échelons en avant. 83
9.— Échelons en retraite. . . . . *Id.*
10.— Changement de direction des échelons. 84
11.— Arrêter les échelons. 85
12.— Étant en échelons, se former en bataille ou en ligne. . . *Id.*

DEUXIÈME PARTIE.

1.— Ordres divers en colonne. . . 87
2.— Rompre en colonne par files. 88
3.— Rompre en colonne par le flanc. 89
4.— Rompre par subdivision, face vers l'une des ailes. . . . . *Id.*
5.— Rompre par une aile pour marcher en arrière vers l'aile opposée. 90
6.— Marcher en colonne. . . . . *Id.*
7.— Changer de direction en marchant. 91
8.— Arrêter et repartir. 92
9.— Gagner du terrain vers le flanc et reprendre la direction primitive. 93
10.— Rétrograder et reprendre la direction primitive. . . . . . *Id.*
11.— Étant en colonne, diminuer le front de la colonne pour continuer à marcher dans la même direction. . . . . *Id.*
12.— Étant en colonne, augmenter le front de la colonne pour continuer à marcher dans la même direction. 94

TROISIÈME PARTIE.

1.— Changer le côté du guide dans l'ordre en colonne. 96
2.— Rectifier la position des guides et aligner la colonne. . . *Id.*
3.— Étant en colonne avec distance, serrer à demi-distance ou en masse sur la tête de la colonne. . . . . *Id.*
4.— Étant en colonne avec distance, serrer à demi-distance ou en masse sur la queue de la colonne. 97
5.— Étant en colonne avec distance, serrer à demi-distance ou en masse sur une subdivision du centre de la colonne. *Id.*
6.— Étant en colonne serrée ou à demi-distance, prendre les distances sur la queue de la colonne. 98
7.— Étant en colonne serrée ou à demi-distance, prendre les

Pag.

distances sur la tête de la colonne. 98

8.— Étant en colonne serrée ou à demi-distance, prendre les distances sur une subdivision du centre. . . . . *Id.*

9.— Étant en colonne serrée ou à demi-distance, prendre les distances par la tête de la colonne. 99

10.— Étant en colonne, changer de direction par le flanc sur la tête ou la queue de la colonne. . . . . *Id.*

QUATRIÈME PARTIE.

1.— Étant en colonne par files par le flanc, ou par subdivisions à distance entière, se former en bataille ou en ligne face en avant. 101

2.— Étant en colonne par files, par le flanc ou par subdivisions à distance entière, se former en bataille ou en ligne face à l'un des flancs, en deçà de la tête de la colonne. 103

3.— Étant en colonne par files, par le flanc ou par subdivisions à distance entière, se former en bataille ou en ligne face à l'un des flancs, au delà de la tête de la colonne. 104

4.— Étant en colonne par files, par le flanc ou par subdivisions à distance entière, se former en bataille ou en ligne face en arrière. 105

5.— Étant en colonne à demi-distance ou serrée, se former en bataille ou en ligne face en avant. . . . . *Id.*

6.— Étant en colonne à demi-distance ou serrée, se former en bataille ou en ligne, face à l'un des flancs, au delà de la queue de la colonne. 105

7.— Étant en colonne à demi-distance ou serrée, se former en bataille ou en ligne face à l'un des flancs, au delà de la tête de la colonne. 106

8.— Étant en colonne à demi-distance ou serrée, se former en bataille face en arrière. . *Id.*

CINQUIÈME PARTIE.

Application des quatre parties précédentes de l'École du bataillon et de l'escadron, à la solution de quelques évolutions. 107

1.— Étant en colonne serrée par compagnies, dans l'ordre primitif, faire face en arrière et conserver l'ordre primitif dans chaque compagnie. . . 108

2.— Étant en colonne avec distance entière (par pelotons), augmenter le front (se former par compagnies) et changer de direction tout en même temps. 109

3.— Étant en colonne (par compagnies), diminuer le front (se former par pelotons) et changer de direction tout en même temps. 110

4.— Étant en bataille, former la colonne double par le centre, pour marcher en avant. . . *Id.*

5.— Étant en bataille, former la colonne double par les ailes, pour marcher en arrière. . 111

6.— Une colonne double ayant été formée par le centre d'une ligne de bataille, qui se trouvait dans l'ordre primitif, remettre cette colonne en bataille, face en avant, et dans l'ordre primitif. 112

Pag.

7.— Une colonne double ayant été formée par le centre d'une ligne de bataille, qui se trouvait dans l'ordre primitif, remettre cette colonne en bataille, face à l'un des flancs, et dans l'ordre primitif. . . 112

8.— Une colonne double ayant été formée par le centre d'une ligne en bataille, qui se trouvait dans l'ordre primitif, remettre cette colonne en bataille, face en arrière, et dans l'ordre primitif. . . . . *Id.*

9.— Une colonne double ayant été formée par les ailes d'une ligne de bataille, qui se trouvait dans l'ordre primitif, remettre cette colonne en bataille, face en arrière et dans l'ordre primitif. . . . . *Id.*

10.— Une colonne double ayant été formée par les ailes d'une ligne de bataille, qui se trouvait dans l'ordre primitif, remettre cette colonne en bataille, face à l'un des flancs, et dans l'ordre primitif. . . . 114

11.— Une colonne double ayant été formée par les ailes d'une ligne de bataille, qui se trouvait dans l'ordre primitif, remettre cette colonne en bataille, face en avant, et dans l'ordre primitif. 115

12.— Étant en colonne par pelotons, dans l'ordre primitif, former les échelons déployés face en avant, au delà de la queue de la colonne, sur le flanc droit, et dans l'ordre primitif. . . . *Id.*

13.— Étant, en colonne par pelotons, dans l'ordre primitif, former les échelons déployés, sur le flanc gauche, au delà de la queue de la colonne, face en avant, et dans l'ordre primitif. 116

14.— Étant en colonne par pelotons, dans l'ordre primitif, former les échelons déployés, face à gauche, et dans l'ordre primitif. 117

15.— Étant en colonne par pelotons, dans l'ordre primitif, former les échelons déployés, face à droite, et dans l'ordre primitif. . . . . *Id.*

16.— Une colonne de trois compagnies, dans l'ordre primitif, ayant, en partie, changé de direction à droite, la former en bataille face en avant par rapport à l'ancienne direction, et dans l'ordre primitif. *Id.*

17.— Une colonne de quatre compagnies, dans l'ordre primitif, ayant en partie changé de direction à droite, la former en bataille face à gauche, par rapport à l'ancienne direction, et dans l'ordre primitif. 118

18.— Une colonne de trois compagnies, dans l'ordre primitif, ayant en partie changé de direction à droite, la former en bataille, face à droite, par rapport à l'ancienne direction, et dans l'ordre primitif. . . . 119

19.— Une colonne de quatre compagnies, dans l'ordre primitif, ayant en partie changé de direction à droite, la former en bataille, face en arrière, par rapport à l'ancien front, et dans l'ordre primitif. . . . . *Id.*

20.— Une colonne serrée par compagnies, se trouvant dans l'ordre primitif, la déployer face en avant, au delà de la tête de la colonne, et dans l'ordre primitif. 120

Pag.

21.— Une colonne serrée, par compagnies, se trouvant dans l'ordre primitif, la déployer face en arrière, sur la queue de la colonne et dans l'ordre primitif. 121

22.— Une colonne serrée, par compagnies, se trouvant dans l'ordre primitif, la déployer face en arrière, sur la tête de la colonne et dans l'ordre primitif. 122

23.— Étant en bataille, dans l'ordre primitif, changer de front en avant droite, pour faire face à droite de l'ancien front, en conservant l'ordre primitif. . . . . *Id.*

24.— Étant en bataille, dans l'ordre primitif, changer de front en avant sur l'aile droite, pour faire face à gauche de l'ancien front, en conservant l'ordre primitif. 123

25.— Étant en bataille, dans l'ordre primitif, changer de front en arrière sur l'aile droite, pour faire face à droite de l'ancien front, en conservant l'ordre primitif. 124

26.— Étant en bataille, dans l'ordre primitif, changer de front en arrière sur l'aile droite, pour faire face à gauche de l'ancien front, en conservant l'ordre primitif. 125

27.— Quatre compagnies étant en bataille dans l'ordre primitif, changer de front partie en avant, partie en arrière sur l'aile droite pour faire face à droite (ou à gauche) de l'ancien front, en conservant l'ordre primitif.. 126

28.— Étant en bataille, dans l'ordre primitif, changer de front sur le centre, pour faire face à droite (ou à gauche) de l'ancien front, en conservant l'ordre primitif. 128

29.— Étant en bataille, passer le défilé en avant, ... *Id.*

30.— Étant en bataille, passer le défilé en arrière. 129

SIXIÈME PARTIE.

THÉORIE DES CARRÉS.

1.— Étant en bataille, former le carré sur deux rangs sans réserve. . . . . , . . . 130

2.— Étant en bataille, former le carré sur deux rangs avec deux pelotons (ou sections) en réserve. 132

3.— Étant en bataille, former le carré sur quatre rangs. . . . 133

4.— Étant en colonne, former le carré sur deux rangs sans réserve. 134

5.— Étant en colonne, former le carré sur deux rangs avec deux pelotons (ou sections) en réserve. 135

6.— Étant en colonne, former le carré sur quatre rangs. . . . 136

7.— Faire marcher le carré. . . . 137

8.— Arrêter le carré. . . . . *Id.*

9.— Revenir de l'ordre en carré sur deux rangs à l'ordre en bataille. . . . . *Id.*

10.— Revenir de l'ordre en carré sur quatre rangs à l'ordre en bataille. 138

11.— Revenir de l'ordre en carré sur deux rangs à l'ordre en colonne. 139

12.— Revenir de l'ordre en carré sur quatre rangs à l'ordre en colonne. 140

ÉCOLE DE LA LÉGION.

	Pag.
PRÉLIMINAIRES.	141

PREMIÈRE PARTIE.

1.— Ordre en bataille sur une seule ligne et tracé des lignes. . .	143
2.— Alignement général.	145
3.— Ouvrir et serrer les rangs. .	146
4.— Marcher en ligne en avant et en retraite.	*Id.*
5.— Arrêter.	147
6.— Retraite en échiquier.	148
7.— Échelons en avant et en retraite.	*Id.*
8.— Changement de direction des échelons.	149
9.— Arrêter les échelons et les porter de nouveau en avant. . .	150
10.— Étant en échelons reformer la ligne ou serrer et ouvrir les distances à tant de pas. . . .	151

DEUXIÈME PARTIE.

1.— Ordres divers en colonne. .	152
2.— Rompre en colonne par files ou par le flanc.	153
3.— Rompre en colonne par subdivisions, face vers l'une des ailes.	*Id.*
4.— Rompre par une aile pour marcher en arrière vers l'aile opposée.	154
5.— Marcher en colonne.	*Id.*
6.— Étant en colonne, changer de direction en marchant. . . .	155
7.— Étant en colonne, arrêter et repartir.	156
8.— Gagner du terrain vers le flanc, perpendiculairement ou obliquement, ou rétrograder et reprendre la direction primitive.	*Id.*
9.— Diminuer le front de la colonne pour continuer à marcher dans la même direction.	156
10.— Augmenter le front de la colonne pour continuer à marcher dans la même direction.	157

TROISIÈME PARTIE.

1.— Changer le côté du guide. .	158
2.— Rectifier la position des guides et aligner la colonne . .	*Id.*
3.— Étant en colonne avec distance serrer à demi-distance ou en masse sur la tête de la colonne	*Id.*
4.— Étant en colonne serrée ou à demi-distance, prendre les distances ou demi-distance sur la queue de la colonne. .	159
5.— Étant en colonne serrée ou à demi-distance, prendre, par masse, les distances ou tant de pas de distance, sur la queue de la colonne.	160
6.— Par la tête de la colonne, par subdivision, prendre les distances ou demi-distance. . .	161
7.— Par la tête de la colonne, par subdivisions, prendre les distances ou tant de pas de distance.	*Id.*
8.— Étant en colonne, changer de direction par le flanc. . . .	*Id.*

QUATRIÈME PARTIE.

1.— Étant en colonne par files, par le flanc ou par subdivisions, se former en bataille ou en ligne face en avant.	163
2.— Étant en colonne par files, par le flanc ou par subdivisions à distance entière, se former	

Pag.

en bataille ou en ligne, face à l'un des flancs, en deçà de la tête de la colonne. 164

3.— Étant en colonne par subdivisions à demi-distance ou en masse, se former en bataille ou en ligne, face à l'un des flancs, au delà de la queue de la colonne. 165

4.— Étant en colonne, se former en bataille ou en ligne, face à l'un des flancs, au delà de la tête de la colonne. . . . . *Id.*

5.— Étant en colonne serrée, exécuter une formation en bataille ou en ligne, face en avant, par régiment (ou bataillon et escadron) en masse, sur la tête ou sur la queue de la colonne, à intervalle entier, demi-intervalle ou tant de pas d'intervalle. 166

6.— Étant en colonne serrée, exécuter une formation en bataille ou en ligne, face au flanc, au delà de la queue de la colonne, par régiment (ou bataillon et escadron) en masse, à intervalle entier, demi-intervalle, ou tant de pas d'intervalle. 167

7.— Étant en colonne serrée, exécuter une formation en bataille ou en ligne, face au flanc, au delà de la tête de la colonne, par régiment (ou bataillon et escadron) en masse, à intervalle entier, demi-intervalle, ou tant de pas d'intervalle. 168

8.— Étant en colonne par files, par le flanc ou par subdivisions à distance entière, à demi-distance ou en masse, exécuter une formation en bataille face en arrière. . . . . *Id.*

Pag.

CINQUIÈME PARTIE.

SOLUTION DE QUELQUES PROBLÈMES AU MOYEN DES QUATRE PARTIES PRÉCÉDENTES DE LA PRÉSENTE ÉCOLE.

1.— Étant en colonne serrée par compagnies, dans l'ordre primitif, faire face en arrière et conserver l'ordre primitif dans chaque compagnie. 169

2.— Étant en colonne avec distance entière (par pelotons), augmenter le front (se former par compagnies) et changer de direction tout en même temps. 170

3.— Étant en colonne par compagnies, diminuer le front (se former par pelotons), et changer de direction tout en même temps. . . . . *Id.*

4.— Étant en bataille, former la colonne double par le centre, pour marcher en avant. . . 171

5.— Étant en bataille, former la colonne double par les ailes, pour marcher en arrière. . *Id.*

6.— Une colonne double ayant été formée par le centre d'une ligne de bataille, qui se trouvait dans l'ordre primitif, remettre cette colonne en bataille, face en avant, et dans l'ordre primitif. 172

7.— Une colonne double ayant été formée par le centre d'une ligne de bataille, qui se trouvait dans l'ordre primitif, remettre cette colonne en bataille, face à l'un des flancs, et dans l'ordre primitif. . . *Id.*

8.— Une colonne double ayant été formée par le centre d'une ligne de bataille, qui se trouvait dans l'ordre primitif, re-

	Pag.
mettre cette colonne en bataille, face en arrière, et dans l'ordre primitif.	173
9. Une colonne double ayant été formée par les ailes d'une ligne de bataille, qui se trouvait dans l'ordre primitif, remettre cette colonne en bataille, face en arrière, et dans l'ordre primitif.	*Id.*
10.— Une colonne double ayant été formée par les ailes d'une ligne de bataille, qui se trouvait dans l'ordre primitif, remettre cette colonne en bataille, face à l'un des flancs, et dans l'ordre primitif. . . .	174
11.— Une colonne double ayant été formée par les ailes d'une ligne de bataille, qui se trouvait dans l'ordre primitif, remettre cette colonne en bataille, face en avant, et dans l'ordre primitif.	*Id.*
12.— Étant en colonne par pelotons, dans l'ordre primitif, former les échelons déployés par compagnies, sur le flanc droit, au delà de la queue de la colonne, face en avant, et dans l'ordre primitif.	*Id.*
13.— Étant en colonne par pelotons, dans l'ordre primitif, former les échelons déployés par compagnies, sur le flanc gauche, au delà de la queue de la colonne, face en avant, et dans l'ordre primitif. . . .	175
14.— Étant en colonne par pelotons, dans l'ordre primitif, former les échelons déployés par compagnies, face à gauche, et dans l'ordre primitif. . . .	*Id.*
15.— Étant en colonne par pelotons, dans l'ordre primitif, former les échelons déployés par compagnies, face à droite, et dans l'ordre primitif.	176
16.— Étant en colonne serrée, dans l'ordre primitif, former les échelons par bataillons et escadrons en masses, face en avant, au delà de la queue de la colonne, sur le flanc droit, et dans l'ordre primitif. . . .	*Id.*
17.— Une colonne de deux brigades, dans l'ordre primitif, ayant en partie changé de direction à droite, la former en bataille face en avant, par rapport à l'ancienne direction, et dans l'ordre primitif.	177
18.— Une colonne de deux brigades, dans l'ordre primitif, ayant en partie changé de direction à droite, la former en bataille, face à gauche, par rapport à l'ancienne direction, et dans l'ordre primitif.	*Id.*
19.— Une colonne de deux brigades, dans l'ordre primitif, ayant en partie changé de direction à droite, la former en bataille, face à droite, par rapport à l'ancienne direction, et dans l'ordre primitif.	178
20.— Une colonne de deux brigades, dans l'ordre primitif, ayant en partie changé de direction à droite, la former en bataille face en arrière par rapport à l'ancienne direction, et dans l'ordre primitif.	*Id.*
21.— Une colonne serrée par compagnies se trouvant dans l'ordre primitif, la déployer face en avant, et dans l'ordre primitif.	*Id.*
22.— Une colonne serrée par compagnies, se trouvant dans	

Pag.

l'ordre primitif, la déployer face en arrière, sur la queue de la colonne, et dans l'ordre primitif. 179

23.— Une colonne serrée par compagnies, se trouvant dans l'ordre primitif, la déployer face en arrière sur la tête de la colonne, et dans l'ordre primitif. . . . . *Id.*

24.— Une colonne serrée se trouvant dans l'ordre primitif, la déployer face en avant, par bataillon et escadron en masses, et dans l'ordre primitif. 180

25.— Étant en bataille, dans l'ordre primitif, changer de front en avant sur l'aile droite, pour faire face à droite de l'ancien front, en conservant l'ordre primitif. . . . . *Id.*

SIXIÈME PARTIE.

1.— Carrés sur deux rangs, par brigade, lorsqu'on est en bataille. (Les brigades sont supposées de quatre bataillons. 182

2.— Carrés sur deux rangs, par régiment, lorsqu'on est en bataille. 183

3.— Carrés sur quatre rangs, par brigade ou par régiment, lorsqu'on est en bataille. . . 185

4.— Carrés sur deux rangs, par régiment, lorsqu'on est en colonne par compagnies ou divisions à demi-distance. . 186

5.— Carré sur quatre rangs, par régiment, lorsqu'on est en colonne par compagnies ou divisions à quart de distance. 188

6.— Faire marcher les carrés et les arrêter. . . . . *Id.*

7.— Les brigades ou les régiments en bataille ayant formé les carrés, les remettre en bataille. 189

8.— Les régiments en colonne ayant formé les carrés, les remettre en colonne. . . . . *Id.*

Observations sur les carrés. . . 190

THÉORIE DE L'USAGE DES ARMES.

CONSIDÉRATIONS PRÉLIMINAIRES.

Des armes en général. 190

De la baïonnette. 191

Du sabre. . . . . *Id.*

De la lance. . . . . *Id.*

Du fusil. . . . . *Id.*

Du pistolet. 192

Des bouches à feu de bataille. . . . *Id.*

DIVISION DE LA THÉORIE DE L'USAGE DES ARMES.

Titre Ier.

École d'escrime. 193

École du maniement du fusil. . . *Id.*

École des bouches a feu. 194

Titre II.

ÉCOLE DES FEUX RÉGULIERS (PAR TROUPE, RANG OU FILE).

1.— Feu par troupe. 195

2.— Feu par rang. 196

3.— Feu par file. 198

4.— Observations générales pour tous les feux. . . . . *Id.*

ÉCOLE DES TIRAILLEURS.

1.— Déploiement. 199

2.— Mouvements. 200

3.— Troupes de soutien. 201

4.— Défilés. 202

Pag.

5.— Feux. 202
6.— Feu de pied ferme. . . . . . *Id.*
7.— Feu en avançant, les tirailleurs se trouvant à côté les uns des autres (en ligne). . 203
8.— Feu en avançant, les tirailleurs se trouvant les uns derrière les autres (en file). *Id.*
9.— Feu en retraite, les tirailleurs se trouvant les uns à côté des autres (en ligne). . *Id.*
10.— Observations relatives aux feux. . . . . *Id.*
11.— Ralliement. 205
12.— Ralliement par sections. . . . *Id.*
13.— Ralliement sur la réserve. . . 206
14.— Ralliement au chef. . . . . . *Id.*
15.— Ralliement par carrés. . . . *Id*
16.— Relever une troupe en tirailleurs. 207

DISPOSITIONS POUR LE CHOC.

1.— Choc en masse. 208
2.— Charge en fourrageurs. . . .. *Id.*
3.— Réserve des fourrageurs. . . 209
4. Ralliement des fourrageurs. . . *Id.*

FIN DE LA TABLE DES MATIÈRES.

www.ingramcontent.com/pod-product-compliance
Ingram Content Group UK Ltd.
Pitfield, Milton Keynes, MK11 3LW, UK
UKHW020211250726
13967UKWH00003B/1408